Rechtsrheinische Perspektiven
Stadtplanung und Städtebau im postindustriellen Köln
1990 bis 2030

Rechtsrheinische Perspektiven
Stadtplanung und Städtebau im postindustriellen Köln
1990 bis 2030

Herausgegeben von Bernd Streitberger und
Anne Luise Müller

Rechtsrheinische Perspektiven
Stadtplanung und Städtebau im postindustriellen Köln
1990 bis 2030

Vorworte und Einleitung

Bernd Streitberger	Rechtsrheinische Perspektiven	8
Jens Grisar / Carolin Lüke / Reimar Molitor	Regionale Perspektiven	14
Anne Luise Müller	Rechtsrheinische Planungen	18

Stadtentwicklung, Stadtplanung und Städtebau im Kontext der internationalen Debatte

Philipp Meuser	Postindustrielle Denkfabrik Von der inneren Peripherie zum urbanen Stadtbaustein	32
Thomas Sieverts	Light Urbanism Stadtentwicklungsinstrumente der Zukunft	44
Klaus Overmeyer	Urban Pioneers Kreative Millieus als Chance der Stadtentwicklung	50
Thomas Hotko	Branding Cities Städtebau und Markenbildung	60

Asymmetrische Großstädte am Fluss

Gerti Theis	Elbe Stadtentwicklung in Hamburg	72
Thomas Madreiter	Donau Stadtentwicklung in Wien	78
Alexander Tölle	Saône / Rhône Stadtentwicklung in Lyon	88

Geschichte und Entwicklung im Rechtsrheinischen

Walter Buschmann	Industriegeschichte und Stadtentwicklung im Rechtsrheinischen Der Zeitraum bis 1990	102
Dieter Prinz	Rechtsrheinische Stadtentwicklung aus Planersicht Der Zeitraum seit 1990	118
Günter Wevering	Rechtsrheinische Stadtentwicklung und Strukturplanung Der Zeitraum seit 1990	128

Zukunft des Rechtsrheinischen

Regina Stottrop / Georg Wilbertz	Aspekte zur Stadtentwicklung des Rechtsrheinischen Einführung zu den Workshop-Beiträgen	143
	Perspektiven für Kalk-Süd Rübsamen + Partner BDA / club L94 Landschaftsarchitekten	163
	Perspektiven für den Rheinraum Jo Coenen & Co Architects / Agence Ter Landschaftsarchitekten	177
	Perspektiven für den Verkehr Machleidt + Partner / sinai (Faust.Schroll.Schwarz) / GRI	193
	Perspektiven für Deutz Kister Scheithauer Gross / KLA kiparlandschaftsarchitekten	205
	Perspektiven für Mülheim-Süd Claus en Kaan Architecten / greenbox Landschaftsarchitekten	217

Anhang

Auftakt zum Diskurs	239
Autoren und Akteure	242
Register	244
Abbildungsverzeichnis	248

Vorwort

Rechtsrheinische Perspektiven

Bernd Streitberger

Als älteste Stadt in Nordrhein-Westfalen bildet die rheinische Metropole Köln zugleich das Zentrum der südlichen Rheinschiene. Die umfassende Verkehrsinfrastruktur mit der Verknüpfung aller Verkehrswege – Straße, Schiene, Wasser und Luft – und nicht zuletzt die 2.000-jährige Erfahrung mit sich ändernden sozialen, ökonomischen und gesellschaftlichen Bedingungen bieten für Köln auch im 21. Jahrhundert alle Chancen für die zukünftige Entwicklung als europäische Metropole. Für den gesamten mitteleuropäischen Raum stellt Köln seit der römischen Gründung vor rund 2.000 Jahren eines der wichtigsten Zentren mit einer enormen Ausstrahlungskraft dar.

Seit dem letzten Drittel des 20. Jahrhunderts haben sich die ökonomischen und sozialen Grundbedingungen der europäischen Städte in umfassender Weise geändert. Eine globalisierte Ökonomie, die einherging mit der weitgehenden Verdrängung der klassischen Industrien und ihrer Produktionsweisen aus den europäischen Städten, führte zu einem tief greifenden Strukturwandel. Dienstleistungs- und Wissensgesellschaft sind die neuen Schlagworte, mit denen die ökonomische Neudefinition der Städte verbunden wird.

Besonders im stark industriell geprägten rechtsrheinischen Stadtgebiet Kölns fielen im Zuge dieser Entwicklung große Industrien und bedeutende Produktionsstandorte weg. Dies hat in den betroffenen Stadtteilen zu massiven sozialen Problemen geführt. Zugleich bergen die frei gewordenen Bauten und Flächen für die Zukunft des rechtsrheinischen Köln erhebliche Entwicklungspotenziale. Für Köln ergibt sich daraus als Stadt beiderseits des Rheins die Notwendigkeit und zugleich die Chance, die linke und die rechte Stadthälfte gleichgewichtig zu entwickeln. Im Linksrheinischen geht es darum, den Bestand zu erhalten, zu bewahren und zu pflegen, ihn gedeihlich und behutsam weiterzuentwickeln. Im Rechtsrheinischen geht es darum, die Chancen zur Entwicklung und Modernisierung überkommener Strukturen zu ergreifen.

Rechtsrheinische Perspektiven

Stadtentwicklung beiderseits des Rheins als städtebauliches Leitprojekt der *Regionale 2010*

Als Zentrum der Region ist die Stadt Köln ein wichtiger Partner der *Regionale 2010*. Die Kölner Beteiligung an diesem Strukturprogramm hat zum Ziel, die Region und ihr Selbstverständnis, ihre Zukunftsfähigkeit und Innovationskraft zu stärken, auf innovative Weise die existierende Vielfalt der Region sichtbar zu machen und die vorhandenen Potenziale zu entwickeln und miteinander zu vernetzen. Die *Rechtsrheinischen Perspektiven* sind dabei ein zentrales Instrument, das sich inhaltlich und methodisch auf die städtebaulichen Realitäten und Möglichkeiten des rechtsrheinischen Köln konzentriert.

Im Rahmen der *Regionale 2010* ist Köln mit dem städtebaulichen Leitprojekt *Stadtentwicklung beiderseits des Rheins* vertreten. Dieses Leitprojekt verbindet historische Bezüge der 2.000-jährigen Stadtgeschichte mit zukünftigen Perspektiven der Stadtentwicklung und ihrer Region. Am Beginn des 21. Jahrhunderts ist für Köln vor allem der Rhein ein wichtiger Identitätsfaktor und Stadtraum, dessen Qualitäten für die Stadt wiederentdeckt werden. Bedeutende Projekte wie der Ausbau des linksrheinischen Rheinauhafens oder der rechtsrheinische Rheinboulevard unterstreichen dies und verdeutlichen, dass Köln ohne einen attraktiven städtebaulichen Bezug zum Rhein kaum denkbar ist.

Mit dem Leitprojekt der *Stadtentwicklung beiderseits des Rheins* werden stadtbildprägende Elemente des historischen, linksrheinischen Köln mit zukunftsweisenden Projekten des rechtsrheinischen Köln verknüpft. Das Ziel ist es, für rechtsrheinische Stadtteile wie Deutz, Kalk, Mülheim oder Porz zu dokumentieren, dass auch sie wichtige und zukunftsfähige Teile des innerstädtischen Stadtgefüges sind. Denn die Zukunft von Köln liegt schließlich an beiden Ufern des Rheins.

Rechtsrheinische Perspektiven,
Motive für Straßenplakate.

Wandel Hoefer Lorch + Hirsch: Wettbewerbsentwurf für die Archäologische Zone und das Jüdische Museum (2008). Der Bau ist Teil des städtebaulichen Leitprojekts *Stadtentwicklung beiderseits des Rheins* der *Regionale 2010*.

Die Projektmodule

Das städtebauliche Leitprojekt *Stadtentwicklung beiderseits des Rheins* der *Regionale 2010* ist modular aufgebaut und besteht aus

- der *Archäologischen Zone* in der linksrheinischen Innenstadt;
- dem *Rheinboulevard* als verbindendes Element für die Stadt und die Region und den
- *Rechtsrheinischen Perspektiven*.

Während das Modul *Archäologische Zone* Kölns Tradition, Geschichte und Kultur thematisiert und visualisiert sowie das Modul *Rheinboulevard* die Stadt am Rheinufer inszeniert und mit der Region verbindet, thematisieren die *Rechtsrheinischen Perspektiven* die strukturelle, städtebauliche und stadträumliche Entwicklung und Perspektive dieses durch den Strukturwandel gekennzeichneten Stadtgebiets. Dies geschieht immer unter dem Vorzeichen einer stärkeren Anbindung an die linksrheinische Innenstadt und eines wachsenden Gleichgewichts beider Stadthälften.

Besonderes Verfahren gewählt

Um den aktuell und zukünftig laufenden Prozess der Transformation des rechtsrheinischen Stadtgebiets für die Stadt und ihre Region transparent zu machen und mit einem qualitätsbewussten städtebaulichen und stadträumlichen Instrumentarium zu begleiten und zu unterstützen, hat die Stadt Köln eine spezielles Verfahren entwickelt. Im Jahr 2003, als sich die Folgen des Strukturwandels in den altindustriellen Standorten in Deutz, Mülheim-Süd und Kalk-Süd immer deutlicher abzeichneten und zugleich eine Reihe neuer und wichtiger Investitionsvorhaben auf die entstandenen Brachflächen drängten, forderte der Gestaltungsbeirat der Stadt Köln, den Entwicklungsraum insgesamt zu fokussieren. Die Perspektiven für das Rechtsrheinische sollten in einen größeren stadträumlichen Zusammenhang gestellt werden, um auf diese Weise bessere und tragfähigere Entscheidungsgrundlagen für künftige Projekte und die Stadtentwicklung insgesamt zu erhalten.

Diese Zielsetzung im Blick, entschied sich die Stadt im darauf folgenden Jahr, ein Workshopverfahren durchzuführen, um die überfällige Gesamtperspektive anzustoßen. Vier ausgewählte Architektur- und Planungsbüros sollten erste Ideen für die zukünftige Entwicklung der rechtsrheinischen Rheinfront inklusive der Häfen skizzieren. Die Ergebnisse wurden in einer umfassenden Dokumentation vorgelegt und 2006 in einem zweiten Schritt überprüft. Die *Regionale 2010* bot vier Jahre später die Chance, den begonnenen Prozess mit der größer und diskursiv angelegten Veranstaltungsreihe *Rechtsrheinische Perspektiven* weiterzuführen und zu intensivieren.

Planorama Landschaftsarchitektur: Entwurf für den *Rheinboulevard* (Fertigstellung 2012). Die Neugestaltung des Ufers ist Teil des städtebaulichen Leitprojekts *Stadtentwicklung beiderseits des Rheins* der *Regionale 2010*.

Die Veranstaltungsreihe beinhaltet ein vorbereitendes Symposium, einen Workshop sowie die Ausstellung und Publikation der dort entwickelten und diskutierten Entwicklungskonzepte und -projekte für den rechtsrheinischen Kernraum. Das methodisch und inhaltlich komplex initiierte Verfahren sollte zunächst dazu dienen, in einer Fachveranstaltung einen differenzierten Blick auf den Ist-Zustand und die mit ihm zusammenhängenden Fragen und Probleme im nationalen und internationalen Vergleich zu ermöglichen. Anschließend sollten in einem Workshop die zukünftigen Entwicklungspotenziale im rechtsrheinischen Stadtgebiet und ihre Bedeutung für die Stadt und die Region aufgezeigt und langfristige Perspektiven entwickelt werden.

In dem anschließenden Diskussionsprozess sollen parallel zu der Ausstellung die Ergebnisse dann mit allen Interessierten und Beteiligten vertieft diskutiert werden. Ziel ist es, mit diesen diskursiven Instrumenten die Transformation der Stadt zu begleiten und damit qualitätsbewusste und konsensfähige Entwicklungen in Städtebau, Architektur und Freiraumplanung zu gewährleisten.

Stadtentwicklungspolitische Einordnung und internationaler Vergleich

Idee des im September 2010 abgehaltenen Symposiums war, sowohl die Öffentlichkeit als auch die für das Workshopverfahren ausgewählten Teams aus Architekten, Landschaftsarchitekten und Verkehrsplanern mit dem nötigen Wissen auszustatten. Die bewusste Auseinandersetzung mit nationalen beziehungsweise internationalen Beispielen intendierte, den Kontext der Fragestellungen, die es im Rechtsrheinischen zu beantworten gilt, zu erweitern. Auf dieser theoretischen Grundlage sollte bei allen

Rechtsrheinische Perspektiven,
Bildmarke für Symposium und Workshop.

Beteiligten die Sensibilität für die anstehenden Themen des Strukturwandels hergestellt und erste Ideen sollten entwickelt werden. Thomas Sieverts mit seinem Plädoyer für flexible Instrumentarien eines *Light Urbanism* und Klaus Overmeyer, der in der Stärkung der kreativen Milieus eine Chance für die Stadtentwicklung sieht, regten die Diskussion um angemessene Strategien an. Thomas Hotko erweiterte das Spektrum durch die Fragestellung, ob eine gezielte Branding-Strategie erfolgreich auf bestehende Quartiere angewendet werden kann. Mit der asymmetrischen Stadtentwicklung an exponierten Wasserlagen beschäftigten sich Gerti Theis (mit Hamburg an der Elbe), Thomas Madreiter (mit Wien an der Donau) und Alexander Tölle (mit dem Zusammenfluss von Rhône und Saône in Lyon). Ein zentrales Anliegen war es, durch die Einbeziehung dieser europäischen Referenzbeispiele den Betrachtungshorizont für Köln zu erweitern und die Bedeutung der Kölner Fragen und Lösungsansätze im internationalen Kontext zu unterstreichen.

Geschichtliche und strukturelle Würdigung

Das rechtsrheinische Köln in seiner historischen und gegenwärtigen Dimension detailliert in den Blick nahmen Walter Buschmann und Dieter Prinz. Während Walter Buschmann die frühe Stadtentwicklungsgeschichte darlegte und dabei die Rolle der Industrie und Eisenbahn herausstrich, fokussierte Dieter Prinz auf die Phase des Strukturwandels im ausgehenden 20. Jahrhundert. Darüber hinaus würdigte er die bisherigen Planungsbemühungen zur Stabilisierung der Entwicklung. Die Bestandsaufnahme des gegenwärtigen Rechtsrheinischen übernahmen Boris Sieverts und Regina Stottrop. Sie konnten anschaulich die Besonderheit der rechtsrheinischen Stadtstruktur aufzeigen. Während die durch das Mittelalter geprägte Ring- und Radialstruktur des Linksrheinischen ein eingängiges Bild erzeugt, ist das Rechtsrheinische durch eine heterogene und stark fragmentierte Grundstruktur geprägt und nur schwer lesbar. Regina Stottrop konstatierte einen fragmentierten, heterogenen Stadtraum, der von großmaßstäblichen Infrastrukturen und Trassen zerschnitten ist und verwies damit vorbereitend auf die zentralen Fragestellungen für den folgenden Workshop.

Workshop

Im November 2010 begannen fünf renommierte Stadtplanungsbüros, von denen drei bereits in den Workshops 2004 und 2006 Leitbilder und Visionen für die Rheinfront erarbeitet hatten, im Team mit Landschaftsarchitekten beziehungsweise Verkehrsplanern den abschließenden Workshop. Sie analysierten das rechtsrheinische Köln hinsichtlich seiner Potenziale. Im Zentrum standen die öffentlichen Räume sowie die Grün- und Freiflächen und die Vernetzungspotenziale der heterogenen Stadträume. Als planerische Perspektiven skizzierten alle eingeladenen Teams vielschichtige Konzepte und Lösungsvorschläge, die in die künftige städtebauliche Entwicklung des rechtsrheinischen Köln einfließen können. Jedes Team entwickelte eigenständige Lösungen für jeweils einen Teilbereich. Das Spektrum der Vorschläge reichte vom klassischen Städtebau über strategisch-politische Überlegungen bis hin zu künstlerisch-performativen Ansätzen, die auf den gesamten rechtsrheinischen Stadtraum übertragbar sind.

Katalog und Architekturführer

Mit dem Katalog liegt nun ein Werk vor, das die Materialien zu den *Rechtsrheinischen Perspektiven* vollständig zusammenfasst. Er bereitet das Symposium ausführlich auf und dokumentiert anschaulich die Ergebnisse des Workshops. Der parallel erscheinende Architekturführer zum rechtsrheinischen Köln ergänzt diesen Katalog als praktischer »Reiseführer« und stellt mit kenntnisreichem Blick den direkten Ortsbezug und das Raumerleben in den Vordergrund. Eine Einführung in die Stadtbaugeschichte und vier Touren durch das auch für viele Kölner unbekannte Rechtsrheinische werden durch 50 Bauten und Projekte ergänzt, die vom längst begonnenen Umbruch zeugen und die wichtigen Entwicklungsvorhaben in diesem Interventionsraum präsentieren.

Bahnhof Köln Messe / Deutz: zentraler Ausstellungsort der *Rechtsrheinischen Perspektiven*.

Ausstellung und öffentlicher Diskurs

Der publikumswirksamen Vorstellung der Workshop-Ergebnisse dient die Ausstellung vom 5. Mai bis 4. Juli 2011, die in der eindrucksvollen Halle des Deutzer Bahnhofs zu sehen ist. Die Hauptausstellung wird begleitet von vier dezentralen Ausstellungen in rechtsrheinischen Quartieren. Die Präsentationen in den *AbenteuerHallen* in Kalk, im Hotel *The New Yorker* in Mülheim-Süd, im Handelshof in Poll sowie im Bezirksrathaus Kalk fokussieren jeweils Beiträge und Themen mit direktem Ortsbezug. Sie sprechen unterschiedliche Besucher- und Nutzergruppen in den jeweiligen Quartieren an und erreichen damit unmittelbar die Bewohner und Milieus des Planungsraums. Mit einem weiteren Standort in der Passage C des Kölner Hauptbahnhofs praktiziert die Ausstellung symbolisch den geforderten städtebaulichen Brückenschlag über den Rhein. Sie setzt sich intensiv mit der städtebaulichen und architektonischen Entwicklung des rechtsrheinischen Köln auseinander.

Die Workshop-Ergebnisse werden damit dem öffentlichen und fachlichen Diskurs zur Verfügung gestellt. Im Idealfall werden qualifizierte Diskussionen und Debatten folgen, die die weitere städtebauliche, soziale und kulturelle Entwicklung des rechtsrheinischen Köln in einem konstruktiven Sinn kritisch begleiten werden. Die Initiatoren und Teilnehmer der *Rechtsrheinischen Perspektiven* wünschen sich diesen stetigen öffentlichen Diskurs, ohne den eine nachhaltige, von den Bewohnern akzeptierte und der Gesamtstadt dienende Verbesserung der derzeitigen Lage im rechtsrheinischen Köln nicht denkbar ist.

Vorwort

Regionale Perspektiven

Jens Grisar / Carolin Lüke / Reimar Molitor

Die Region Köln/Bonn, in der auf 4.000 Quadratkilometern rund drei Millionen Menschen leben und 300.000 Unternehmen wirtschaften, ist geprägt durch ein verstädtertes Siedlungsband entlang der Rheinschiene zwischen Leverkusen und Bonn, das räumlich sichtbares Resultat einer prosperierenden Entwicklung in den vergangenen Jahrzehnten ist. Landschaftliches und ökonomisches Rückgrat zwischen Drachenfels und Bayer-Kreuz ist der Rhein, flankiert von den Wachstumsmotoren Köln sowie Bonn und umgeben von vier Landkreisen mit starken Mittelzentren rechts und links des Rheins. Dieser Raum zeichnet sich durch eine Vielfalt von Stadt- und Landschaftstypologien und ein dicht gewebtes Netz wertvoller Kulturlandschaften aus, die wichtige Aushängeschilder und identitätsstiftende Raumstrukturen für die Lebensqualität der Region Köln/Bonn sind. Unter ökologischen und mikroklimatischen Aspekten bilden sie die »blau-grüne Infrastruktur« der Zukunft.

Prognosen gehen davon aus, dass der Siedlungsdruck auf die verbliebenen Freiräume im kommenden Jahrzehnt vor allem an der Rheinschiene anhält. Daher ist dem Schutz und der Entwicklung des Kulturlandschaftsnetzes über kommunale und sektorale Grenzen hinweg in Zukunft eine besondere Bedeutung zuzuschreiben, um die dynamische Raumentwicklung in der Region Köln/Bonn steuern zu können. Neben dem Wachstum am Rande sind die Städte der Region Köln/Bonn zugleich mit Wandlungsprozessen im Inneren konfrontiert. Hier treten das Brachfallen ehemals gewerblich-industrieller Gebiete oder Funktionsverluste der Innenstädte in Erscheinung. Das Aufrechterhalten des Kulturlandschaftsverbundes bei gleichzeitig steigendem Flächenbedarf kann nur gelingen, wenn – wie im rechtsrheinischen Köln – die Zentren gestärkt und die durch den Strukturwandel freigesetzten Flächenpotenziale im Inneren der Städte sinnvoll genutzt werden. Sie bieten Raum für neues Wohnen und Gewerbe, für Freizeit, Handel, Kultur und innerstädtische Freiräume. Es gilt, das Wachstum am Rande und den Wandel im Inneren gleichzeitig und aufeinander abgestimmt zu gestalten!

Regionale Perspektiven

Zwischenstadt versus Wachstum nach innen:
konventionelle Stadtrandsiedlung in Troisdorf-Kriegsdorf
und innovatives Nachverdichtungskonzept für Deutz.

Diese Beschreibung umreißt zentrale Herausforderungen der Raumentwicklung, vor denen die raumgestaltenden Akteure in der Region Köln/Bonn stehen. Hier ist gemeinsames Handeln über kommunale und sektorale Grenzen hinweg auf Basis eines gemeinsamen Raumverständnisses gefragt. Im Rahmen des Strukturprogramms *Regionale 2010* des Landes Nordrhein-Westfalen haben daher Modellprojekte und Initiativen wie die *Rechtsrheinischen Perspektiven* in den vergangenen Jahren unter anderem an Ideen zur Bewältigung dieser Herausforderungen gearbeitet.

Eingebettet in diese vielfältige Stadtlandschaft und durch die prominente Lage im Zentrum der Region begünstigt, hat der Betrachtungsraum der *Rechtsrheinischen Perspektiven* im Raumgefüge der Region Köln/Bonn in mehrfacher Hinsicht wichtige Schlüsselfunktionen inne: Der rechtsrheinische Kern Kölns ist zum einen Standort bedeutender Nutzungen und dominanter Infrastrukturen mit zum Teil weltweiter Bekanntheit, wie der *KoelnMesse*. Zum anderen befinden sich die rechtsrheinischen Quartiere als traditionsreiche Industriestandorte seit Jahren im Umbruch, was sich in einem kontrastreichen Nebeneinander brachgefallener Flächen, verbliebener Industrieinseln, temporärer und kreativer Umnutzungen, neu entstandener Zentren und etablierter Viertel äußert. Die vorhandenen Flächenpotenziale offerieren zugleich Platz für neue Entwicklungen, im Inneren der Stadt.

Aus regionaler Perspektive sind Deutz, Mülheim und Kalk zudem zentrale Verbindung oder ein Link zwischen der Rheinschiene und der Mittelgebirgslandschaft des Bergischen Landes im Osten mit engen räumlichen und funktionalen Wechselbeziehungen. Dabei zeigt sich deutlich, dass der Betrachtungsraum der *Rechtsrheinischen Perspektiven* auch über die Stadtgrenzen Kölns hinaus entscheidende Gestaltungsspielräume für eine tragfähige regionale Raumstruktur bietet. Dieser Aufgabe widmet sich auch das *Regionale 2010*-Projekt *RegioGrün*. Es befasst sich mit der

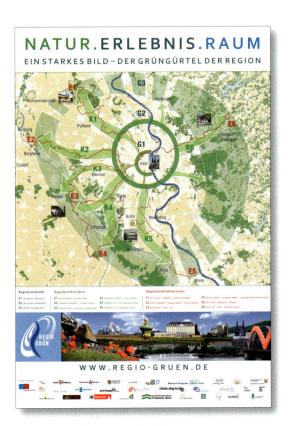

Das Gemeinschaftsprojekt *RegioGrün:*
Aus dem historischen Kölner Grüngürtelsystem wird ein regionales Freiraumgerüst beiderseits des Rheins.

Fortschreibung des Kölner Grüngürtelsystems, das auf die wegweisenden Planungen von Fritz Schumacher und Konrad Adenauer aus den Zwanzigerjahren des vergangenen Jahrhunderts zurückgeht. Zwölf Kommunen arbeiten gemeinsam an der Entwicklung dieses Freiraumgerüstes als Teil des Kulturlandschaftsnetzwerks der Region Köln/Bonn. Fünf radiale Freiraumkorridore verbinden die Kölner Grüngürtel mit der Erftaue und der bewaldeten Ville, was diese Natur- und Landschaftselemente gewissermaßen zu einem dritten Kölner Grüngürtel macht. Idee ist es, so den suburban geprägten linksrheinischen Raum rund um Köln zu gliedern und gleichzeitig neue Erholungsräume zu schaffen. Rechtsrheinisch werden die Radialen als Anschluss an die Kulturlandschaftsbereiche des Bergischen Landes ausgearbeitet. Das Projekt steht stellvertretend für den Willen der Region, vor allem im Verdichtungsraum entlang der Rheinschiene die Siedlungsentwicklung stärker zu steuern und einzelne Bereiche und Landschaftsbilder freiräumlich und gestalterisch zu qualifizieren. Dies geschieht auf Basis eines Rahmenkonzepts der Nürnberger Werkgemeinschaft Freiraum über Wettbewerbe oder vertiefende kooperative Planungen. Der Strundekorridor als Teil von *RegioGrün* auf der rechten Rheinseite von der Quelle in Bergisch Gladbach bis zur Mündung in Köln-Mülheim zeigt exemplarisch den Willen zur gemeinsamen Gestaltung wertvoller Kulturlandschaften/Landschaftsachsen über kommunale Grenzen hinweg.

Wie aber können Konzepte und Ideen entstehen, aus denen sich ein stimmiges Gesamtbild und Entwicklungsprinzipien für das rechtsrheinische Stadtgebiet insgesamt ableiten lassen? Dieser Frage gehen die *Rechtsrheinischen Perspektiven* nach. Der methodische Dreiklang von Symposium, Workshop und Ausstellung zeigt, dass die Stadt Köln dazu den informellen Weg eines offenen Prozesses und Dialogs mit Experten von außen, lokalen Fachleuten und der Bevölkerung vor Ort bewusst gewählt hat. Die Ergebnisse der Arbeit präsentieren Möglichkeiten, wie aus dem spannenden und ambivalenten Siedlungsgefüge im Rechtsrheinischen eine erkennbare Raumstruktur mit einer aus städtischer wie regionaler Sicht sinnfälligen neuen Arbeitsteilung der Teilräume entstehen kann.

Regionale Perspektiven

Gemein ist vielen Beiträgen der Wunsch nach einem übergreifenden Freiraumgerüst, das aus Barrieren Verbindungen macht und die attraktive Gestaltung der öffentlichen Räume als strukturgebendes Element betont. Die neuen Freiraumstrukturen können zum Bindeglied zwischen der Rheinschiene, den Ansätzen von *RegioGrün* und den Kulturlandschaftskorridoren im Bergischen Land werden. Die Gestaltungsaufgabe Öffentlicher Raum wahrzunehmen und attraktive Innenstadtquartiere, Straßen, Parks, Wege und Plätze zu schaffen, dient somit nicht nur der Verbesserung des Stadtbilds, sondern ist vor allem in einer wachsenden Region ein Beitrag zu einer zukunftsfähigen Entwicklung.

Daher ist es aus regionaler Sicht besonders zu begrüßen, dass sich die Stadt Köln im Rahmen der *Regionale 2010* mit dem städtebaulichen Schwerpunktprojekt *Stadtentwicklung beiderseits des Rheins* auch dieser Frage gewidmet hat. Mit dem Bau des Deutzer Rheinboulevards vis-à-vis der Altstadt setzt die Stadt Köln in diesem Kontext ein deutliches Merkzeichen für eine veränderte regionale Baukultur und urbane Freiraumqualität im öffentlichen Raum am Rhein.

Blau-grüne Stadtlandschaft: Blick von der Rodenkirchener Brücke entlang des Rheins in Richtung Kölner Innenstadt.

Die Stadt Köln hat das Strukturprogramm im Fall der *Rechtsrheinischen Perspektiven* als Impuls genutzt, um eine besondere Form der Planungs- und Prozesskultur weiterzuentwickeln. Die integrative Methodik der *Rechtsrheinischen Perspektiven* mit einem offen geführten öffentlichen Diskurs kann Vorbildwirkung für andere Städte im Rheinland entfalten. Mit Blick auf die Zukunft hat Köln die Grundlage für die Diskussion über das Raumprofil des Rechtsrheinischen gelegt und widmet sich damit einer wesentlichen Aufgabe, die für die zukunftsfähige Raumentwicklung der Stadtlandschaft Region Köln/Bonn von großer Bedeutung ist. Vor diesem Hintergrund ist zu wünschen, dass dieser Impuls auch über die *Regionale 2010* hinaus in Köln positiv nachwirken wird und auf Basis der Ideen, Szenarien und Diskussionen konkrete Projektentwicklungen folgen, die das rechtsrheinische Köln zu einem qualitätvollen Bestandteil der rheinischen Stadtlandschaft machen.

Einleitung

Rechtsrheinische Planungen

Anne Luise Müller

Mit dem dramatischen Niedergang der Industrie am Ende des 20. Jahrhunderts gewann das rechtsrheinische Köln gesamtstädtische Beachtung. Zwei durch die Stadt initiierte Workshops (2004 und 2006) identifizierten Potenziale des Rheinufers, Ensembles mit erhaltenswerter Bausubstanz, zu entwickelnde Flächen für urbanes Wohnen, gewerbliche Standorte oder Dienstleistungsquartiere sowie zu erweiternde Grünzüge und zu fördernde Freizeitnutzungen. Achsen sollten als öffentliche Räume inszeniert und bestehende Grünverbindungen mit dem Rheinufer vernetzt, wichtige Orte sollten aufgewertet werden. Gemäß dem städtebaulichen Masterplan Innenstadt Köln (2008), der die Inhalte der Workshops 2004 und 2006 weitgehend berücksichtigt, sollen das Links- und das Rechtsrheinische über Promenaden und Rundwege verbunden werden. Innerhalb der *Regionale 2010* wurde für Köln als Schwerpunkt der Rheinraum formuliert. Im Workshop 2010 wurden stadträumlich definierte Untersuchungsbereiche ausgearbeitet und zwei übergreifende Planungsthemen ausgewählt: Verkehrstrassen und Rheinfront. Fünf interdisziplinär zusammengesetzte Teams loteten in Teilräumen die Potenziale insbesondere hinsichtlich der öffentlichen Räume sowie der Grün- und Freiflächenvernetzung aus. Die Ausstellung *Rechtsrheinische Perspektiven* soll dazu Anregungen aus der Bevölkerung und den Bezirken sammeln, die in den Maßnahmenkatalog einfließen werden. Weitere Maßnahmen betrafen die beiden Häfen (behutsame Transformation mit Zwischennutzungen) und die Verkehrstrassen (Integration als urbane Landschaftsbänder).

Einordnung des Planungsprozesses in den Rechtsrheinischen Dialog

Über Jahrzehnte ist Köln am Rhein lediglich als Stadt am linken Rheinufer wahrgenommen worden. Der Rheinstrom trennte die historische Stadt von der Stadt der industriellen Entwicklung auf der rechten Rheinseite. Selbst die Brücken zwischen der Innenstadt und den Bezirken Mülheim oder Deutz, ingenieurbautechnische Leistungen von innovativer Bedeutung in ihrer Entstehungszeit, wurden von der Stadtgesellschaft nicht als »Brückenschlag« verstanden. Die Gestaltung dieser Brücken und ihre stadträumliche Wirkung sind bis heute signifikant und identitätsstiftend für die Verbindung der beiden Rheinseiten – ihre gleichwertige Betrachtung lag jedoch lange Zeit in der Öffentlichkeit wie auch für die Verantwortlichen der Stadtentwicklung nicht im Fokus.

Das vornehmlich industriell geprägte rechtsrheinische Stadtgebiet gewann erst Beachtung, als sich die wirtschaftliche Situation der dort ansässigen Unternehmen und Fabriken im Zuge des politischen Umbruchs in der damaligen Sowjetunion und in Osteuropa dramatisch veränderte. Bedeutende rechtsrheinische Industriebetriebe gaben ihre Produktion auf und wanderten an Standorte mit (finanziell) günstigeren Produktionsbedingungen. Damit stand die Stadt Köln in den Achtziger- und Neunzigerjahren des 20. Jahrhunderts vor der Aufgabe, den Transformationsprozess des Rechtsrheinischen vom industriellen Standort zu einem Dienstleistungs- und Medienstandort zu bewältigen.

Ein erster programmatischer Planungsbeitrag war das 1994 erstellte und verabschiedete *Kalk Programm* als integriertes Handlungskonzept für den Stadtteil Kalk. Mit diesem Programm wurde das Ziel einer sozialen und wirtschaftlichen Stabilisierung des Stadtteils verfolgt. Mithilfe von Fördermitteln konnte es in Teilen umgesetzt und zum Impulsgeber für weitere Veränderungen werden.

Mit Recht kann heute, gut 30 Jahre später, die ökonomische Entwicklung als gelungen bezeichnet werden, gleichwohl sind die stadträumlichen Folgen unübersehbar. Die stadtentwicklungspolitischen Maßnahmen zur Entwicklung und Profilierung Kölns zum Medien- und Dienstleistungsstandort konzentrierten sich mit dem Bau des *MediaPark Köln* auf dem Gelände des ehemaligen Güterbahnhofs Gereon auf die linksrheinische Seite. Währenddessen fielen rechtsrheinisch 160 Hektar Industrieflächen brach. Dass in der Revitalisierung dieser Brachflächen Entwicklungspotenziale liegen könnten, war der Stadt durchaus bewusst; das eigentliche Problem waren die Geschwindigkeit dieses Prozesses sowie die Vielzahl der entleerten Industrieflächen mit dem daraus folgenden Verlust von Arbeitsplätzen. Die industriellen Arbeitsplätze konnten nicht einfach durch die neuen Arbeitsplätze in der Medien- und Dienstleistungsbranche ersetzt werden. Dort, wo Betriebe den Standort optimiert hatten und innerhalb des Rechtsrheinischen in besser organisierte, neu errichtete Fabriken zogen, blieben freigezogene Standorte zurück. Zügig wurden Gebiete, unter anderem entlang der Deutz-Mülheimer Straße, im Rahmen städtebaulicher Wettbewerbe überplant, um städtebaulich-räumliche Vorstellungen zu entwickeln. Bis heute konnten die Ergebnisse dieser Planungen nicht realisiert werden. Die Gründe hierfür sind so vielfältig wie unterschiedlich und reichen von den Eigentümerstrukturen über die Altlasten- und Emissionsbelastung bis hin zum mangelnden Image der rechten Rheinseite, trotz ihrer günstigen Lage zu Verkehrsinfrastrukturen und dem großen innerstädtischen Messestandort.

Innerstädtische Wüste: das ehemalige CFK-Gelände nach dem Abriss der Industrieanlagen (2003).

Initialprojekt für die wirtschaftliche Stärkung des rechtsrheinischen Kernraums war der Ausbau der Hochgeschwindigkeitsstrecke nach Frankfurt und damit die Anbindung des Deutzer Bahnhofs an das europäische Fernverkehrsnetz. Dieser Anschluss eröffnet – zusammen mit der innerstädtischen *Koelnmesse* – für das Rechtsrheinische eine neue Zentralität und Erreichbarkeit. Ebenso signalisierte die Übersiedlung städtischer Dienststellen aus unterschiedlichen

Wassertum auf dem Gelände der Chemischen Fabrik Kalk an der Kalker Hauptstraße (1980).

Kaspar Kraemer Architekten: Abenteuer- und Wissenspark *Odysseum* (Luftbild 2010).

linksrheinischen Adressen in einen gemeinsamen Verwaltungsstandort, das Stadthaus Deutz, den Aufbruch und die Stärkung des Rechtsrheinischen. Zuvor war bereits das Polizeipräsidium von seinem innerstädtischen Standort in die neue Liegenschaft nach Kalk umgezogen. Parallel wurden vielfältige städtebauliche Planungen für einzelne Flächen im Rechtsrheinischen vorangetrieben. Ein Beispiel ist das Gelände der ehemaligen Chemischen Fabrik Kalk (CFK). Der hierzu durchgeführte Wettbewerb und seine Ergebnisse – insbesondere der 1. Preis der Architekten 3pass, Köln – setzten sich mit stadttypologischen Strukturen auseinander und berücksichtigten Reste der industriellen Architektur als Identifikationsmöglichkeiten für den neuen Ort. Die Realisierung enttäuschte jedoch. War zu Beginn des Umsetzungsprozesses der Preisträger noch an einer Überarbeitung des Wettbewerbs beteiligt, konnte der Grundstückseigentümer und Investor später aus ökonomischen Gründen die kleinräumige Struktur, insbesondere des Handels, nicht realisieren. Die aus der Umgebung abgeleitete maßstäbliche Typologie wurde durch ein großmaßstäbliches Einkaufszentrum ersetzt; die industriell genutzten Bauwerke konnten aufgrund der unwirtschaftlichen Sanierung nicht erhalten und umgenutzt werden. Der Wasserturm ist als Reminiszenz an die Chemische Fabrik Kalk nun in die Shoppingmall der *Köln Arcaden* integriert. Wenngleich der Bürgerpark und die umliegende, neu entstehende Wohnbebauung oder aber auch das *Odysseum* als neuzeitliches Wissenschaftsmuseum einen Zugewinn für Kalk bedeuten, so ist die einstige Vorstellung, einen lebendigen, kleinräumig gestalteten Stadtteil zu entwickeln, durch die geänderten Planungsziele mit der Errichtung eines Einkaufszentrums zumindest infrage gestellt.

Dies mag der Anlass für den Gestaltungsbeirat der Stadt Köln gewesen sein, im Jahr 2004 einen Workshop zu initiieren, der grundlegende Fragen zur Stadtentwicklung des rechtsrheinischen Köln thematisierte. Der damalige Betrachtungs- und Bearbeitungsraum umfasste die unmittelbar an das Rheinufer anschließenden Stadträume bis zum Deutzer Feld. Darüber hinausgehende Bereiche und Quartiere wurden bewusst aus der Diskussion herausgenommen, um folgende Fragestellungen handhabbar bearbeiten zu können:

- Wie sollen sich Stadtbild und Stadtsilhouette im Rechtsrheinischen entwickeln?
- Welche Anbindung soll es zukünftig an den Rhein geben?
- Wie könnte die binnenräumliche und strukturelle Gliederung des Rechtsrheinischen aussehen?
- Wie wird es möglich, die monostrukturellen Bereich- und Transittrassen in das städtebauliche Umfeld einzubinden beziehungsweise zu überwinden?
- Welche Qualitäten sollen die öffentlichen Räume erhalten?

Als Ergebnis des Workshops benannte der Maßnahmenkatalog 2004 die Potenziale des Rheinufers sowie Ensembles mit erhaltenswerter Bausubstanz, um der künftigen Entwicklung identitätsstiftende Orte geben zu können. Es wurde thematisiert, welche Flächen zu urbanem Wohnen und welche als gewerbliche Standorte

3pass Architekten und Stadtplaner: Preisgekrönter Vorschlag für eine kleinteilige Bebauung des CFK-Geländes (Wettbewerb 1999).

Von Gerkan, Marg und Partner: Büropark an der Deutz-Mülheimer Straße, Holzmodell (Wettbewerb 1999).

oder Dienstleistungsquartiere entwickelt werden sowie wo Grünzüge erweitert und Freizeitnutzungen gefördert werden sollten. Die Inszenierung von Achsen als öffentliche Räume, beispielsweise der Deutz-Mülheimer Straße oder der Brücken (Hohenzollernbrücke, Deutzer Brücke), sowie eine Vernetzung der bestehenden Grünverbindungen mit dem Rheinufer waren Empfehlungen. Die Aufwertung wichtiger Orte, wie das Stadtentree mit dem Bahnhof Köln Messe/Deutz oder aber der Messeeingang Nord sowie die Mindener Straße mit der Zugänglichkeit zum Rhein, gehörte zu den Kernaussagen des Maßnahmenkatalogs 2004.

Klaus O. Fruhner (Hg.): Pläne, Projekte, Bauten. Architektur und Städtebau in Köln 2000 bis 2010, Berlin 2003.

Mit diesem Maßnahmenkatalog sollten zunächst Chancen und Spielräume aufgezeigt und daraus Entwicklungslinien formuliert werden. Eines der wesentlichen Ziele des Workshops war es, neue Identitäten für das Rechtsrheinische zu finden und sie insbesondere mit der Qualifizierung des öffentlichen Raums zu verbinden. 2004 bis 2006 wurde eine Reihe von Baumaßnahmen vorangetrieben, wie der Umbau der ehemaligen Rheinhallen und der Neubau der Messehallen. Auch der öffentliche Raum wurde verbessert, etwa mit der Umgestaltung der südlichen Rampe zur Hohenzollernbrücke. Ein Wettbewerbsverfahren zur Umgestaltung des Ottoplatzes als Entree des Bahnhofs Köln Messe/Deutz war bis 2006 entschieden. Von den Hochhaus-Planungen im Umfeld des Deutzer Bahnhofs ausgelöst, begann im Jahr 2004 die Diskussion um die Welterbestätte Kölner Dom mit der Ankündigung der UNESCO, den Welterbestatus abzuerkennen. Der drohende Verlust des Welterbestatus, sofern der Kranz der 120 Meter hohen Hochhäuser um den Bahnhof Köln Messe/Deutz beibehalten werde, veranlasste die Stadt, ein moderiertes Werkstattverfahren zur städtebaulichen Entwicklung der Flächen um den Bahnhof Köln Messe/Deutz einzuleiten. Vorgesehen ist nun eine städtebaulich homogene Blockstruktur mit drei moderaten 60-Meter-Hochpunkten an markanten Platzkanten. Auf Grundlage dieses Konzepts konnte eine einvernehmliche Lösung erzielt und damit der Welterbestatus erhalten werden.

Aufgabenstellung und Arbeitsmappen der Workshops für das Rechtsrheinische Köln (2004/2006).

Gatermann + Schossig: Bürohochhaus *KölnTriangle* und Horion-Haus (2006).

Alle diese Interventionen und Maßnahmen im Rechtsrheinischen ermöglichten eine Berichterstattung und Fortschreibung der Ergebnisse des Workshops 2004 in einem zweiten Workshop im Jahr 2006. Die formulierten Handlungsempfehlungen von 2004 wurden überprüft und die Übereinstimmungen mit den neuen Planungen sowie Abweichungen von den Empfehlungen gegenüber den Zielsetzungen von 2004 diskutiert. Das Ergebnis zeigte, dass die Zielsetzungen des Maßnahmenkatalogs aus dem Jahr 2004 nach wie vor Gültigkeit hatten. Zugleich wurde deutlich, dass die Transformation des Rechtsrheinischen ein Prozess ist, der nicht in wenigen Jahren beendet sein kann. Die erneute Überprüfung im Zweijahresrhythmus war avisiert. Doch inwieweit waren die auf einen sehr beschränkten Teilraum im Bereich des Rheinufers mit direkt anschließenden Bereichen bezogenen Fragen aus dem Jahr 2004 dauerhaft ausreichend für eine Überprüfung? Musste nicht ein erweiterter Betrachtungsraum mit zusätzlichen Fragestellungen erörtert werden?

Der Absicht, den Maßnahmenplan in einem Zwei-Jahres-Rhythmus zu evaluieren, kam der im Jahr 2008 durch das Frankfurter Büro Albert Speer & Partner erarbeitete städtebauliche *Masterplan Innenstadt Köln* entgegen. Dort wurden in einem der sieben definierten Interventionsräume die rechte Rheinseite betrachtet sowie die städtebaulichen Raumkanten, ihre Fassung und mögliche stadträumliche Strukturen im Bereich der Messe, des Hafens und der Fachhochschule untersucht. Der Rheinraum als Stadtraum Rhein wurde besonders in Bezug auf seine verbindende Aufgabe thematisiert. Im Ergebnis sieht der städtebauliche Masterplan vor, beide Stadtgebiete des Links- und Rechtsrheinischen über Promenaden und unterschiedlich ausgedehnte Rundwege zu verbinden. Die Themen und Inhalte der Workshops 2004 und 2006 wurden in die Arbeit einbezogen. Damit verbinden sich die Aussagen des Masterplans mit den vorangegangenen Werkstattverfahren und bestätigen erneut die Gültigkeit der bislang getroffenen Zielsetzungen.

Rechte Seite:
Ausschnitt aus dem Masterplan, der von Albert Speer & Partner zwischen 2007 und 2008 erstellt und am 5. Mai 2009 vom Rat der Stadt Köln beschlossen wurde.

Rechtsrheinische Planungen

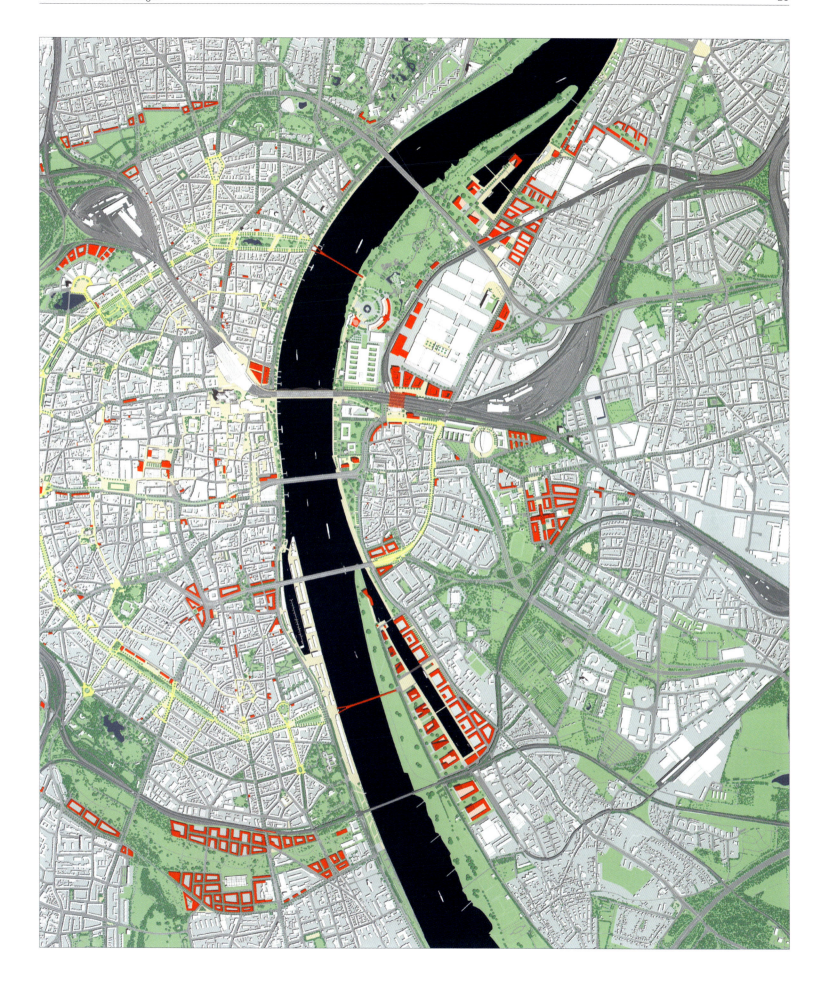

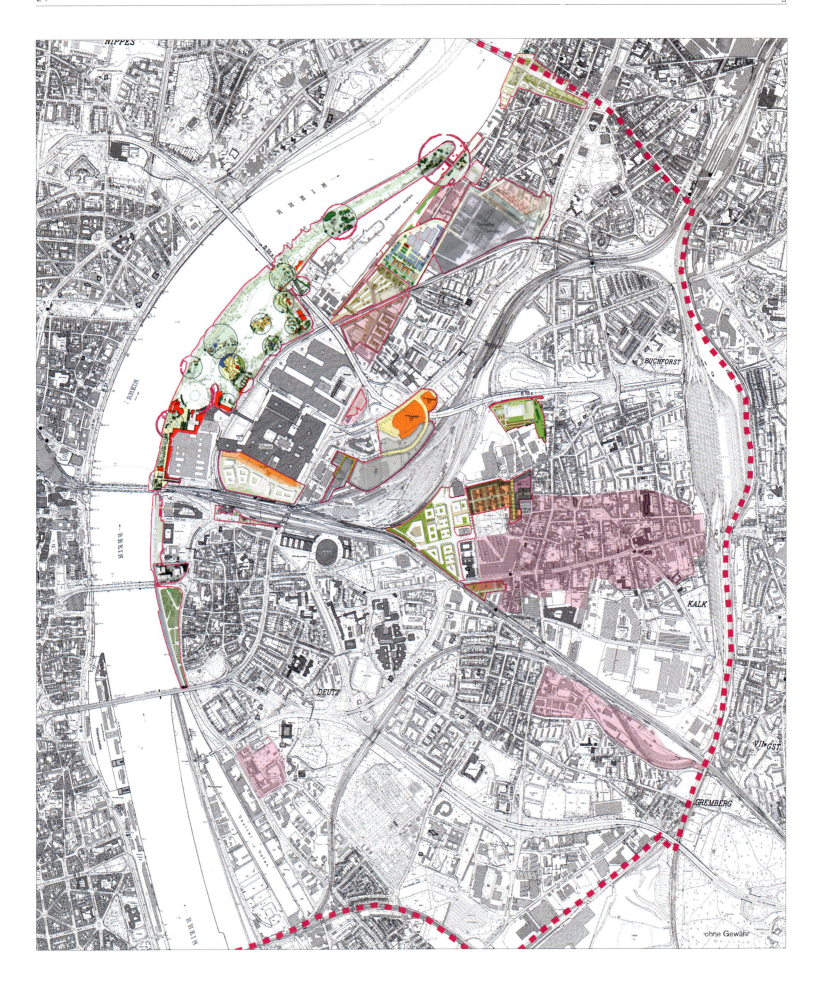

Rechtsrheinische Planungen

In den Zeitraum der Workshops 2004 und 2006 und der Erarbeitung des Masterplans fällt die *Regionale 2010*. Im Kontext dieses regionalen Strukturförderprogramms wurde für die Stadt Köln als Schwerpunktthema der Rheinraum formuliert. Er verbindet das Bewahren des Linksrheinischen und den Aufbruch des Rechtsrheinischen miteinander. Die Anlage und Gestaltung des Rheinboulevards als Ergebnis eines Wettbewerbsverfahrens mit breiter Öffentlichkeitsbeteiligung, als Projekt der *Regionale 2010* durchgeführt, nimmt Bezug auf den Masterplan und die vorangegangenen Workshops.

Im Jahr 2010 – im Rahmen der *Regionale 2010* – war für das Rechtsrheinische nun ein größerer Schritt erforderlich, der zum einen die möglichen Entwicklungslinien weiter fokussiert, zum anderen aber auch zusätzliche Fragestellungen und einen erweiterten Betrachtungsraum untersucht. Vorgesehen wurde deshalb ein weiteres Werkstattverfahren. In Vorbereitung des Workshops 2010 wurden stadträumlich definierte Untersuchungsbereiche mit konkreten Fragestellungen ausgearbeitet, im Einzelnen im Planungsgebiet Mülheim-Süd, im Planungsgebiet Kalk-Süd einschließlich Kalker Hauptstraße und im Planungsgebiet Deutz. Darüber hinaus wurden zwei übergreifende, den gesamten Betrachtungsraum verklammernde Planungsthemen ausgewählt: der Rheinraum und die Verkehrstrassen als Trassen, Straßen und Wege.

Oben:
Blick vom Linksrheinischen in Richtung Osten auf Mülheim, Kalk und Deutz (Luftbild 2010).

Linke Seite:
Betrachtungskulisse des Workshops *Rechtsrheinische Perspektiven* mit farbiger Darstellung aktueller Planungen.

Diskussionsrunde im Rahmen des fachöffentlichen Symposiums *Rechtsrheinische Perspektiven* am 16./17. September 2010.

Organisierte Fahrradtouren durch die Planungsgebiete im Rahmen des Workshops *Rechtsrheinische Perspektiven* am 11. November 2010.

Fünf renommierte Stadtplanungsbüros in Zusammenarbeit mit Landschafts- und Verkehrsplanern wurden eingeladen, die Fragestellungen für jeweils einen Planungsraum und ein Planungsthema zu bearbeiten. Zu den drei Büros, die bereits 2004/2006 an den Workshops teilgenommen hatten, wurden noch zwei weitere Büros eingeladen. Als thematischer Einstieg ging dem Workshop eine Auftaktveranstaltung mit einem Symposium im September 2010 voraus. Dort wurden anhand der Beispiele Hamburg, Wien und Lyon Stadtentwicklungsstrategien von asymmetrischen Großstädten an Flüssen diskutiert. Anschließend hatten die fünf interdisziplinär zusammengesetzten Teams die Aufgabe, in ihren Teilräumen die Potenziale auszuloten, insbesondere hinsichtlich der öffentlichen Räume sowie der Grün- und Freiflächenvernetzung. Während die Workshops 2004 und 2006 übergreifende städtebauliche Leitlinien thematisiert hatten, behandelten die Teilnehmer nun die Teilräume innerhalb des Gesamtraums kleinmaßstäblicher. Zunächst hatten die Planungsteams die Ergebnisse der Workshops 2004 und 2006 in Bezug auf die heutige Situation zu betrachten und zu gewichten, um dann daraus Ideen, Modelle und Konzepte für den einzelnen Teilraum zu entwickeln. Anschließend wurden die jeweiligen Vorstellungen für den Teilraum in den Kontext des Gesamtbetrachtungsraums gestellt. Die unterschiedlichen methodischen Ansätze der Planungsteams, die Differenziertheit und Tiefe der planerischen Aussagen, aber auch strategisch-zeitliche Komponenten haben eine Fülle von Ideen geliefert und Bilder erzeugt, die in dem umfassend moderierten Diskurs im Anschluss an die Präsentation der Einzelergebnisse wieder für den Gesamtraum in den Blick genommen wurden. Handlungsoptionen mit einer Gewichtung sowie eine Zeit-Maßnahmen-Planung werden derzeit erarbeitet und sollen in einer breiten öffentlichen Beteiligung behandelt werden.

Teilnehmer des Workshops 2010

- Rübsamen + Partner Architekten BDA Ingenieure / Bochum mit club L94 Landschaftsarchitekten / Köln
- Jo Coenen + Co Architects / Maastricht mit Agence Ter Landschaftsarchitekten / Karlsruhe
- Machleidt + Partner mit sinai (Faust.Schroll.Schwarz) und GRI Gesellschaft für Gesamtverkehrsplanung, Regionalisierung und Infrastrukturplanung / alle Berlin
- Kister Scheithauer Gross / Köln mit KLA kiparlandschaftsarchitekten / Duisburg
- Claus en Kaan Architecten / Rotterdam mit greenbox Landschaftsarchitekten / Bochum

Die Ausstellung *Rechtsrheinische Perspektiven* mit ihrem Hauptausstellungsort in der Eingangshalle des Bahnhofs Messe/Deutz, die dezentralen Expositionen in den jeweiligen Bezirken und das

Rechtsrheinische Planungen

Rahmenprogramm sollen hierzu auch die Möglichkeit bieten, direkte Anregungen aus der interessierten Bevölkerung und den Bezirken zu den Vorschlägen der Planungsteams zu erhalten. Diese sollen anschließend in das Handlungskonzept und in den Maßnahmenkatalog einfließen.

Während für die Planungsräume Mülheim-Süd, Kalk-Süd und Deutz mit städtebaulichen Ideen und überraschenden Bildern Aussagen getroffen wurden, hatten die beiden übergeordneten Themen des Rheinraums und der Verkehrsinfrastruktur eine strategische Ausrichtung. Für den Rheinraum wurde erneut bestätigt, dass seine Aufwertung von Bedeutung ist; die Kernfrage war nicht die bauliche Umsetzung, sondern wie eine feinmaschige Vernetzung von Wegeführungen vom Rhein in die Quartiere ermöglicht werden muss, um die Erlebbarkeit der Stadt am Strom zu erhöhen. Auch für die beiden Häfen, Deutzer und Mülheimer Hafen, wurden Maßnahmen vorgetragen, die – im Gegensatz zu den gern entworfenen Bildern neuer und interessanter Wohnstandorte – vorsichtige und zurückhaltende Interventionen beinhalteten. Es wird den

Claus en Kaan Architecten/greenbox Landschaftsarchitekten:
Vorschlag für den Bau einer Schwebebahn in Mülheim-Süd (2010).

Rechtsrheinische Planungen

Rübsamen + Partner und Club L94 Landschaftsarchitekten:
Vorschlag zur Gestaltung der Resträume unterhalb der
Verkehrstrassen (2010).

Blick von den Bahnflächen am Deutzer Feld
auf den Monte Kalk (2011).

Orten ein erheblicher Zeitraum der Entwicklung zugestanden, um die an sie gestellten Anforderungen der unterschiedlichen – vor allem gewerblichen – Nutzungen erfüllen zu können. Bei dieser behutsamen Transformation sollen Zwischennutzungen helfen. Für das schwierige Thema der Verkehrstrassen, die allein als Zäsuren, Barrieren und Unorte wahrgenommen werden, wird mit dem Vorschlag im Umgang mit Geschwindigkeiten, mit der Attraktivierung des Fuß- und Radwegenetzes, der Neuordnung und alternativer Verkehrsangebote sowie der Entwicklung eines gemeinsamen Leitbilds für Stadt, Landschaft und Verkehr ein Paradigmenwechsel skizziert. Die baulichen Störungen und Hindernisse werden als Möglichkeitsräume begriffen: Idee ist, die Verkehrstrassen in »urbane Landschaftsbänder« zu integrieren; es wird aber auch vorgeschlagen, ihnen konfliktträchtige Nutzungen zuzuordnen und damit die Ränder der Stadtteile und Siedlungen deutlich ablesbar zu machen. Mit dieser Vorstellung der »Landschaftsbänder« wird das über Planergenerationen hinaus verfolgte Ziel, den Kölner Grüngürtel auf der rechten Rheinseite fortzusetzen und damit insgesamt zu vollenden, aufgegeben werden müssen. Diese Neuorientierung im Umgang mit Trassen und Landschaftsraum setzt eine grundlegende Änderung der Wahrnehmung voraus. Und dies ist durchaus eine Perspektive für das rechtsrheinische Köln.

Linke Seite:
Grünflächenplan der Stadt Köln,
rechtsrheinische Stadtbezirke.

Stadtentwicklung, Stadtplanung und Städtebau im Kontext der internationalen Debatte

Postindustrielle Denkfabrik
Von der inneren Peripherie zum urbanen Stadtbaustein

Philipp Meuser

Der ungehinderte Verkehrsfluss bei gleichzeitiger Ignoranz historisch gewachsener Stadtstrukturen war ein wesentlicher Parameter der Stadtplanung der Fünfziger- und Sechzigerjahre, als der Wiederaufbau der kriegszerstörten Städte und Infrastruktur oberstes Gebot war. Als sich in den Siebzigerjahren die Grenzen des Wachstums abzeichneten, geriet die Stadtplanung der Nachkriegsmoderne zunehmend in die Kritik. Das östliche Kölner Innenstadtgebiet ist heute zu einer patchworkartigen Ansammlung von getrennten Funktionen verkommen. Doch trotz 160 Hektar Brachflächen und stagnierender Bevölkerungsentwicklung verfügen Kölns »Bezirke im Wartestand« mit ihrer hoch entwickelten Infrastruktur über großes Potenzial. Die Resträume der postindustriellen Stadt als Orte eines Infrastruktururbanismus anzuerkennen ist ein erster Schritt, um die Brachen an den Bahnlinien, unter Brücken oder auf verlassenen Fabrikgeländen in das Bewusstsein der Bürger zu bringen. Des Weiteren gilt es, auf den weiträumigen Freiflächen innerstädtische Bautypologien zu entwickeln. Dabei kann es nur um Gebäudetypen mit einer hohen Dichte gehen. Hier ist privatwirtschaftliches Engagement auch in den Mittelschichten zu suchen. Städtebau muss wieder als emanzipierte Disziplin verstanden werden, die sich aus urbanen Stadtbausteinen zusammensetzt und ein Bindeglied zwischen Stadtplanung und Architektur schafft. Der Speer'sche Masterplan für die Kölner Innenstadt zeigt das neue Interesse für den Städtebau. Über seine Grenzen hinaus könnten solche Planungen auch im Rechtsrheinischen installiert werden – eine gute Grundlage für die Idee von der Stadt der Zukunft beiderseits des Rheins.

Das von Eisenbahntrassen und Autobahnen zerschnittene Köln zwischen Kalk, Deutz und Mülheim offenbart in seiner bizarren Widersprüchlichkeit den stadtfeindlichen Geist der Moderne. Die Idee einer verkehrsgerechten Stadt entsprang einem euphorischen Glauben an den Fortschritt durch Technik und der für ihre Zeit populären Idee, das Raum-Zeit-Kontinuum in Architektur und Stadtplanung zu überwinden. Die Protagonisten dieser Moderne tauschten sich seit den späten Zwanzigerjahren des vergangenen Jahrhunderts auf regelmäßigen Kongressen über die Utopien ihres Städtebaus und die Ideen ihrer Architektur aus. Das Denklabor, als *Congrès Internationaux d'Architecture Moderne* (CIAM) aus der Baugeschichte des 20. Jahrhunderts nicht mehr wegzudenken, arbeitete kulturübergreifend an der Schaffung einer neuen Stadt und fasste mit der *Charta von Athen* (1933) den Willen der Moderne manifestartig zusammen.

Die Federführung beim vierten CIAM-Kongress hatte der aus der Schweiz gebürtige Architekt Le Corbusier übernommen. Auf der legendären Schiffsreise zwischen Marseille und Athen schwor er seine Kollegen auf das Thema *Die funktionale Stadt* ein. Als der viel beschäftigte Corbusier die Ergebnisse in den Kriegswirren von 1943 – immerhin zehn Jahre nach dem Kongress – publizierte, schenkte die Fachöffentlichkeit dieser Schrift kaum Aufmerksamkeit. Umso genauer wurde das Manifest bei der anstehenden Neuordnung Europas nach dem Zweiten Weltkrieg beachtet, als der Bedarf an neuen städtebaulichen Konzepten für den Wiederaufbau der in Schutt und Asche liegenden Großstädte groß war. Die nach Funktionen gegliederte Stadt trennt das Wohnen von der Industrie, die Freizeit von der Arbeit. Die *Stadt der Zukunft* soll autogerecht sein und ihren Bewohnern ein Leben inmitten einer grünen Stadtlandschaft garantieren. Der ungehinderte Verkehrsfluss bei gleichzeitiger Ignoranz historisch gewachsener Stadtstrukturen wurde in Europa zu einem wesentlichen Parameter der Stadtplanung der Fünfziger- und Sechzigerjahre.

Postindustrielle Denkfabrik – Von der inneren Peripherie zum urbanen Stadtbaustein

Mit der *Autoroute du Soleil* gab Frankreich 1951 den Auftakt zu einer beispiellosen zweiten Zerstörungswelle europäischer Innenstädte. Mitten durch das Herz von Lyon legten die Verkehrsplaner die Autobahn A7, die zwar einen malerischen Streckenverlauf im Flusstal bietet, den Zusammenfluss von Rhône und Saône jedoch bis in die weite Zukunft zum Abstandsgrün deklassiert hat.[1] Lyon ist kein Einzelfall geblieben: In der Bundesrepublik Deutschland geriet die Stadt Hannover auf die Zeichentische des Stadtbaurats Rudolf Hillebrecht und erfuhr eine – aus heutiger Sicht – radikale und autoritäre Stadtplanung. Seitdem gilt die niedersächsische Landeshauptstadt als Beispiel maßstabsloser Verkehrsutopien der Nachkriegsmoderne. In Berlin wurde Hans Scharoun 1946 vom sowjetischen Stadtkommandanten als erster Stadtbaurat von Berlin eingesetzt. Mit seinem Kollektiv legte er eine in ihrer Radikalität kaum zu übertreffende Autobahnplanung vor, die das gesamte Stadtgebiet entlang des Urstromtals in etwa gleich große Quadranten unterteilt – bei gleichzeitiger Ignoranz gegenüber dem historischen Zentrum, das von einer grünen Landschaft begraben wird.

Internationale Bauausstellung *Interbau 1957* in Berlin: Eine vom Krieg traumatisierte Gesellschaft erfreut sich an Hochhäusern am Horizont und an Autobahnen, die sich durch die Landschaft fressen.

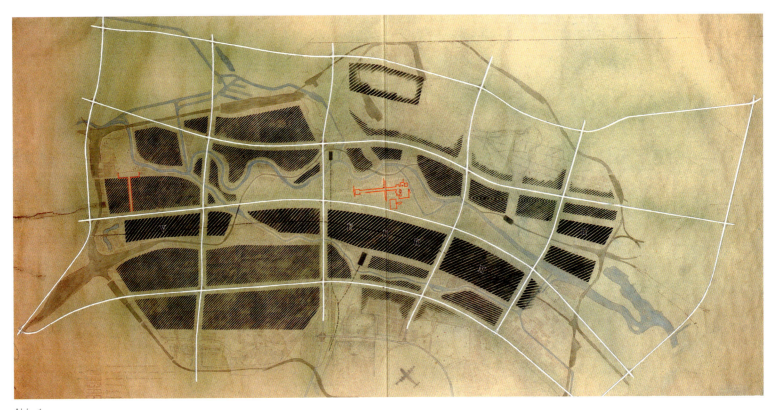

Abb. 1

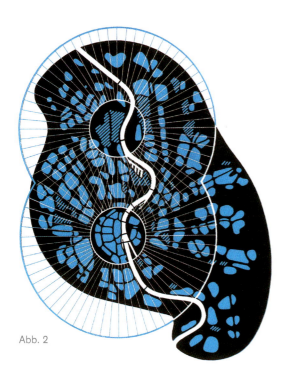

Abb. 2

Abb. 1
Hans Scharoun: Kollektivplan von Berlin (1946).

Abb. 2
Rudolf Schwarz: *Köln – eine Doppelstadt* (1950).

Abb. 3
Verkehrsplan der Stadt Köln (1950).

Aber auch die Kölner mussten mitansehen, wie ihre Altstadt durch eine ampelfreie Tunnel- und Rampenachse durchtrennt wurde. Die Nord-Süd-Fahrt war Teil eines gesamtstädtischen Verkehrskonzepts, das von dem sonst für seine sensible Architektur bekannten Architekten Rudolf Schwarz verantwortet wurde. Die britische Besatzungsmacht hatte Schwarz ein Jahr nach Kriegsende – zur gleichen Zeit wie Scharoun in Berlin – als Generalplaner für den Wiederaufbau bestellt. Im Sommer 1948 präsentierte Schwarz seine Ideen dem Stadtparlament zunächst in einer nichtöffentlichen Sitzung. Weitere zwei Jahre später legte er den Vorentwurf für *Das neue Köln* in Form einer Broschüre[2] vor. Auf dem Titel des Berichts bildete Schwarz eine abstrakte Grafik der – wie er es nannte – »Doppelstadt Köln« ab, die neben dem kulturhistorischen Zentrum südlich des Doms einen von Industrie und Arbeit geprägten Kristallisationspunkt im nördlich gelegenen Worringen erhalten sollte. In der Neuordnung der Innenstadt sah der Entwurf den Bau der heutigen Severinsbrücke, eine weitere Straßenverkehrsbrücke zwischen heutiger Bastei und dem *Staatenhaus* (zwischen 1962 und 1966 weiter nördlich als Zoobrücke errichtet) sowie einen Verzicht auf den Wiederaufbau der Hohenzollernbrücke vor. Die Planungen huldigten dem ungehinderten Fluss des Autoverkehrs, dessen Zunahme als Kennzeichen des Wirtschaftswunders gesehen wurde. Im rechtsrheinischen Köln unterstrichen die zusätzlichen Entlastungsstraßen die Zergliederung der Siedlungsinseln. Der Geist der Nachkriegsmoderne hatte im Schatten des schnellen Wiederaufbaus unbeobachtet gewütet und die prosperierende Industrielandschaft zwischen Mülheim und Humboldt-Gremberg zu einem Spaghetti-Knoten der autogerechten Stadt verkocht.

Postindustrielle Denkfabrik – Von der inneren Peripherie zum urbanen Stadtbaustein

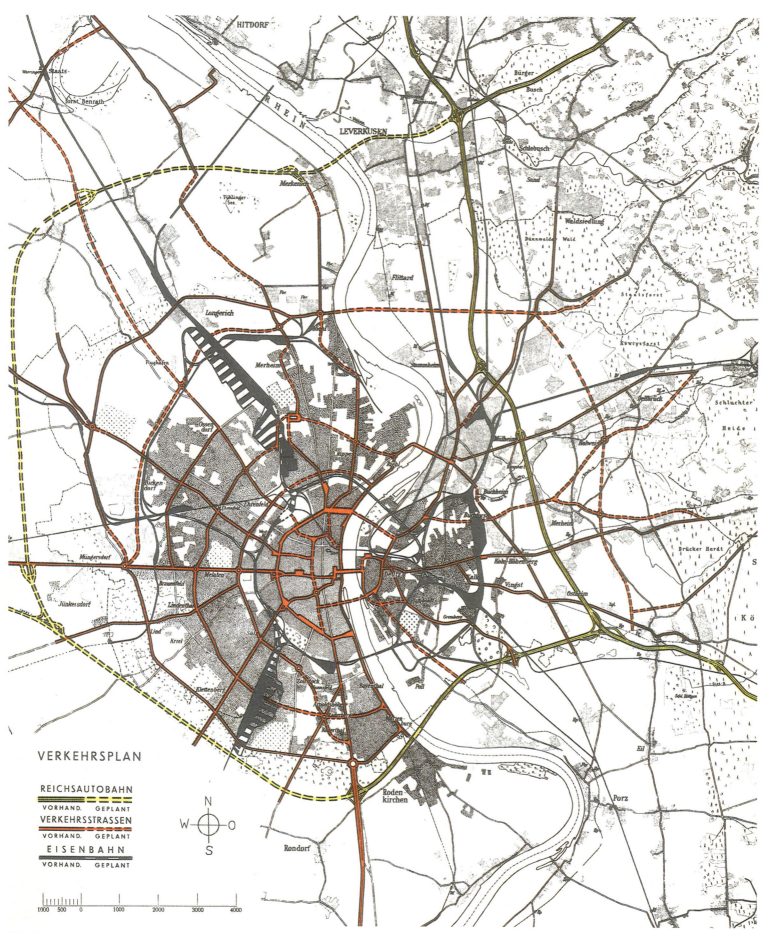

Abb. 3

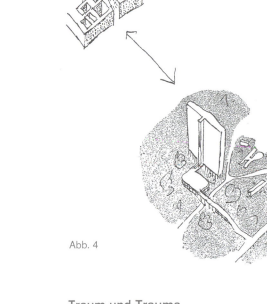

Abb. 4

Traum und Trauma

Der deutsche Traum vom Wiederaufbau mit seiner scheinbar ungebremsten Verkehrsplanung und baulichen Entflechtung mag stellvertretend stehen für das planerischen Verständnis von Stadt nach dem Trauma des Zweiten Weltkriegs. Die locker gegliederte und durchgrünte *Stadt von morgen* – zentrales Thema der Internationalen Bauausstellung *Interbau* in Berlin 1957 – galt als ideologisch korrekter Import aus den Vereinigten Staaten von Amerika, wo *Parkways* und Vorstadtsiedlungen das Gegenmodell zur europäischen Stadt darstellten. Dies hat Sigfried Giedion in seinem 1941 erstmals veröffentlichten Standardwerk *Raum, Zeit, Architektur* bildreich beschrieben: »Wie bei anderen Schöpfungen, die dem Geist dieses Zeitalters entsprungen sind, können Sinn und Schönheit des *Parkways* nicht von einem einzigen Blickpunkt aus erfaßt werden, wie etwa aus einem Fenster von Versailles die ganze Ausdehnung der Anlagen. Sinn und Schönheit enthüllen sich hier nur in Bewegung, während man in steter Geschwindigkeit dahinfährt, wie die Verkehrsgesetze es wollen. Das Raum-Zeit-Gefühl unseres Zeitalters kann selten so stark erfahren werden, wie am Steuerrad, wenn man hügelauf-hügelab, durch Unterführungen, über Rampen oder über riesige Brücken dahin rollt.« Sigfried Giedion, der alle CIAM-Kongresse bis zur Auflösung 1959 als Sekretär und Schriftführer verantwortete, propagierte wie deren Chef-Ideologe Le Corbusier die Unverträglichkeit von Stadt und Landschaft. Der *Parkway*, so hält Giedion weiter fest, müsse offenbar dort aufhören, wo der massive Körper der Stadt beginne. »Es gelang dem *Parkway* nicht, in die Stadt einzudringen, weil die Stadt daran festhielt, eine unflexible Struktur zu bleiben, unbeweglich, in sich selbst verstrickt.« Wie dieser planungstheoretische Ansatz in der Praxis anzuwenden ist, skizzierte Le Corbusier: die vertikale Gartenstadt als Gegenmodell zur Blockbebauung des späten 19. Jahrhunderts.[3] Die Parkstadt Bogenhausen in München (1956), die Großsiedlung Neue Vahr in

Abb. 5

Der Chef-Ideologe der Moderne und sein Sekretär: Le Corbusier setzte die CIAM-Manifeste in seinen Entwürfen um, während Sigfried Giedion einen Bestseller der modernen Architektur verfasste.

Abb. 4
Die vertikale Gartenstadt als Gegenmodell zur »städtebaulichen Tradition, die einst der Einzwängung in militärische Schutzanlagen entsprungen war«.

Abb. 5
Sigfried Giedion: *Space, Time and Architecture. The Birth of a New Tradition*, Cambridge 1941.

Postindustrielle Denkfabrik – Von der inneren Peripherie zum urbanen Stadtbaustein

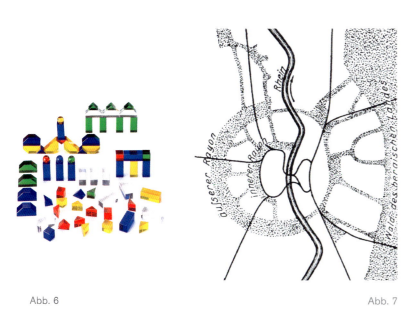

Abb. 6   Abb. 7

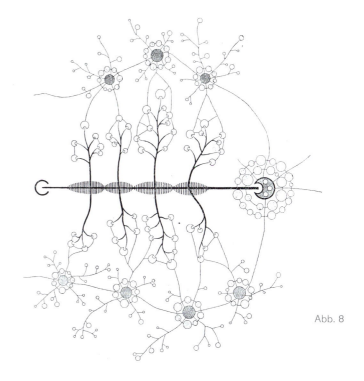

Abb. 8

Bremen (1957) oder das Hansaviertel in Berlin (1957) waren die ersten Umsetzungen dieser Utopie in Deutschland. Ihr anfänglicher Erfolg trug dazu bei, dass auch in Köln ab 1957 an einer – wenn auch nicht so genannten – vertikalen Gartenstadt geplant wurde. Die ersten Skizzen für eine neue Wohnsiedlung in Chorweiler gingen auf die von Rudolf Schwarz propagierte Verdoppelung Kölns im Norden zurück. Verdichtetes Wohnen am grünen Stadtrand, die Industrie flächenmäßig zu gleichen Teilen beiderseits des Rheins über ein Schnellstraßensystem verbunden – Giedion und Corbusier, die die Verkehrsschneisen nie in ihrer Verwirklichung erleben sollten, hätten ihre Freude an den Kölner Planungen gehabt. Die Zerstörungen des Kriegs ermutigten die Architekten und Planer in ganz Europa, das Thema *Stadt* neu zu erfinden.

Die Auflösung der Stadt

Die Idee von der Auflösung der traditionellen Stadt war jedoch nicht neu. Das als *Gartenstadt* propagierte Gegenmodell hatte ein Brite im späten 19. Jahrhundert entwickelt. Als Reaktion auf unverhältnismäßig steigende Bodenpreise sowie schlechte Wohn- und Lebensverhältnisse in den schnell gewachsenen Industriestädten hatte Ebenezer Howard die erste *Garden City* als Idealstadt zu Papier gebracht. Auch wenn sie nicht mit diesem Ziel entwickelt worden war, beflügelte Howards Idee noch über 20 Jahre später die Fantasie der Stadtplaner, die sich der Moderne verschrieben hatten und – in der Weimarer Republik – mit der Demokratisierung der Gesellschaft eine neue Epoche des Städtebaus einläuten wollten. Der Siedlungsbau am Stadtrand mit geringer Dichte galt als fortschrittlich und bot in vielen Fällen als Arbeitersiedlung einen kurzen Weg zur Arbeit. Im rheinischen Industriezentrum Köln entstanden sowohl mit der *Germaniasiedlung* als auch mit der *Weißen Stadt* Wohnbauten, die eine Antithese zur Europäischen Stadt darstellten und das Ende der kompakten Stadt einläuteten.

Die Auflösung der Städte durch Planung: Sowohl mit der Gartenstadtidee der Zwanzigerjahre als auch mit der organischen Gliederung der Stadt in den Fünfzigerjahren brachen die Stadtplaner mit der Tradition.

Abb. 6
»Steinhäuser machen Steinherzen«: Bruno Taut gestaltete 1920 einen Baukasten mit Glassteinen, um seine These auf subtile Art zu unterstreichen.

Abb. 7
Zwischen 1920 und 1923 entwickelte Fritz Schumacher als Stadtbaurat in Köln eine Stadtlandschaft mit grünen Korridoren bis ins Bergische Land.

Abb. 8
Von der Bebauung der Erde: Rudolf Schwarz formulierte in seinem 1949 erschienenen Buch einen raumplanerischen Leitfaden zum Wiederaufbau der deutschen Städte. Dieser solle sich an den organischen Formen der Natur orientieren und zusammengebunden sein von einem Rückgrat der Arbeit und Industrie.

Lebensader der autogerechten Stadt: Streckenverlauf der Östlichen Zubringerstraße zur Rampe der Severinsbrücke (eröffnet 1959).

Ästhetik des Infrastruktururbanismus: Die Zoobrücke (eröffnet 1966) »schlängelt« sich durch das Rechtsrheinische.

Vor diesem Hintergrund mag man Bruno Tauts 1920 entworfenes Glasbauspiel verstehen, dessen bunte Steine seinerzeit eine Provokation sondergleichen waren. »Steinhäuser machen Steinherzen!«[4] dozierte er parallel vor den Mitgliedern seiner Gläsernen Kette. Taut war in Köln kein Unbekannter, hatte er doch 1914 mit dem Glaspalast auf der Werkbund-Ausstellung international für Furore gesorgt. Sein Pavillon blieb ein ephemerer Bau, der es zwar in jedes seriöse Baugeschichtsbuch des 20. Jahrhunderts geschafft hat, dessen genauer Standort (im Rechtsrheinischen) aber kaum in Erinnerung geblieben ist. 1920 war auch das Jahr, in dem der neben Rudolf Schwarz für Köln wohl bedeutendste Stadtplaner des 20. Jahrhunderts seine Arbeit aufnahm: der Mitbegründer des Deutschen Werkbunds und Hamburger Baudirektor Fritz Schumacher. Er sollte in den drei Jahren seiner Tätigkeit am Rhein nachhaltigen Einfluss auf die Stadtentwicklung nehmen.[5] Schumachers Aufgabe war es, Köln von den prägenden preußischen Festungsbauten zu befreien (eine Forderung aus dem Versailler Vertrag) und die entstehenden Freiflächen als Inneren Grüngürtel anzulegen. Die Idee des Hamburgers war es darüber hinaus, das ringförmige Parkkonzept beiderseits des Rheins zu schließen und im Osten durch die großflächigen Industrieareale hindurch bis zu den Ausläufern des Bergischen Lands zu führen.

Siedlungsbauten und Stadtautobahnen

Flächenfressender Siedlungsbau am Stadtrand, Autobahnen zur verkehrlichen Anbindung – man muss diesen etwas holzschnittartigen Abstecher in die Stadtbaugeschichte machen, um die Planergenerationen zu verstehen, die für die Unwirtlichkeit unserer Städte verantwortlich sind.[6] Besonders eindrucksvoll brachte dies der gelernte Mediziner und Psychoanalytiker Alexander Mitscherlich auf den Punkt, dessen gleichnamiges Werk von 1965 zu einem

Gotische Kathedralenarchitektur: Seitenschiff im Kölner Dom mit haushohen Säulen. Die Fenster werfen farbiges Licht in den Innenraum.

Postindustrielle Kathedralenarchitektur: neue Raumwahrnehmung unter der Stadtautobahn B 55a. Entwurf: Claus en Kaan / greenbox (2010).

Pamphlet der Nachkriegsmoderne werden sollte. Nicht erst, wie Mitscherlich treffend feststellt, seit dem Bau der Trabantenstädte der Sechzigerjahre seien Wohnen und Arbeiten in der Stadtplanung voneinander getrennt. Die Notwendigkeit zum Wiederaufbau der gesamten Infrastruktur in den Fünfzigerjahren hatte zahlreiche Merkwürdigkeiten hervorgebracht: Stadtautobahnen durch historische Altstädte hindurch, Hochhaussolitäre inmitten grüner Wälder oder monotone Vorstadtarchitektur in Innenstadtlagen. Was zuvor den Krieg überstanden hatte, war nun durch die Stadtplanung bedroht.

Schwarz und zuvor auch Schumacher handelten beide in einer Zeit, in der ein neues Stadtmodell gefordert war. Während Schumacher in der jungen Weimarer Republik die Umsetzung der Gartenstadtideen als demokratischen Aufbruch in eine neue politische Epoche verstanden wissen wollte, agierte Schwarz unter dem Druck, binnen weniger Jahre eine Stadt mit mehreren Hunderttausend Menschen wiederaufbauen und Wohnraum für Flüchtlinge und Vertriebene schaffen zu müssen. Hinzu kam, dass sowohl die Zwanziger- als auch die Fünfzigerjahre vom Wachstum in der Stadtentwicklung geprägt waren: immer weiter, immer höher, immer schneller. Als sich in den Siebzigerjahren die Grenzen dieses Wachstums abzeichneten, während der Ölkrise ganze Autobahnen sonntags gesperrt wurden und die Flächensanierungen zur Bühne des politischen Boykotts mutierten, musste sich auch die Stadtplanung der Nachkriegsmoderne der Kritik stellen. Bürgerbeteiligung, Selbsthilfeprojekte und die Wiederentdeckung der Innenstadt als Wohnort waren Vorläufer des in den Neunzigerjahren zunächst populären und inzwischen überstrapazierten Begriffs der Nachhaltigkeit. Längst ist aus der dynamischen Industriegesellschaft eine träge Überflussgesellschaft geworden, die zunehmend von Stagnation und Besitzstandswahrung geprägt wird.

Abb. 9

Abb. 10

Abb. 11

Abschied von der vertikalen Gartenstadt: Veränderung eines Wohnquartiers im Süden von Chicago Downtown:[7]

Abb. 9
Die traditionelle Nachbarschaft setzte sich aus Wohnbauten zusammen, die lediglich den Block und das klein parzellierte Grundstück als Ordnungsprinzip kannten (1949).

Abb. 10
Mit dem Bau des *Interstate Highway* wurden die zweigeschossigen Holzbauten abgerissen. An ihrer Stelle entstanden bis 1962 die *Robert Taylor Homes* und unmittelbar anschließend die *Stateway Gardens*. 1999 wurden die ersten Wohnhochhäuser gesprengt. Die Nachbarschaft war zu einem sozialen Brennpunkt verkommen.

Abb. 11
Seit 2005 werden die Grundstücke am *Park Boulevard* nach einem Masterplan von Skidmore Owings & Merrill (SOM) wieder kleinteilig bebaut. Die Wohnquartiere erhalten dabei ihre ursprüngliche Maßstäblichkeit zurück. Soziale Konflikte sind deutlich zurückgegangen.

Aufgestelzt und ampelfrei durch die Innenstadt

Die Durchdringung von Landschafts- und Siedlungsraum scheint nach jahrzehntelangem Kampf zwischen den sektoralen Interessen der Verkehrs-, Grün- und Stadtplaner an ihr Ziel gekommen zu sein. Die quantitative Versorgung mit Wohnraum ist mehr als erfüllt. Wohnungsnahe Grünanlagen, Begleitpflanzungen an den Verkehrsschneisen und Lärmschutzwälle erfüllen die Richtwerte vorbildlich. Die Fahrbahnen des Individualverkehrs führen ampelfrei durch die Innenstadt und gewährleisten eine schnelle Bewegung durch Zeit und Raum. Dennoch ist die Begeisterung der Moderne inzwischen einer gewissen Ernüchterung gewichen, wenn es um den Zustand unserer Städte geht. Das gilt gerade auch für den Betrachtungsraum der *Rechtsrheinischen Perspektiven*. Der dortige städtebauliche Zustand mag für die Protagonisten der Moderne wie die nachträgliche Aberkennung der Tabellenpunkte nach einem längst gewonnen geglaubten Spiel wirken. Zwischen dem Güterbahnhof in Kalk und den Häfen in Mülheim und Deutz offenbaren sich die Schwächen des Städtebaus der Nachkriegsmoderne.

Durch das mehrere Generationen während stetige Wachstum der Industrie, die als Wohlstandsquelle Kölns nicht nur zur Karnevalszeit Narrenfreiheit genoss, ist das östliche Innenstadtgebiet zu einer patchworkartigen Ansammlung von getrennten Funktionen verkommen. Wie bei einer Inselgruppe sind die einzelnen Teile nicht miteinander verbunden. Verschlossene Werksgelände, aufgestelzte Autobahnen sowie unüberwindbare Aufgleisungen und

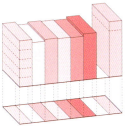

Abb. 12

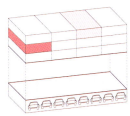

Abb. 14

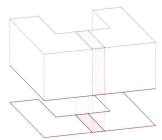

Abb. 16

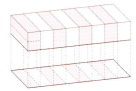

Abb. 13

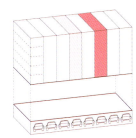

Abb. 15

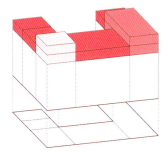

Abb. 17

Bündelungen von Eisenbahnanlagen schnüren den vitalen Puls einer urbanen Stadt ein. Nach dem in seiner Schnelligkeit kaum für möglich gehaltenen Wegfall der Industriearbeitsplätze und der damit verbundenen Aufgabe der Produktionsstätten sind in Deutz, Kalk und Mülheim Stadtglatzen entstanden, die ihre Eigentümer bislang nur teilweise reanimieren konnten. Wo allerdings durch die Verlagerung öffentlicher Behörden und Ämter auf die andere Rheinseite städtebauliche Impulse gesetzt wurden, ist die Innenstadt auch im rechtsrheinischen Köln angekommen. Doch wie groß muss eine Stadt sein, um 160 Hektar potenzielle Bauflächen füllen zu können? Diese Fläche entspricht immerhin zehn Prozent der Gesamtfläche des Bezirks Innenstadt. Bis 2025 gehen die Kölner Statistiker von einer mehr oder weniger gleichbleibenden Einwohnerzahl bei zunehmendem Durchschnittsalter aus.[8] Deutz hat seit 1990 sogar zehn Prozent seiner Einwohnerzahl eingebüßt. Dennoch verfügt Köln mit seinen »Bezirken im Wartestand« über ein durchaus großes Potenzial. Die Infrastruktur stammt aus einer Zeit der Vollbeschäftigung und Prosperität. Seit einigen Jahren fehlt diesem leistungsfähigen Versorgungsnetz allerdings die Masse und Dichte, die es zu bewältigen imstande ist.

1. Kathedralen des Verkehrs: Ein neues Verständnis für den Infrastruktururbanismus[9] im Rechtsrheinischen

Die Resträume der postindustriellen Stadt als Orte eines Infrastruktururbanismus anzuerkennen ist sicherlich ein erster Schritt, um die Brachen an den Bahnlinien, unter Brücken oder auf verlassenen

Renaissance der parzellierten Stadt: Bautypologien für kleinteiligen und selbst verantworteten Wohnungsbau.

Abb. 12
Individuelle Stadthäuser auf eigener Parzelle.

Abb. 13
Standardisierte Reihenhäuser auf eigener Parzelle.

Abb. 14
Wohnungseigentumsgemeinschaft auf gemeinsamer Parkgarage.

Abb. 15
Hauseigentumsgemeinschaft auf gemeinsamer Parkgarage.

Abb. 16
Herkömmliche Baulückenschließung.

Abb. 17
Dachgeschossergänzungen auf vorhandener Bebauung.

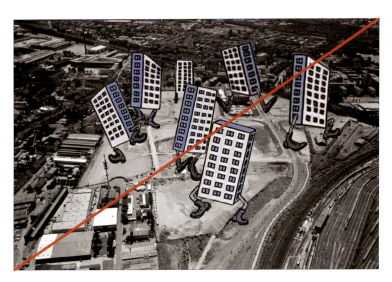

Zwischen *Bauhaus*, *Odysseum* und *Köln Arcaden*:
Abschied vom Karneval der tanzenden Architekturen.

Zurück zur städtebaulichen Konvention:
das Einzelhaus als Teil einer geordneten Struktur.

Rechte Seite:
Plädoyer für dichte Wohnformen: Darstellung des Verhältnisses von Oberfläche (A) und Volumen (V) verschiedener Gebäudetypologien mit je 64 Wohneinheiten (nach Günther Moewes[10]). Schon allein durch die Wahl der richtigen Gebäudeform lassen sich Energiebedarf und Betriebskosten im Wohnungsneubau beeinflussen.

Fabrikgeländen in das Bewusstsein der Bürger zu bringen. Dabei geht es weder um eine Ästhetisierung des Bruchs noch um eine Kosmetik der Hässlichkeiten – ganz zu schweigen von der baurechtlichen und anthropologischen Frage, wie und ob überhaupt sich ein Brückenraum für stadtverträgliche Zwecke herrichten ließe. Wenn die Debatte über diese räumlichen Unfälle eine weitere Ghettoisierung der eingeschnürten Quartiere zu verhindern hilft, ist schon ein wesentliches Ziel erreicht. Vor diesem Hintergrund mag die Kathedralisierung der Zoobrücke als wohlgemeinte Provokation verstanden werden. Einen wirklichen Beitrag zur notwendigen Urbanisierung des Rechtsrheinischen wird sie kaum leisten können – allenfalls die Debatte über einen teilweisen Rückbau überdimensionierter Verkehrsinfrastruktur anstoßen.

2. Zwischen »Penthouse-Paradies« und »Townhouse-Himmel«:
   Modellprojekte mit neuen Wohnbautypologien

Um den Diskurs aber nicht auf eine kritische Analyse des Vorhandenen zu reduzieren, gilt es auf den weiträumigen Freiflächen innerstädtische Bautypologien zu entwickeln. Keine zwei Kilometer Luftlinie vom Kölner Dom entfernt kann es dabei freilich nur um Gebäudetypen mit einer hohen Dichte gehen. In diesen Lagen weiterhin vorstädtische Wohnidyllen oder zwischenstädtische Gewerbebauten zu entwickeln verbietet sich von selbst. Nachdem sich der Staat als Akteur aus dem sozialen Wohnungsneubau zurückgezogen hat, obliegt es der öffentlichen Hand, das privatwirtschaftliche Engagement nicht nur bei Bauträgern, Projektentwicklern oder Immobilienfonds zu fördern. Dass gerade auch Mittelschichten – mit und ohne Migrationshintergrund – zur Bildung von Wohneigentum bereit sind, zeigen inzwischen erfolgreiche Projekte: von Baugruppen-Modellen auf Erbpacht-Grundstücken über frei finanzierte Baulückenschließungen auf als nicht bebaubar eingestuften Grundstücken bis hin zu kleinparzellierten Stadthaus-Ensembles.

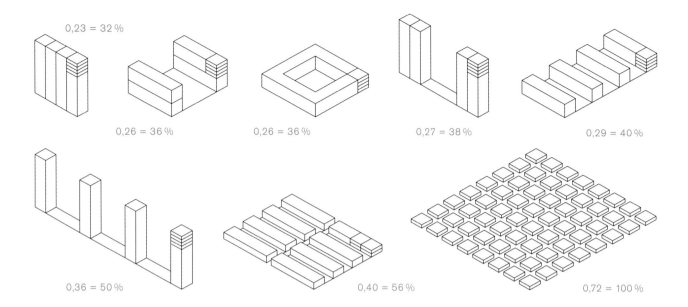

Die öffentliche Debatte über diese bürgerlichen Wohnformen als Alternative zur Gartenzaun-Romantik oder zum Nullenergiehaus in Stadtrandlage ist noch lange nicht ausgeschöpft. Dies zeigt sich in der verbalen Bandbreite zwischen dem »Penthouse-Paradies«, das im Rahmen der *Rechtsrheinischen Perspektiven* in Deutz eine erste Visualisierung erfahren hat, und dem »Townhouse-Himmel«, den Klaus Overmeyer als Beispiel für eine beschleunigte und damit verdrängende Stadtentwicklung diskutiert hat.[11] Die Debatte über Bautypologien – als ureigene Klaviatur der Disziplin Städtebau – muss nur geführt werden.

3. Satelliten als räumliches Kontinuum der Innenstadt: Erweiterung des *Masterplans* in der inneren Stadt

Letztlich muss es wieder darum gehen, Städtebau als eine emanzipierte Disziplin zu verstehen, die sich aus urbanen Stadtbausteinen zusammensetzt und ein Bindeglied zwischen sektoraler Planung und Architektur schafft. Die Stadtplanung, die selbst noch in den Siebzigerjahren mit ihrem Leitbild *Urbanität durch Dichte* auf die Erfüllung von Richtwerten ausgerichtet war, hatte die Disziplin der Stadtbaukunst fast aus der Wahrnehmung verdrängt. Doch seit einigen Jahren ist ein Paradigmenwechsel festzustellen. In Köln hat das der Ratsbeschluss zum Masterplan[12] unterstrichen. Dabei darf die Frage gestellt werden, ob die Kulisse eingeschränkt bleiben soll. Erst kürzlich hat etwa der Berliner Senat sein viel diskutiertes *Planwerk Innenstadt* auf die *Innere Stadt* erweitert, um in den zentralen Randlagen mit einem informellen Planungsinstrument die Potenziale abzutasten. Warum ließe sich nicht auch in Köln über den Masterplan hinaus – etwa in Kalk, Ehrenfeld oder Raderberg – jeweils ein Satellit installieren? Die Idee von der *Stadt der Zukunft* könnte dann beiderseits des Rheins umfassend diskutiert werden. Wie selbstverständlich wäre dann auch das Rechtsrheinische ein Teil der Gesamtstadt.

1 Vgl. Beitrag Alexander Tölle: *Saône/Rhône. Stadtentwicklung in Lyon* (Seite 88ff.).

2 Rudolf Schwarz: *Das Neue Köln. Ein Vorentwurf*, herausgegeben von der Stadt Köln, Köln 1950.

3 Le Corbusier: *Propos d'Urbanisme*, Paris 1945.

4 Bruno Taut: *Alpine Architektur. In 5 Teilen und 30 Zeichnungen*, Hagen 1919.

5 Fritz Schumacher: *Köln. Entwicklungsfragen einer Großstadt*, Köln 1923.

6 Alexander Mitscherlich: *Die Unwirtlichkeit unserer Städte. Anstiftung zum Unfrieden*, Frankfurt/M. 1965.

7 Vgl. Harald Bodenschatz u. a. (Hg.): *Stadtvisionen 1910/2010. Berlin, Paris, London, Chicago*; Berlin 2010, Seite 322f.

8 Stadt Köln/Amt für Stadtentwicklung und Statistik: *Bevölkerungsprognose für die Stadt Köln bis 2035*, Köln 2009.

9 Der Begriff *Infrastrukturaurbanismus* beschreibt seit dem gleichnamigen Symposium an der Technischen Universität München am 4./5. Februar 2010 »eine Art Schattenstadt, die neben Autobahnen, Bahnlinien, Hochstraßen, Pipelines, Leitungstrassen entsteht – urbaner Raum, der nicht eindeutig definiert und selten geplant ist.«

10 Günther Moewes: *Weder Hütten noch Paläste. Architektur und Ökologie in der Arbeitsgesellschaft*, Basel/Boston/Berlin 1995.

11 Vgl. Beitrag Klaus Overmeyer: *Urban Pioniers. Kreative Milieus als Chance der Stadtentwicklung* (Seite 50ff.).

12 Paul Bauwens-Adenauer u.a.: Der Masterplan für Köln. Albert Speers Vision für die Innenstadt. Köln 2009

Stadtentwicklung, Stadtplanung und Städtebau im Kontext der internationalen Debatte

Light Urbanism
Stadtentwicklungsinstrumente der Zukunft

Thomas Sieverts

Ein Überschuss an Bauvolumen, die stagnierende bis schrumpfende Nachfrage einer individualisierten Gesellschaft sowie die Potenziale kleinteiliger Bauverfahren führen zu veränderten städtebaulichen Parametern: Bisherige Planungsgesetze und zentrale Förderungsverfahren passen nicht mehr, vielmehr sind nun größere Flexibilität und Offenheit gefragt. Anstatt über reines Wachstum kann eine Qualifizierung heute nur über Umbau beziehungsweise Ersatzbau sowie über die Gestaltung des öffentlichen Raums erfolgen. Das »Wesen« des Gebiets ist dabei in einer laufenden Kommunikation zu schärfen, denn die Baukultur eines *Light Urbanism* ist nur dann möglich, wenn alle Beteiligten ein gemeinsames Verständnis teilen. Brücke zum Bauen ist die Aneignung durch Experimente der Kunst, des Spiels und der lebendigen Zwischennutzung. Der »schwere Städtebau« stellt den dauerhaften räumlichen Rahmen und das Kommunikationsnetz her, der »leichte Städtebau« füllt diesen Rahmen mit prinzipiell revidierbaren Mitteln aus. Eine solche Philosophie führt zu einer neuen Systematik des Städtebaus, denn die Verhältnisse zwischen Stadt/Land/Kommune und den vielfältigen Formen der Zivilgesellschaft müssen neu bestimmt und gewichtet werden. Dies hat auch Auswirkungen auf die an der Stadtentwicklung Beteiligten: Die Trennung zwischen Planern der Stadtverwaltung und freiberuflichen Planern ist seit einiger Zeit einer Art von Kooperation gewichen, in der der »schwere Städtebau« gleichsam eine Art »Hebammen-Aufgabe« übernimmt, um *Light Urbanism* zu ermöglichen. Die Zukunft einer zeitgemäßen Kultur des Städtebaus liegt also im Zusammenführen dieser scheinbar gegensätzlichen Städtebaukulturen, ohne dabei ihre grundsätzlichen Unterschiede zu verwässern.

Historische Standortbestimmung

Der Begriff *Light Urbanism* tauchte in den vergangenen Jahren in der städtebaulichen Diskussion auf und hat sich etabliert, ohne fußnotenbewehrte Wissenschaft und ohne verbindliche Definition. Bisweilen können solche Termini gerade in ihrer Unbestimmtheit sehr fruchtbar werden. So weckt *Light Urbanism* viele angenehme Assoziationen, wie Leichtigkeit, Freiheit und Veränderbarkeit oder aber auch Farbe, Holz, Selbermachen, Schweben und Heiterkeit.

Light Urbanism ist mehr als eine Mode. Die Konjunktur dieses Begriffs, in all seiner Unschärfe, liegt in der Entwicklung des vergangenen halben Jahrhunderts begründet. Der Städtebau, insbesondere das Wohnungswesen, hat sich aus einer Situation des Wohnungsmangels, der mit technokratisch-zentralen und mit festen Normen sowie bewährten Planungs- und Ausführungsverfahren bekämpft wurde, zu der gegenwärtigen Situation des Wohnungsüberschusses bei stagnierender oder schrumpfender Bevölkerung entwickelt: ein Wandel von ausgedehnter Stadterweiterungsplanung, Massenwohnungsneubau und Flächensanierungen zu nur noch begrenzt planbaren Stadterneuerungsprozessen und zum einzelnen Wohnungsumbau.

Aber nicht nur das: Infolge der wirtschaftlichen Entwicklung wandelte sich die fordistischen Produktionsprozessen unterliegende, mehr oder weniger einheitlich organisierte Massengesellschaft zu einer Dienstleistungsgesellschaft sowie zu einer individualisierten Gesellschaft mit unzähligen Subkulturen.

Darüber hinaus vollzieht sich eine vergleichbare Entwicklung in der Bauproduktion: von der starren, seriellen, auf Massenproduktion ausgerichteten industriellen Vorfertigung mit schweren Bauteilen hin zu einer anpassungsfähigen, vielfältigen und kleinteiligen Bauweise, die auf individuelle Bedürfnisse reagieren kann.

Die Resultate dieser drei Entwicklungsstränge – ein Überschuss an Bauvolumen, die stagnierende bis schrumpfende Nachfrage einer subkulturell individualisierten Gesellschaft sowie die Potenziale von individualisierbaren, kleinteiligen Bauverfahren – haben zu einer historisch grundlegend veränderten Situation im Städtebau geführt, in der die immer noch gültigen starren Planungsgesetze – etwa der Bebauungsplan nach Baugesetzbuch – und zentrale, nach festen Flächennormen bestimmte Förderungsverfahren nicht mehr recht passen. Alle Prognosen sind mit großer Unsicherheit behaftet, die Stadtentwicklung selbst ist insgesamt »kurzsichtiger« geworden.

Übersichtsplan der IBA Emscher Park (1989–1999).

Es sind also historisch miteinander verflochtene Tatsachen, die ein grundlegend verändertes Stadtentwicklungsklima geschaffen haben. Um die in dieser Situation auftretenden Probleme und Aufgaben zu lösen, ist eine stark erweiterte Flexibilität und Offenheit erforderlich: Hier ist – wie Karl Ganser es formuliert hat – nicht nur Entwurfs-, sondern auch Verfahrenskreativität gefragt. Dazu zählt der *Light* oder auch *Soft Urbanism*.

Die Internationale Bauausstellung Emscher Park

Eines der wesentlichen Ziele der Internationalen Bauausstellung Emscher Park im Zeitraum von 1989 bis 1999 war, das historisch überholte, aber immer noch mächtige, schwer verkrustete System Ruhrgebiet, geprägt durch 100 Jahre streng hierarchischer Schwerindustrie, mittels innovativer Verfahren aufzubrechen und beweglich zu machen, um den Anforderungen einer differenzierten Dienstleistungsgesellschaft standhalten zu können. Schon die politisch-organisatorische Struktur der Internationalen Bauausstellung (IBA) Emscher Park kann als frühes Beispiel eines *Light Urbanism* gesehen werden: Organisiert als kleine, intermediäre Organisation, ohne eigene »Macht« und eigenes »Investitionsgeld«, war sie ausgerichtet auf Qualifikationsverfahren von Projekten, gesucht und gefunden in einem für jeden offenen Vorschlagsprozess.

Seit 1810 eines der größten Volksfeste der Welt: Oktoberfest auf der Theresienwiese in München (2002).

Die von der IBA Emscher Park organisierten offenen Qualifikationsprozesse für größere, komplexe Projekte hatten mehrere Ziele. Im Vordergrund stand die Qualifizierung des Wettbewerbsgegenstands, meist ein Bauwerk oder eine Freifläche. Gleichzeitig dienten die Verfahren in ihrer stufenweisen Konkretisierung der Fortbildung und Heranführung aller Beteiligten an die neue Entwicklungsphilosophie: Ortspolitiker, interessierte Bürger, Fachleute. An manchen Verfahren waren fast 1.000 Personen »beteiligt« – in Vorbesprechungen, Jurys und Bürgerversammlungen. Nicht zuletzt dienten die Qualifizierungsverfahren auch der Findung neuer ökologisch-technischer Lösungen, zum Beispiel in der Behandlung von Regenwasser und bei Industriedenkmälern. Die hier skizzierte Philosophie der IBA lässt sich generell auf andere Aufgaben übertragen, zum Beispiel auf die laufende Stadterneuerung auf Stadtteilebene. Eine Qualifizierung über Wachstum funktioniert nicht mehr, sie kann gegenwärtig nur über Um- beziehungsweise Ersatzbau erfolgen sowie über die Gestaltung des öffentlichen Raums.

Um eine Mindestkohäsion über längere Zeit zu erzielen, ist es erforderlich, das »Wesen« des Gebiets in einer laufenden Kommunikation aller Beteiligten untereinander zu diskutieren und inhaltlich anzureichern. Konkret müsste es eine intensive Bauberatung und eine »Bespielungsstrategie« im Zusammenwirken mit der Gestaltung des öffentlichen Raums geben. Für all diese Ziele bedarf es einer der IBA vergleichbaren Organisationsform, die Einfluss nimmt bis auf die Ebene der einzelnen Bauanträge, die im Sinne eines »perspektivischen Inkrementalismus« so qualifiziert werden müssen, dass mit der Zeit ein »Gesicht« entsteht.

Die verschiedenen Ebenen eines *Light Urbanism*

Es können drei Ebenen unterschieden werden, die sich zwar aufeinander beziehen müssen, aber doch jeweils gewissen eigenen Ordnungen folgen und auch Eigenständigkeit besitzen:

- die Ebene der Kommunikation (Software),
- die Ebene der Aneignung durch Kunst, Spiel beziehungsweise lebendige Zwischennutzung (Artware),
- die Ebene der Konstruktion, des Bauens (Hardware).

Die Ebene der Kommunikation hat im Verlauf der oben skizzierten Entwicklung außerordentlich an Bedeutung gewonnen: Eine Baukultur des *Light Urbanism* kann nur dann gelingen, wenn die Beteiligten ein gemeinsames Bild, ein gemeinsames Verständnis, eine gemeinsame Lesart einer komplexen Situation teilen. Deswegen sind die *Stadtreisen* von Boris Sieverts, sind Aktionen wie *Liebe Deine Stadt* oder die *Seh-Stationen* so wichtig: Das sich vertiefende emotionale, aktive Einlassen auf eine Situation und die daraus gewonnene Lesart sind die vielleicht bedeutendsten Schritte auf dem Weg zur Qualifikation. Die Ebene der Aneignung durch Experimente der Kunst, des Spiels beziehungsweise der lebendigen Zwischennutzung ist meist der Zwischenschritt, die Brücke zur »Hardware« des Bauens. Sie kann den ersten Schritt der

Light Urbanism – Stadtentwicklungsinstrumente der Zukunft

Kommunikation, der reinen Anschauung und Reflexion ins »Handgreifliche« überführen und die persönliche Beziehung zu einer Situation stark vertiefen. Die dritte Ebene, die des Bauens, ist diejenige Ebene, die Architekten natürlich als erste in den Sinn kommt. Hier gibt es die »Klassiker« des Light Urbanism:

- die Zirkuswelt aus Zelt, Wohn- und Käfigwagen – eine mobile, leichte Stadt, immer auf Reisen
- die Kirmes, mit dem klassischen Beispiel des Oktoberfestes – eine Stadt für zwei Wochen, aus leichten Bauwerken
- der Campingplatz als eine Dauereinrichtung für mindestens eine Saison, mit allen Elementen und Funktionen einer Stadt; er muss aber innerhalb eines Tages demontiert werden können
- die Forschungsstation auf Zeit, zum Beispiel in der Arktis
- das Flüchtlingslager in Zelten

Diese Kategorien sind anregende und lebendige Verkörperungen eines Light Urbanism. Auch die wunderbaren »Erfindungen« von Frei Otto gehören inzwischen zu diesen Klassikern, auf die immer wieder zurückgegriffen wird: Es sind Formen des Städtischen, verwandt mit der Bricolage (nach Claude Lévi-Strauss: Bastelei; das Bestehende nehmen und in etwas Neues transformieren).

Zeltstadt Muna in Mekka/Saudi-Arabien: Temporäre Großstadt als Quartier der dreitägigen Hadsch-Pilgerfahrt. Entworfen wurde sie von einem Schüler Frei Ottos, dem Stuttgarter Architekten Bodo Rasch (1998).

Ein neues Verständnis von Stadtplanung und Städtebau: Gegenüberstellung von Parametern der herkömmlichen Stadtplanung im Vergleich zu alternativen Methoden, die als Ergänzung, nicht als Ersatz verstanden werden können. Während der »schwere« Städtebau auch ohne den »leichten« Städtebau auskommt, bedarf Letzterer immer auch der traditionellen Strukturen, um seinem oppositionellen Charakter gerecht zu werden.

Heavy Urbanism (»schwerer« Städtebau)	Light Urbanism (»leichter« Städtebau)
amtliche Planungsverfahren, langwierig, von in Ämtern vagabundierender Verantwortung geprägt	informelle Planungsverfahren, zeitlich überschaubar, mit klarer persönlicher Verantwortung
ohne Zeithorizont, für die Ewigkeit	mit klarem Zeithorizont, für eine überschaubare Zeit
nicht revidierbar	revidierbar
eigentumsdefiniert	gebrauchsorientiert
schwere, massive Konstruktionen	Leichtkonstruktionen, Bricolage
öffentliche Verwaltung	private Selbstorganisation
Gerichte, Ortsgesetze (Satzungen)	Mediation, Verträge
objektiv-wissenschaftliche Programmierung	»subjektive« Programmierung
bis ins Detail festgelegt und kontrolliert	in weitem Rahmen frei bestimmbar und unkontrolliert
fremdbestimmt	selbstbestimmt
zentrale Organisation	dezentrale Organisation
Publizieren zum Archivieren: z. B. schwere Bücher auf Kunstdruckpapier etc.	Publizieren zum Aktivieren: z. B. geführte Touren und Bürgerfilme etc.

[1] *ma0/emmeazero*: Studie für einen informellen Weiterbau der Stadt Almere (Wettbewerb 2007).

[2] Städtebauliche Planungen für das Umfeld des Berliner Hauptbahnhofs (2010).

[3] Ergebnisoffenes Verfahren des Berliner Senats für die Zukunft des Rathausforums (2009).

[4] Architekturführer der Stadt Köln mit vier Tourenbeschreibungen durch das Rechtsrheinische.

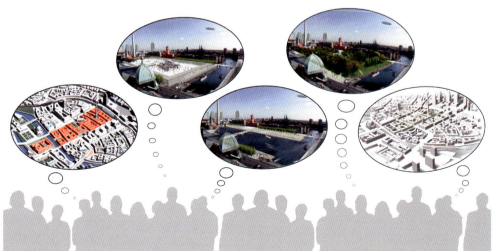

Das Verhältnis von »schwerem« und »leichtem« Städtebau und der öffentliche Raum

Der herkömmliche, in Planungsrecht und Förderrecht kodifizierte »sozialdemokratische« Städtebau, wie er im Wohlfahrtsstaat entwickelt wurde, ist nach wie vor unverzichtbar: Dort, wo es um »harte« Interessenkonflikte im Raum geht, wo es um Sicherheit geht, wo Zugänglichkeit und Durchlässigkeit garantiert werden sollen, wo es um Begrenzungen von Baudichte nach oben, aber auch nach unten geht, wo »schwere« Dauerhaftigkeit aus technischen, aber auch aus symbolischen Gründen gefragt ist, dort sind die Rechtsinstrumente und auch die öffentlichen, »schweren«, herkömmlichen Bauweisen erforderlich. Dies gilt insbesondere für den öffentlichen Raum, der prinzipiell nicht für den Light Urbanism geeignet ist.

Es ist also das Verhältnis zwischen »schwerem« und »leichtem« Städtebau neu zu definieren. Relativ abstrakt ausgedrückt, stellt der »schwere Städtebau« den dauerhaften räumlichen Rahmen und das Kommunikationsnetz her, die die Identität und die historische Kontinuität tragen, und der »leichte Städtebau« füllt diesen Rahmen mit prinzipiell revidierbaren Mitteln aus. Dies gilt auf allen Maßstabsebenen: im Rahmen der Gesamtstadt ebenso wie auf der Ebene des Quartiers, des Blocks und letztlich auch des einzelnen Bauwerks. Eine solche Städtebauphilosophie würde zu einer neuen Systematik des Städtebaus führen, weil die Verhältnisse zwischen Stadt, Land und Kommune und den vielfältigen Formen der Zivilgesellschaft neu bestimmt und austariert werden müssen. In einer Zeit, in der sich der Staat aus Finanzschwäche aus vielen Bereichen der alten »Daseinsvorsorge« zurückziehen wird, erhält der Light Urbanism neue Chancen! Diese Verschiebung wirkt sich ebenso auf die Berufsbilder der Beteiligten aus: Den professionellen, kompetenten, verlässlichen, aber etwas schwerfälligen Planern der Stadtverwaltung stehen die, in einem gewissen Sinne, amateurhaften, doch ziemlich beweglichen und fantasiebegabten, wenn auch eventuell nicht besonders gesetzesfesten freiberuflichen Planer gegenüber: Befindet sich da Verfahrenskreativität notwendigerweise in einer gewissen Spannung zum B-Plan-Verfahren?

Diese zwei Welten scheinen zunächst deutlich voneinander getrennt zu sein: Einerseits der Planer in der Verwaltung, verankert in öffentlichen Institutionen und mit lebenslang garantiertem Einkommen sowie der Gesetzestreue verpflichtet; andererseits der Freiberufler, verankert im Milieu eines Stadtteils, einer Bürgerinitiative, vielleicht sogar am Rande der Legalität operierend und mit ständig wechselnden Aufgaben und Einkommen. In anspruchsvollen Planungsverwaltungen hat sich diese Trennung aber schon seit einiger Zeit in eine Art der Kooperation verwandelt, in der der »schwere Städtebau« zusammen mit der Rahmensetzung gleichsam eine Art »Hebammen-Aufgabe« übernimmt, im Sinne des Ermöglichens von Realisierungen von Light Urbanism. Die Zukunft einer zeitgemäßen Kultur des Städtebaus liegt also in der Zusammenführung dieser beiden scheinbar so gegensätzlichen Städtebaukulturen, ohne dabei jedoch ihre grundsätzlichen Unterschiede zu verwässern.

Graft Architekten: Ausstellungsprojekt *Pink* (2007). Nach dem verheerenden Hurrikan *Katrina* diente die Zeltstadt in New Orleans zur Akquise von Spendengeldern zum Wiederaufbau.

Stadtentwicklung, Stadtplanung und Städtebau im Kontext der internationalen Debatte

Urban Pioneers
Kreative Milieus als Chance der Stadtentwicklung

Klaus Overmeyer

Kreative Milieus sind für Stadtentwicklung und Städtebau von besonderer Bedeutung: Sie generieren vielfältige Öffentlichkeiten, besitzen ein hohes Transformationspotenzial, schaffen monetäre und ideelle Wertschöpfungssysteme. Die Stadtentwicklung hat daher Milieus und Szenen zu fördern und in die (bauliche) Entwicklung zu integrieren. Allerdings sind bisherige Steuerungsmechanismen nur bedingt mit den ephemeren Nutzungsszenen verträglich, denn sie lassen sich kaum top-down planen und ihre Instrumentalisierung zur Aufwertung von Stadtquartieren birgt die Gefahr der Verdrängung. Die Zukunft der Stadtentwicklung liegt in ihrer koproduktiven Praxis: die Erweiterung klassischer Planungsansätze um Konzepte, die das Ungeplante einbeziehen, die Nutzer als Partner gewinnen, Planungen dynamisieren und Anpassungen wie auch zeitlich befristete Interventionen zulassen. Für die Stadtentwicklung mit kreativen Milieus sind ausschließlich integrierte und ressortübergreifende Ansätze erfolgversprechend. Akteure werden über die herkömmlichen Beteiligungsformen hinaus als Partner für den Stadtentwicklungsprozess gewonnen und in langfristige Planungsprozesse eingebunden (Koproduktion). Anzustreben ist eine kontinuierlich wachsende Verzahnung von Top-Down- und Bottom-Up-Strategien durch dynamische und offene Entwicklungsverfahren, wie den Dynamischen Masterplan, der den Prozess der Entwicklung in verschiedenen Ebenen und zeitlichen Dimensionen begleitet und koordiniert.

Koproduktive Stadt

Das Mantra der »Creative City« hat längst auch die mittelgroßen und kleinen Städte erfasst. Verbunden ist damit die Hoffnung, möglichst gut ausgebildete »Talente« an die jeweilige Stadt zu binden und von der wachsenden Bedeutung der Kultur- und Kreativwirtschaft für die lokale Wirtschaft zu profitieren. Angeschoben wird die Debatte vielerorts bisher vor allem von der Wirtschaftsförderung. Mit öffentlichen Kreativagenturen, Vernetzungsforen, Gründungsförderungen oder Unterstützung bei der Vermittlung von Gewerberäumen konzentriert sich die öffentliche Förderung auf die wirtschaftliche Konsolidierung der Kultur- und Kreativwirtschaft.

Doch im Vergleich zu den klassischen Wirtschaftsfeldern zeichnet sich die Kreativbranche durch eine sehr vielfältige Struktur aus, die nur schwer mit den Mustern einer herkömmlichen Unternehmensförderung vereinbar ist. Etwa die Hälfte bis zwei Drittel aller Kreativen arbeiten als Alleinunternehmer, meistens in Erwerbsmischformen – mal abhängig beschäftigt, mal selbstständig und in der Regel ohne sozialen, tarifpolitischen und rechtlichen Schutz. Die heterogene Beschäftigungsstruktur spiegelt sich auch in den extrem unterschiedlichen Raumansprüchen wider. Für einen Teil der Unternehmen sind Sichtbarkeit, Image und Lage ausschlaggebende Standortfaktoren. Andere Akteure suchen gerade günstige Nischen- und Experimentierräume, in denen sie eigene Ideen und Standpunkte entwickeln können.

Eine Stadt, die sich aktiv einer Politik der »Kreativen Stadt« verschrieben hat, bewegt sich damit automatisch in einem gesellschaftspolitischen Spannungsfeld: Ökonomische Wertschöpfung steht kultureller Aufwertung, Gentrifizierungsprozesse stehen einer behutsamen Quartiersentwicklung und sozialversicherungspflichtige Beschäftigte stehen selbst organisierten Raumunternehmern gegenüber.

Kreative Milieus

Die Erkenntnis, dass die Kultur- und Kreativwirtschaft nicht nur unter dem Aspekt von Beschäftigungszahlen, Umsätzen der Teilmärkte und gewerblichen Standortentwicklungen an Bedeutung für eine Stadt gewinnt, setzt sich zunehmend durch.

Während die Wirtschaftsförderung den Fokus auf die Entwicklung und Ansiedlung von Unternehmen der Kultur- und Kreativwirtschaft legt, eröffnen sich neue und komplexe Handlungsfelder aus der Perspektive der Stadtentwicklung, die neben der Standortanalyse von Unternehmen der Kreativwirtschaft insbesondere auch mit den sozialen und stadträumlichen Auswirkungen urbaner Transformationsprozesse auf die Räume der Kreativen umgehen muss. Die wirtschaftlich motivierte Debatte um die Ansiedlung und die Stärkung einer »Creative Class« erweitert sich daher um die soziale und stadträumliche Dimension der »Kreativen Milieus«.

Der Milieu-Begriff ist nicht neu. Das Konzept der kreativen oder innovativen Milieus wurde von der Forschergruppe GREMI (Groupe de Recherche Européen sur les Milieux Innovateurs) in den frühen Neunzigerjahren des 20. Jahrhunderts entwickelt.

Milieus werden als Systeme definiert, die jenseits von gesellschaftlichem Stand und sozialer Klasse durch Gruppierungen, Szenen und Atmosphären hervorgebracht werden. Im Vergleich zu branchenüblichen Netzwerken haben kreative Milieus aufgrund ihrer informellen und schwer fassbaren Struktur kein Entscheidungszentrum und können demzufolge auch niemanden ausschließen. Im Vordergrund steht eine gemeinsame Kultur der Kooperation, des Austauschs von Wissen, Werten, Stilen und Identitäten. Der geografische Ort spielt für ein Milieu eine wichtige Rolle; er ist aber nicht bindend, sondern kann sich mit der Verlagerung der Milieus verändern. Seine Grenzen bleiben unscharf.

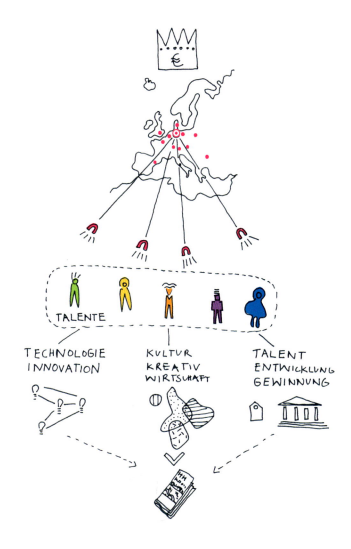

Metropolenwettstreit um Talente
- Talentbildung, Talententwicklung und Talentbindung
- Unternehmensansiedlung
- internationale Positionierung
- Stadt- und Lifestylemarketing
- Talent-Stadtentwicklung

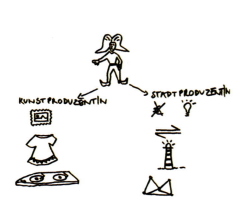

Kulturschaffende tragen, oft unbewusst, zur Transformation und Aufwertung von Orten erheblich bei.

Wertschöpfung und Aufwertung.

Vor diesem Hintergrund sind kreative Milieus für Stadtentwicklung und Städtebau in mehrfacher Hinsicht von besonderer Bedeutung:

- Kreative Milieus generieren vielfältige Öffentlichkeiten. Nicht die gestalterische Qualität der öffentlichen Räume ist ausschlaggebend, sondern die Lebendigkeit und Vielfältigkeit ihrer (Teil-)Öffentlichkeiten.

- Kreative Milieus besitzen ein hohes Transformationspotenzial. Sie entstehen aus der Verdichtung und Mischung von kleinteiligen, hoch spezialisierten Nutzungen, machen ursprünglich nicht öffentliche Orte zugänglich und entwickeln neue Atmosphären und Identitäten. Gerade in städtischen Gebieten, die sich im Umbruch befinden, können kreative Raumaneignungen aktiv oft mehr zur Revitalisierung des Standorts beitragen, als es spekulative Planungen vermögen.

- Kreative Milieus schaffen monetäre und ideelle Wertschöpfungssysteme. Inspiration, Interaktion und Transaktion stellen maßgebliche Faktoren dar. Die Bandbreite reicht von experimentell zu marktorientiert, von extrovertiert zu introvertiert ausgerichteten Milieus.

Steuerungsparadoxien

Die Stadtentwicklung steht vor einem grundsätzlichen Dilemma: Auf der einen Seite besteht akuter Handlungsbedarf, Milieus und Szenen zu fördern und in die (bauliche) Entwicklung der Stadt zu integrieren, andererseits sind die bisherigen Steuerungsmechanismen nur bedingt mit den ephemeren Nutzungsszenen verträglich. Sie lassen sich kaum top-down planen und ihre Instrumentalisierung zur Aufwertung von Stadtquartieren birgt die Gefahr der Verdrängung in sich. Damit ist ein grundsätzlicher Kritikpunkt neoliberalistischer Kommunalpolitik angesprochen, werden doch

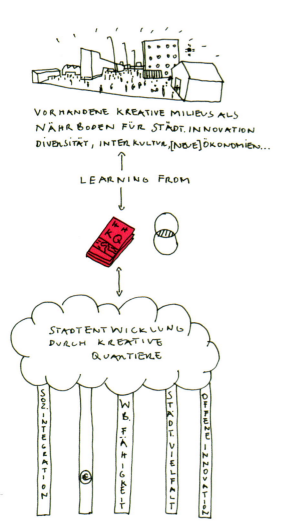

Vorhandene kreative Milieus dienen als Nährboden für städtische Innovation, Diversität, Interkultur und neue Ökonomien. Stadtentwicklung durch kreative Quartiere heißt: soziale Integration, städtische Vielfalt und offene Innovation.

Urban Pioneers – Kreative Milieus als Chance der Stadtentwicklung

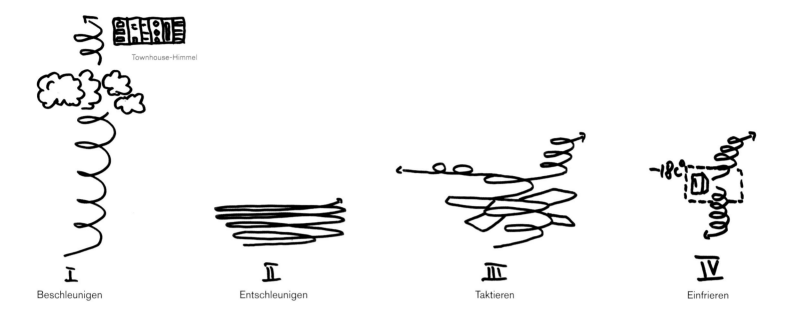

I Beschleunigen   II Entschleunigen   III Taktieren   IV Einfrieren

vor allem die Akteure kreativer, urbaner Milieus aus der Perspektive des Standortmarketings und als Wachstumspotenzial für neue Märkte der Kreativbranchen betrachtet. Wenig Beachtung findet, dass die Bottom-Up-Akteure zu einem nicht unerheblichen Teil in der Grauzone zwischen Non-Profit-Engagement und kommerziell ausgerichteten Unternehmungen agieren, Netzwerke aus ehrenamtlichen Initiativen aufbauen und zur sozialen Stabilisierung von Nachbarschaften erheblich beitragen. Die Städte sind sich dieses ideellen Kapitals, das sich nicht in steigenden Umsatzzahlen messen lässt und für den Aufbau lokaler Identitäten ein wesentlicher Faktor ist, durchaus bewusst, nur wird es in der Regel umverteilt. Profiteure sind meist die Grundstückseigentümer, Entwickler und Nutzer, die sich die gehobenen Standards leisten können. Die Kommunen selbst haben nur sehr begrenzte Mittel, um dem entgegenzuwirken. Teilweise schlagen die eigenen Instrumente sogar ins Gegenteil um, wie beispielsweise im Schillerkiez in Berlin-Neukölln, wo das Quartiersmanagement sich seit der Öffnung des ehemaligen Flughafens Tempelhof mit Übergriffen von Gruppierungen gegen Aufwertung konfrontiert sieht. Der Umgang mit kreativen Milieus wird damit zum Zünglein an der Waage der Stadtentwicklung. Im Kern geht es dabei weniger um die Unterscheidung zwischen Kreativen und Nicht-Kreativen, sondern um die grundlegenden Fragestellungen, wie wir künftig in unseren Städten leben wollen, wer an der aktiven Gestaltung von Stadt und ihren Wertschöpfungsprozessen beteiligt ist, wie viel Freiheit und wie viel Festlegungen nötig sind und wie die Schnittstelle zwischen informeller Praxis und formeller Planung verhandelt werden kann.

Koordinaten für zukünftige Raumproduktion

Ohne Zweifel ist damit die Stadtentwicklung vor neue Herausforderungen gestellt – nicht allein aus bautechnologischer Sicht, sondern vor allem was die Ausrichtung ihres Handelns betrifft. Innerhalb ihres Koordinatensystems aus Raum, Nutzung und Zeit

Mögliche Strategien zum Umgang mit Gentrifizierungsprozessen.

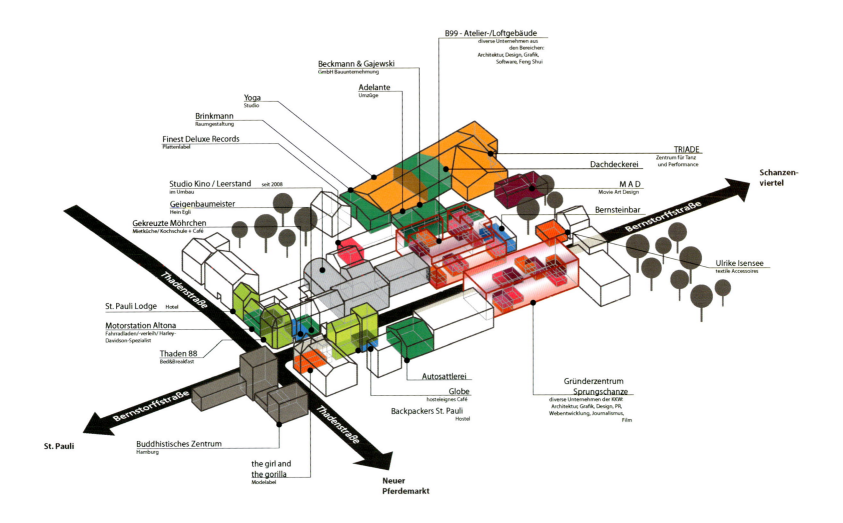

Buddhistisches Zentrum neben Mietshaus, Autosattlerei neben leerem Kino, Geigenbauer neben Dachdecker: gewachsenes Milieu um die Hamburger Bernstorffstraße zwischen St. Pauli und Schanze.

orientieren sich Architektur und Städtebau nach wie vor an einem wachstumsorientierten Planungsansatz: Räumliche Setzungen entstehen aus planerisch kontrollierten Prozessen. Nutzer sind Konsumenten von baulichen Endprodukten, die sich über einen möglichst langen Zeitraum nicht verändern sollen.

Nicht, dass es in Zukunft kein Wachstum mehr gibt, Gebäude und Freiflächen nicht mehr nach Plan gebaut werden. Aber wir sehen uns mit einer zunehmend polarisierenden Raumentwicklung konfrontiert, auf die wir mit herkömmlichen Planungswerkzeugen immer schwieriger Antworten finden. Fast in jedem Planungsprozess gibt es heute Faktoren, die sich der planerischen Kontrolle entziehen; sei es, weil Eigentümer oder Nachfrage wechseln oder weil das Investitionsklima sich kurzfristig ändert. Gleichzeitig fordert die individualisierte (Wissens-)Gesellschaft gepaart mit dem fortschreitenden Abbau des sozialstaatlichen Systems mehr Mitsprache, Eigenverantwortlichkeit und Kontrollabgabe. Aktuelle Entwicklungen in Transformationsgebieten wie dem Berliner Spreeraum oder dem Hamburger Gängeviertel weisen deutlich darauf hin, dass die Raumnutzer nicht mehr nur als Konsumenten, sondern zunehmend auch als Raumproduzenten und als Partner der Stadtentwicklung verstanden werden wollen. Auch auf zeitlicher Ebene sind

Veränderungen festzustellen: Entwicklungen unterliegen einer stärkeren Dynamisierung, sowohl was die Halbwertszeit von Gebäuden und ihren Nutzungen angeht als auch was unmittelbare Raumaneignungen betrifft, die die Entwicklungsrichtung eines Ortes trotz minimaler Investitionen erheblich beeinflussen können. Wie in keinem anderen Bereich zeigt uns aktuell die Auseinandersetzung mit kreativen Milieus, dass die Zukunft der Stadtentwicklung in ihrer koproduktiven Praxis liegt. Damit verbunden ist die Erweiterung der Koordinaten klassischer Planungsansätze um Konzepte, die das Ungeplante einbeziehen, die Nutzer als Partner gewinnen, Planungen dynamisieren und Anpassungen wie auch zeitlich befristete Interventionen zulassen.

In der konkreten Praxis zeigt sich deutlich, dass für die Stadtentwicklung mit kreativen Milieus ausschließlich integrierte und ressortübergreifende Ansätze erfolgversprechend sind. Wie beim Simultanschach gilt es, zwischen unterschiedlichen Handlungsfeldern zu wechseln und Werkzeuge miteinander zu kombinieren. Das kann die kommunale Liegenschaftspolitik betreffen, rechtliche Handhabungen, die Ausrichtung städtebaulicher Entwicklungsverfahren, Finanzierungsmodelle, Interventionen im öffentlichen Raum oder Kommunikationsstrategien. Basierend auf den Erfahrungen aus zwei Studien in Hamburg und Kassel werden im Folgenden fünf Studio-UC-Werkzeuge im Feld der Kreativwirtschaft und Stadtentwicklung näher vorgestellt.

Nutzeratlas – Mikrokosmen lesen lernen

Um die spezifischen Szenen, Milieus und Nutzungen, die städtische Transformationsprozesse beeinflussen, besser in Planungsprozesse einbinden zu können, ist es notwendig, ihre Nutzungsformen, Interessen und Raumoptionen im städtischen Kontext lesen und verstehen zu lernen.

Oft beschränken sich die Nutzungs- und Aneignungsformen auf kleinteilige räumliche Realitäten, überschaubare Akteursgruppen und einzelne zentrale Schlüsselfiguren. Erst durch die räumliche Verdichtung verwandter Nutzerprofile entsteht eine kritische Masse, die Sichtbarkeit und Anziehungskraft erzeugt und öffentliche Präsenz erlangt. Über einen Nutzeratlas können die Bandbreite der unterschiedlichen Nutzerprofile, ihre Organisationsformen, die Lage im Stadtraum sowie die zeitliche Entwicklung der Projekte erfasst werden. Die zunächst undurchsichtige Masse kleinteiliger Nutzungen und Projekte wird vorgestellt und abgebildet, Kontakte zu Schlüsselakteuren werden aufgebaut. Im Ergebnis steht einerseits eine detaillierte Kenntnis über die heterogene Struktur vorhandener Nutzungen und Projekte, andererseits wird das Potenzial der Nutzungen für die Stadtentwicklung aufgezeigt. Insbesondere für die Kommune, die in zahlreichen Fällen als Flächeneigentümer, Flächenvermittler und Vertragspartner auftritt, eröffnet die Erfassung und Typologisierung der Flächen und Nutzungen die Möglichkeit, nutzerorientierte Infrastrukturen zu entwickeln und Projekte gezielt zu fördern.

Der Amsterdamer Brutstättenfonds fördert Arbeitsräume für Kulturschaffende und kooperiert mit privaten Projektentwicklern beim Aufbau von Clustern der Kreativwirtschaft.

Dynamiken kreativer Milieus in Hamburg:
Im Westen prägen etablierte Szenen die begehrten Stadtviertel, sind aber durch hohe Mieten und Verdrängungsprozesse bedroht, während es im Ostteil der Stadt bis auf die kommunal initiierte Kunstmeile zwischen Hauptbahnhof und *HafenCity* kaum Kristallisationskerne gibt. Die gegenüberliegende südliche Elbseite ist trotz ihrer Nähe zur Innenstadt bisher noch in fester Hand der Hafenbetreiber. Wetterfronten bilden sich zwischen Gebieten mit differenzierten kreativen Milieus und solchen mit ungenutzten Flächenpotenzialen.

Wetterkarten – die Dynamik städtischer Entwicklungen mit Hochs und Tiefs abbilden

Die Grenzen kreativer Milieus und Szenen verändern sich ständig und stehen im fließenden Übergang zum angrenzenden Stadtraum. Ihre Kristallisationskerne und Entwicklungstendenzen lassen sich aber durch qualitative Untersuchungen erfassen. Mit der Wetterkarte entwickelte Studio UC ein Werkzeug, das die informelle »Großwetterlage« von Städten und Regionen abbildet. Ablesbar sind Orte und Quartiere, die starken Transformationsprozessen ausgesetzt sind, sowie Stadträume, in denen noch keine oder nur wenig Veränderungen zu verzeichnen sind. So werden Potenzial- und Chancenräume kreativer Milieus sichtbar, die Transformationsprozesse einleiten und die Wahrnehmung von Räumen positiv verändern können. Wetterfronten stellen Zonen zwischen Gebieten mit hohem und niedrigem Transformationsdruck dar. Mit ihren unscharfen Rändern und unterschiedlichen Strömungen bilden die Wetterkarten eine ideale Diskussionsgrundlage, die über den fachspezifischen Austausch hinaus eine breite Öffentlichkeit erreicht.

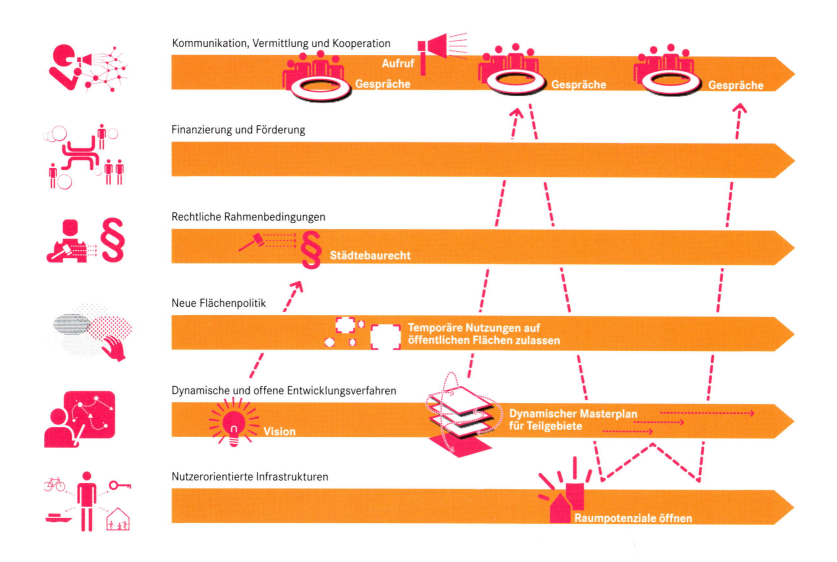

Koproduktion – neue Formen der Beteiligung zulassen

Über den Nutzeratlas erscheinen Akteure auf dem Radar der Stadtplanung, die unter normalen Bedingungen gar nicht wahrgenommen werden, obwohl sie durch ihre Aktivitäten einen erheblichen Einfluss auf die Entwicklung von Orten haben.

Mit dem Instrument der Koproduktion werden diese Nutzer über die herkömmlichen Beteiligungsformen hinaus als Partner für den Stadtentwicklungsprozess gewonnen und auch in langfristige Planungsprozesse integriert. Ob in Form von Stakeholder-Workshops, durch die Bereitstellung von Möglichkeitsräumen oder im Rahmen integrierter Standortentwicklungen – es geht darum, kommunale Planungssouveränitäten abzugeben und eine kontinuierlich wachsende Verzahnung von Top-Down- und Bottom-Up-Strategien anzustreben. Die Nutzer, ob als Gruppe, Verein oder als Unternehmerzusammenschluss, werden zu aktiven Stadt- und Projektentwicklern, die Räume entdecken, Nutzungen experimentieren und verdichten, Finanzierungskonzepte ausarbeiten und umsetzen.

Stadtentwicklung mit kreativen Milieus erfordert die Verknüpfung von unterschiedlichen »weichen« und »harten« Werkzeugen.

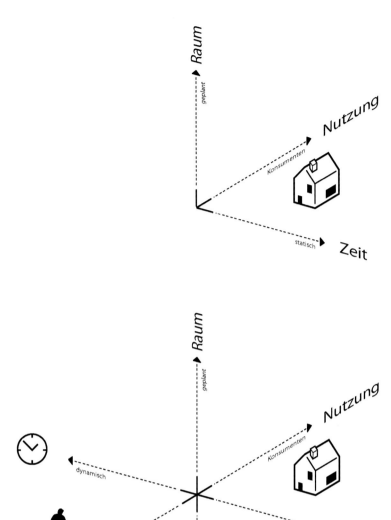

Ganz oben:
Koordinaten klassischer Planung.

Oben:
Planung im erweiterten Koordinatensystem: prozessorientierte Strategien, Einbinden von Raumproduzenten und Berücksichtigung ungeplanter Ereignisse.

Dynamischer Masterplan – Unvorhersehbarkeit integrieren

Während klassische Planungsansätze auf eine möglichst präzise Darstellung von gebauten Endzuständen abzielen, verfolgen nutzerbasierte Entwicklungen weitaus flexiblere Konzepte, die sich an den realen Gegebenheiten der Standorte orientieren. Durch dynamische und offene Entwicklungsverfahren kann ein Abgleich zwischen der Planung und den wachsenden, sich kontinuierlich verändernden Realitäten, Raumverfügbarkeiten und Öffentlichkeiten koordiniert erfolgen. Ein wichtiges Instrument zur strategischen Verzahnung harter Planungsparameter (zum Beispiel Planungsrecht, Erschließungsmaßnahmen, Bau öffentlicher Räume) und weicher Planungsparameter (temporäre Maßnahmen und Aktionen, kulturelle Aneignung, Partizipation) ist der *Dynamische Masterplan*. Im Gegensatz zu konventionellen Rahmenplanungen verfolgt der Dynamische Masterplan das Ziel, den Prozess der Entwicklung in verschiedenen Ebenen und zeitlichen Dimensionen zu begleiten und zu koordinieren. Aspekte der Erschließung, Baufeldentwicklung und Vermarktung werden mit Aktivierungskonzepten, Testnutzungen und dem bewussten Ausklammern bestimmter Gebiete kombiniert. Programme, Nutzungen und Projekte können sukzessive heranwachsen und sich bei Erfolg räumlich manifestieren. Aus der vorhandenen Nachfrage entwickeln sich so Raumprogramme, die sich im Abgleich mit langfristigen Entwicklungskonzepten auch baulich am Standort abbilden können. Wesentlich für die dynamische Masterplanung ist eine regelmäßige Überprüfung zur Rückkoppelung der realen Entwicklungen und Nutzeraktivitäten vor Ort und einer entsprechenden Aktualisierung beziehungsweise Plananpassung.

Strategische Interventionen – nutzerbasierte Entwicklungen gezielt anschieben

Bei herkömmlichen Projektentwicklungen ist der Projektstart in der Regel mit hohen Investitionen verbunden, verursacht durch die Herrichtung des Geländes und Neubau. Durch strategische Interventionen können auch ohne kapitalintensive Investitionen gezielte Impulse für die Projektentwicklung gesetzt werden. Es geht dabei nicht um die künstliche Implementierung neuer Nutzungscluster in problematische Stadträume, sondern darum, bestehende Projekte und Strukturen sanft zu fördern und zur »Professionalisierung« zu befähigen. Die Interventionen können die Schaffung von Zugänglichkeiten umfassen, den gezielten Ausbau von Infrastrukturen oder die punktuelle Gestaltung von Orten. Dabei steht nicht die dauerhafte monetäre Alimentierung im Vordergrund, sondern das Ermöglichen von Aktivitäten und das Öffnen von experimentellen Räumen. Im Idealfall entwickeln sich die Akteure sukzessive zu »Raumentrepeneuren« oder erfinden Eigentums- oder Pachtmodelle, die ihnen langfristige Perspektiven eröffnen. Für die Stadtentwicklung stellen diese Nutzer ein enormes Potenzial dar, da sie sich mit dem Kauf oder dem Kaufinteresse einer Immobilie dauerhaft an den Standort binden, diesen entwickeln und zu Partnern mit besonderer Ortskenntnis werden.

Kunstinstallation eines senkrecht an der Brandwand angelegten Parkplatzes neben der Bundesstraße B 55a auf Höhe der Deutzer Brücke, realisiert vom *osa office for subversive architecture* im Rahmen des Kölner Architekturfestivals *Plan 06*.

Stadtentwicklung, Stadtplanung und Städtebau im Kontext der internationalen Debatte

Branding Cities
Städtebau und Markenbildung

Thomas Hotko

Im Zuge der Globalisierung müssen sich Städte im internationalen Wettbewerb behaupten. Das Image wird neben seiner kulturellen Funktion auch zum ökonomischen Erfolgsfaktor. Eine Stadt sollte daher ihre Identität entwickeln und steuern, Zeichen schaffen, Geschichten erzählen und Produkte entwickeln. Bei Stadtmarken existiert keine einfache Austauschbeziehung zwischen Hersteller und Produktverwender, zwischen der Marke und dem Konsumenten. Eine Stadt ist ein vielfach vermischtes Konglomerat an Beziehungen, die Nutzer einer Stadtmarke sind zugleich Konsumenten und Produzenten: Mitgestalter der eigenen Stadtmarke, sogenannte Prosumenten. Möglichst viele von ihnen sollten in die Gestaltung der Marke miteinbezogen werden. Die mentalen Bilder der zukünftigen Stadt können mit den Mitteln des Branding erarbeitet – der Entwicklung gemeinsamer Visionen (Markenstrategie) und der Gestaltung attraktiver Images (Namen, Design, Bilder, Prototypen) – und dann konsistent erzählt (Storytelling) und gesteuert (Brand Controlling) werden. City Branding ist ein Prozess, der nicht Image, sondern Identität bearbeitet und erst in der Folge sichtbare Zeichen (Logos) schafft. In den vergangenen Jahren wurden dafür neue Werkzeuge entwickelt: Mit partizipativen Prozessen und Werkzeugen wie Brand Prototyping ist es heute möglich, Stadtidentitäten positiv zu beeinflussen und das Image einer Stadt oder eines Stadtteils nachhaltig aufzuwerten. Damit wird zweifach Wert geschaffen: ein ideeller Wert, wie der Stolz der Bevölkerung auf ihren Stadtteil, aber auch ein monetärer Wert, über die Aufwertung von Standorten oder von neuen Betriebsansiedlungen.

City Branding ist kulturelle Stadtentwicklung

Eine Stadt sollte ihre Identität entwickeln und steuern, Zeichen setzen, Geschichten erzählen und Produkte entwickeln. Das ähnelt der Aufgabe von Unternehmen sehr. Und diese Aufgabe beginnt nicht bei einem Logo. Sie beginnt damit, dass man sich über die eigene Kultur unterhält und eine zukünftige Identität entwickelt: Motive von Bürgern, Visionen der Stadtplanung und wirtschaftliches Soll. Dazu sind zuerst Meinungen einzuholen, danach wird sich über eine Linie geeinigt. Erst im dritten Schritt erzeugt *City Branding* auch Zeichen. Sichtbare, hörbare und andere sinnliche Zeichen, wie ein Logo, ein Claim, ein Song oder eine gute Geschichte. Oder auch – wie bei der Salzburger Mozartkugel – essbare Zeichen. *City Branding* ist also ein Prozess, der nicht Image, sondern Identität bearbeitet und erst in der Folge sichtbare Zeichen schafft, die zur Identität passen. Konsistente Zeichen und Geschichten, die, über Jahre gezeigt und erzählt, ein Image ergeben. Branding ist wahrscheinlich die einzige Möglichkeit, ein Image nachhaltig strategisch und gezielt zu beeinflussen, indem die Identität geändert oder die geänderte Identität wahrgenommen wird. Liefert *City Branding* jedoch nur Sprüche und Logos, kann schnell eine Abneigung gegenüber diesem Begriff entstehen. Vielleicht sollten Markenentwickler *City Branding* stattdessen schlicht und ergreifend als »kulturelle Stadtentwicklung« bezeichnen.

Können Städte Marken sein?

Seit die hoheitlichen Grenzen Europas verschwimmen, entwickeln Städte und Ballungsräume verstärkt ihre Identität. Laut Angaben der Vereinten Nationen leben inzwischen 50 Prozent der Weltbevölkerung in Städten. Städte sind sich mittlerweile bewusst, dass sie sich im Zuge der Globalisierung im internationalen Wettbewerb behaupten müssen. Das Image wird, neben seiner kulturellen Funktion, auch zum ökonomischen Erfolgsfaktor.

Städte und Stadtteile müssen sich gleich mehrfach behaupten: im Wettbewerb um Unternehmen, Behörden und Nichtregierungsorganisationen auf der Suche nach einem Standort, um die Aufmerksamkeit der Medien und der Touristenströme auf sich zu lenken, und gegenüber ihren eigenen Bürgern. Emanzipierte Bürger, die heutzutage gut informiert sind, Literatur über andere Metropolen der Welt lesen und Vergleiche ziehen: Wie attraktiv und wie gut geführt ist meine Stadt eigentlich? Bin ich zufrieden, bin ich stolz darauf, wo ich wohne und arbeite? Immerhin kann man es sich heute aussuchen, wo man zu Hause sein will. Um die aufgeworfene Diskussion »Können Städte Marken sein?« abzuschließen: Es ist heute keine Frage mehr, ob Städte Marken sind oder nicht. Die Frage ist vielmehr, ob eine Stadtverwaltung die Instrumente und das vorhandene Wissen um Identität und kulturelle Entwicklung, um Sinnstiftung und Wertschöpfung verwendet – Wissen, das in der Disziplin des Branding entwickelt wurde und von der Wirtschaft trefflich genutzt wird.

Als es den Begriff *City Branding* noch nicht gab:
Ohne dieses Opernhaus wäre Sydney nicht dieselbe Stadt.
Architekt: Jørn Utzon (1959–1973)

Eine Stadt ist kein Joghurt – Spezifika des *City Branding*

Worin unterscheidet sich *City Branding* vom Branding eines Joghurts? Der Unterschied liegt zuvorderst in der Komplexität und in der sozialen Verantwortung. Eine Stadt ist eine kulturelle Höchstleistung, ein Kulturprodukt. Diese Komplexität unterscheidet die Prozesse der Markenbildung eines Orts ganz dramatisch von jener des Branding für Joghurts, Jeans oder Autos.

Bei Stadtmarken existiert keine einfache Austauschbeziehung zwischen Hersteller und Produktverwender, zwischen der Marke und dem Konsumenten. Eine Stadt ist schließlich ein vielfach vermischtes Konglomerat, ein Hochofen an verschmelzenden Beziehungen: zwischen Bürgern und Vereinen, Firmen und Institutionen, Behörden- und Sportinteressen, Kulturgranden und Touristen, Baulöwen und Bürgerinitiativen – und Architekten.

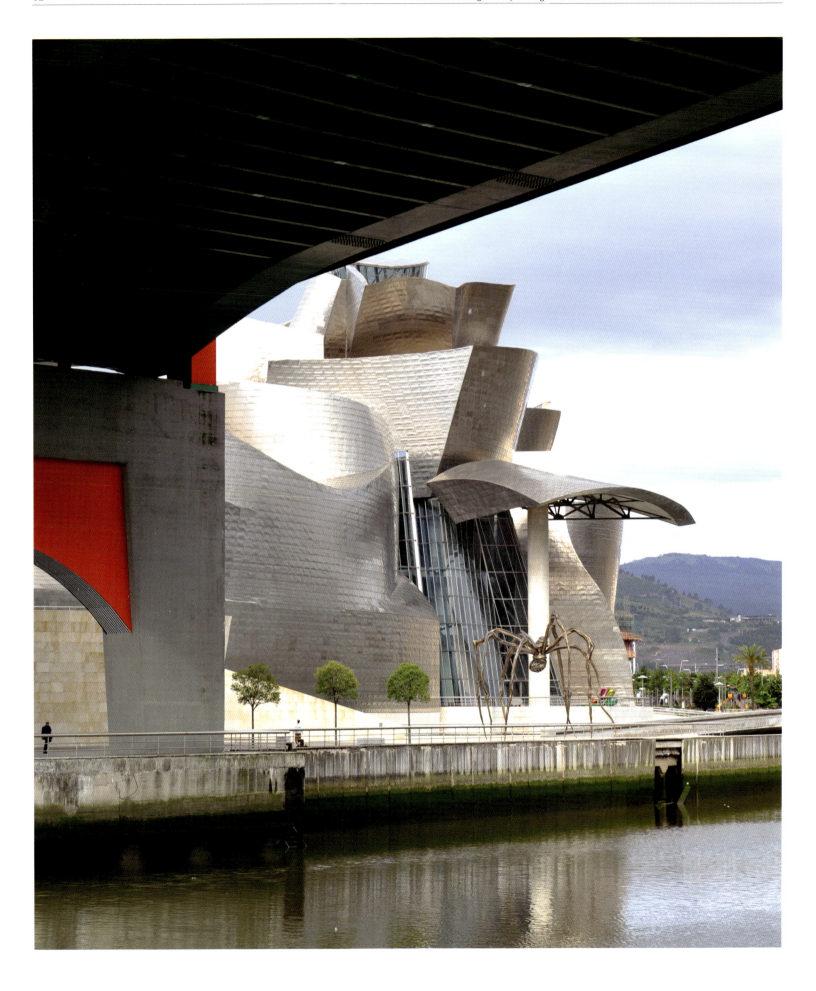

Branding Cities – Städtebau und Markenbildung

Diese Nutzer einer Stadtmarke – und das ist einzigartig für diese Kategorie von Brands – sind zugleich Konsumenten und Produzenten. Sie sind Mitgestalter der eigenen Stadtmarke, neudeutsch: »Prosumenten«. Und als Prosumenten leben wir buchstäblich »in« unserem Kultur-Produkt: Wir wohnen in ihm, heiraten und arbeiten ein Leben lang im Schatten der eigenen Stadtmarke – als Kölner oder als Wiener, als Deutzer oder als Ottakringer. Daher sollten möglichst viele dieser Prosumenten in die Gestaltung der Marke miteinbezogen werden, sollten relevante Persönlichkeiten daran arbeiten, um festzustellen, welche Identität die Stadt geschichtlich hat und wer man als Stadt in zehn Jahren sein möchte. Das bedingt im Entwicklungsprozess eine verhältnismäßig hohe Anzahl an Stakeholdern, die die Marke mitentwickeln müssen.

So wohnt beispielsweise John F. Kennedys berühmtem Satz »Ich bin ein Berliner!« (aus seiner Ansprache vor dem Berliner Rathaus Schöneberg am 26. Juni 1963) eine große Symbolkraft inne. Persönlichkeitsentwicklung könnte man die Vorarbeit dazu nennen, anstatt das Wort »Branding« zu bemühen. Und das, was »drinstecken« soll, die mentalen Bilder der zukünftigen Stadt, von Köln im Jahr 2020, das kann mit den Mitteln des Branding erarbeitet werden – mit der Entwicklung gemeinsamer Visionen (Markenstrategie) und der Gestaltung attraktiver Images (Namen, Design, Bilder, Prototypen) – und dann auch konsistent erzählt (Storytelling) und gesteuert (Brand Controlling) werden.

Transdanubien und Rechtsrheinisch – Begriffe für das Jenseits der Stadt

Wien ist völlig anders als Köln. Die Stadtteilentwicklung in Wien-Aspern hat nur wenig gemein mit den rechtsrheinischen Entwicklungen in Köln. Aspern war ein Flugfeld von 240 Hektar Größe und bis vor Kurzem leer und unbebaut – bis auf eine alte Rollbahn, auf der 1972 der letzte Flieger gestartet war. Aspern war ein weißer Fleck auf Wiens mentaler Landkarte, kaum einer der Wiener war je selbst dort gewesen. Vergleicht man aber die Entwicklung in Wien und Köln miteinander, so gibt es dennoch eine Parallele: die Lage jenseits des Flusses – vom Stadtzentrum her gesehen.

In Wien heißt das »Transdanubien«. Das ist kein Name, sondern ein (ab)klassifizierender Begriff. Ebenso wie »rechtsrheinisch« oder gar »Schäl Sick« kaum als Aufwertung gelten dürfen und nur die Sicht der Innenstädter darstellen. In Wien sind die meisten Wiener nicht besonders erpicht darauf, Transdanubien zu besuchen oder sich dort niederzulassen. Dennoch ist der 22. Wiener Gemeindebezirk, in dem sich auch die *aspern Die Seestadt Wiens* befindet, ein sehr großer, bevölkerungsreicher und stark wachsender Stadtteil. Er ist ein Entwicklungsgebiet.

Als Markenberater ist man für Zeichen und Namen besonders sensibilisiert. Und wenn man bedenkt, dass der Ausdruck »linksrheinisch« nur halb so oft erwähnt wird wie »rechtsrheinisch« (laut Google-Ergebnisliste), obwohl die linke Seite Kölns doch das

Im Juni 1963 besucht John F. Kennedy die Bundesrepublik Deutschland und Berlin-West. In seiner Abschlussansprache unterstreicht der US-Präsident mit den Worten »Ich bin ein Berliner« das Engagement der USA für ein freies Berlin. Der Satz entfaltet bis heute seine Symbolkraft für die Stadt.

Das Guggenheim-Museum in Bilbao wurde 1997 nach einem Entwurf von Frank O. Gehry eröffnet. Es bildet den Auftakt für eine neue Strategie des *City Branding*: Architektur-Ikonen berühmter Baukünstler sollen Orte für Massenmedien attraktiv machen.

Zentrum, den Bürgermeister, das Wahrzeichen Dom und sicherlich noch weit mehr Kultur beinhaltet, dann darf gefragt werden, ob die Klammer »rechtsrheinisch« nicht auch einmal weggelassen werden kann und stattdessen die alten, bestehenden Stadtteilnamen neu positioniert werden könnten. Oder ob nicht sogar auch einmal ein klingender, neuer Name gefunden werden kann für ein Grätzel (wie wir in Wien ein kleines Gebiet nennen), das sich eigentlich längst schon einen guten Namen verdient hat, da das alte Viertel durch die ständige Metamorphose der Stadt seit Jahrzehnten nicht mehr existiert. Denn solange wir keine anderen Worte haben, bleibt das Rechtsrheinische – zumindest im Kopf der edlen Linksrheinen – noch ewig »scheelsig« und damit irgendwie zweitklassig.

City Branding ist ein Prozess – zum Prozess in Aspern

Die Stadtteilmarke *aspern Die Seestadt Wiens* ist das finale Ergebnis eines *City Branding*-Prozesses, der im August 2008 abgeschlossen wurde (siehe Interview rechts). Die Probleme in Aspern? Ein altes und damit falsches Image, keine attraktiven Bilder, keine Geschichte für die Zukunft. Im Fall des ehemaligen Flugfelds Aspern galt es, noch vor der Errichtung des Stadtteils eine neue Identität und neue Bilder zu erzeugen. Der Masterplan gab zwar einen Rahmen vor, war aber zu technisch, nur für Stadtplaner wirklich verständlich, und er formulierte naturgemäß auch keine Vision oder Brand für den Stadtteil. Der klassische Fall »Produkt ohne Marke« lag vor. Acht Monate dauerte der Prozess, um »den weißen Fleck in der Wiener Wahrnehmung« in eine lebendige Markenvision zu verwandeln. Für die Brand mussten viele Stakeholder an Bord kommen: rund 250 Experten und Meinungsbildner – abgesehen von Hunderten Einwohnern, die schon vorab im Rahmen eines Bürgerbeteiligungsprozesses in Fragen der Stadtentwicklung einbezogen wurden.

Das Projektdesign der Strategiephase sah vier Phasen vor. Die beiden ersten Phasen, in denen die Strategie entwickelt wurde, seien hier näher vorgestellt.

Phase 1 – Wissen schaffen und vernetzen
Mit 70 Experten wurden mehrstündige Tiefeninterviews geführt. Die Befragten kamen aus dem sozialen, universitären und wirtschaftlichen Bereich, aber auch Personen aus der Stadtverwaltung, der Politik und der Architektur wurden intensiv in den Prozess einbezogen. Vergleichbare internationale Projekte, wie zum Beispiel die *HafenCity* in Hamburg oder Entwicklungen in Bratislava, wurden in einer Benchmarkanalyse erhoben.

Phase 2 – mit *Brand Prototyping* erlebbare »Zukünfte« erzeugen
Auf Basis einer Fülle von Daten und Meinungen erstellte Brainds mithilfe von Szenariotechniken acht Markenoptionen. Jede davon war auf Attraktivität und Machbarkeit hin überprüft. Aus diesen acht Optionen wählte der Auftraggeber drei aus, die er für besonders chancenreich hielt. Diese wurden jeweils in einem Prototyp emotional erlebbar umgesetzt und im Rahmen einer Ausstellung

Projektbeispiel Stadtteilmarke *aspern Die Seestadt Wiens*

Josef Lueger, Marketingleiter der Stadtentwicklungsgesellschaft *Wien 3420 AG* über seine Erfahrungen in Wien und mögliche Empfehlungen für die Fragestellungen im rechtsrheinischen Köln.

Herr Lueger, was kann Branding zur Stadtentwicklung beitragen?

Wenn man vor der Aufgabe steht, einen Stadtteil zu entwickeln und zu vermarkten und mit dem Ort ist bestenfalls kein Image verbunden, weil dieser Ort dezentral in einer kaum nachgefragten Lage seit Jahrzehnten bloß sich selbst gefällt, dann wird Entwicklung zu einer Herausforderung. Denn die Infrastruktur allein vermag das Phänomen des Marktpreises nicht zu erklären. Warum beträgt der Bodenpreis in Döbling ein Vielfaches des Preises von Floridsdorf, wo Autobahn, U-Bahn, die Freizeitparadiese Alte Donau und Donauinsel und sogar der Ausblick auf die Berge des Wienerwalds die Menschen versorgen – und nichts von alledem der Nobelbezirk vorweisen kann? Brand schafft also Wert. Brand gibt auch Orientierung, den Nutzern wie der Immobilienwirtschaft, für mittel- und langfristiges Investment. Brand selektiert und bündelt unterschiedliche Interessenten, wenn diese in den Entstehungsprozess eingebunden und daran beteiligt waren. Brand ist ein stützendes Steuerungsinstrument für eine Stadtentwicklung mit Akteuren aus Politik und Verwaltung, weil fundierte Entscheidungsgrundlagen über persönlichen Einschätzungen stehen.

Wie sehen Ihre Erfahrungen mit der Marke *aspern Die Seestadt Wiens* aus?

Die *Wien 3420 AG* betreibt ein Markencontrolling und setzt sich kritisch mit der Umsetzung des Markenkonzepts und der Marktwirksamkeit auseinander. Es ist gelungen, innerhalb von zwei Jahren den neuen Begriff *aspern Die Seestadt Wiens* hinsichtlich der Bekanntheit an die zweite Stelle aller Wiener Immobilienprojekte zu bringen. An erster Stelle steht das *Jahrhundertbauwerk Hauptbahnhof*. Die Markteinschätzung unterstellt dem Projekt heute eine überdurchschnittliche Positionierung hinsichtlich des erzielbaren Preisniveaus. Wir bemerkten eine anfängliche Begeisterung, beinahe eine gestillte Sehnsucht nach der Markeneinführung bei allen Beteiligten und im näheren Umfeld. Zwei Jahre danach wird die Marke heute im Alltag angewendet. Die Begeisterungskurve verflacht jedoch, wenn dem Papier die konkreten Projekte nicht unmittelbar auf dem Fuß folgen.

Wo liegt die Kritik, wo liegen die Chancen des Instruments *City Branding*?

Die Zunft der Stadtplaner, insbesondere der Kreis der Architektenschaft, steht den Begriffen *Marke* und *Branding* oder gar *City Branding* häufig skeptisch gegenüber. Diese Haltung rührt zum einen aus der tradierten Sicht der alleinigen fachlichen Zuständigkeit, zum anderen aus der vermeintlichen Fachsprache. Die Chance liegt darin, Stadt als einen Möglichkeitsraum zu denken, für ein Miteinander von sich scheinbar widersprechenden Interessen.

Tovatt Architects & Planners: Masterplan für das ehemalige Flugfeld Wien-Aspern, heutiger Name und Schreibweise: *aspern Die Seestadt Wiens* (2006).

In den nächsten 20 Jahren entsteht im 22. Wiener Gemeindebezirk *aspern Die Seestadt Wiens* eines der größten Stadtentwicklungsprojekte Europas. Dieser neue Stadtteil hat beeindruckende Dimensionen: Auf einer Fläche, die so groß ist wie der 7. und der 8. Wiener Gemeindebezirk zusammen, wächst die Stadt des 21. Jahrhunderts. Nach zahlreichen Vorarbeiten – vom Masterplan über die Markenentwicklung bis hin zum Abschluss der Umweltverträglichkeitsprüfung für die Entwicklung des südwestlichen Teils der Seestadt – haben 2010 mit der Verlängerung der U-Bahn-Linie U2 und dem Aushub des zentralen Sees die ersten Bauarbeiten in der Seestadt begonnen. Der Masterplan stammt von Tovatt Architects & Planners aus Stockholm.

Was *aspern* von anderen Stadtentwicklungsgebieten vor allem unterscheidet, ist das vielfältige, durchmischte Nutzungskonzept, das die *Wien 3420 Aspern Developement AG* in einem mehrjährigen Prozess erarbeitet hat. Die Seestadt soll ein Ort werden, der das gesamte moderne Wirtschafts-, Arbeits- und Privatleben bedient: ein Business District mit großzügigen Gewerbeflächen in Nachbarschaft zu einem Wissenschafts-, Forschungs- und Bildungsquartier, hochwertige, individuelle Wohnungen ebenso wie Freizeit- und Kultureinrichtungen. Da die Gesamtentwicklung nach derzeitigem Kenntnisstand erst bis 2028 abgeschlossen sein soll, sind zahlreiche Zwischennutzungen auf dem Gelände vorgesehen.

produziert – das *Brand Prototyping*. Anschließend wurden in Expertengesprächen und Fokusgruppen mit etwa 80 Teilnehmern sowie weiter in über einhundert Einzelinterviews diese Prototypen miteinander verglichen – und jedes Argument wurde pro und kontra aufgenommen.

Die Strategie
Die Entscheidung für eine Marke war dann so gründlich vorbereitet, dass der Entscheidungszeitraum nur mehr zehn Tage betrug. Die *Wien 3420 AG u*nd Wiens politische Entscheidungsträger wählten eine Option, die die Lebensbalance (auch unter dem Schlagwort »Work-Life-Balance« bekannt) in den Mittelpunkt stellt. Der neue Stadtteil soll Menschen dabei helfen, die widersprüchlichen Forderungen des Alltags besser zu bewältigen: die Stadt als Beitrag zu mehr Lebensqualität. Die weiteren Schritte, wie Markenkreation und Kommunikation, wurden erst an diesen Prozess anschließend ausgeschrieben und von mehreren Agenturen umgesetzt. Bis heute wird die Markenführung durch jährliche Imagestudien und Veranstaltungen für Stakeholder begleitet.

Tovatt Architects & Planners: Modell der Bebauung auf dem ehemaligen Flugfeld Wien-Aspern (2006).

Wozu also *City Branding*? Wem nützt es, was hilft es?
Der erste Nutzen von *City Branding* oder besser von kultureller Stadtentwicklung mit Branding-Methoden ist: Wir haben eine konkrete, attraktive Vision eines lebenswerten Stadtteils geschaffen. *Der zweite Nutzen*: Es ist gelungen, ein zwischen den wichtigsten Entscheidungsträgern abgestimmtes Bild über die Vision und die Identität des Stadtteils zu entwickeln. *Der dritte Nutzen*: Es liegt ein umfangreiches, klar formuliertes Briefing für die nachfolgende Kreationsphase vor (im Beispiel *aspern Die Seestadt Wiens* wurden das Brand Design und die Kommunikationsmittel erst im Anschluss an die Strategieentscheidung beauftragt und entwickelt). *Der vierte Nutzen*: Aufbauend auf Vision und Strategie kann eine klare, emotionale Sprache und Bildwelt (statt Oberflächenbehübschung) gefunden werden, die auf einer definierten Markenpersönlichkeit basiert. *Der fünfte Nutzen*: Alle Grundlagen für eine konsistente Kommunikation sind geschaffen. Das spart mehrfach Geld. Und die immer wieder erzählte »schöne Geschichte« erzeugt mit der Zeit jenen Mythos, der eine »Marke« ausmacht.

Die Methode des *City Branding* wird inzwischen von zahlreichen Akteuren des Planens und Bauens in Wien als ein Instrument für die gemeinsame Identitätsentwicklung akzeptiert. Es ist eine Methode, die es erlaubt, die eigene Planungsverantwortung gegenüber den Bürgern auch tatsächlich und ganz konkret einzulösen. Mit Branding-Methoden lassen sich demnach die Identität bearbeiten, Konsens und Vision erzeugen, Kosten in der Kommunikation sparen, monetäre und ideelle Wert erzeugen sowie mittelfristig das Image eines Stadtquartiers verändern. Vor diesem Hintergrund ist *City Branding* bei der Diskussion über zukünftige Stadtentwicklungsinstrumente kaum noch wegzudenken. Eine Marke erzeugt hohe Synergieeffekte, weil viele Beteiligte ein Bild, ein Motto und eine Idee vermitteln, diese Idee weitertragen und vermarkten können und dabei immer dieselbe Geschichte erzählen werden.

Luftaufnahme des ehemaligen Flugfelds in Wien-Aspern, dessen 240 Hektar bis 2028 zu einem multifunktionalen Stadtteil mit 20.000 Einwohnern und 20.000 Arbeitsplätzen entwickelt werden sollen.

Asymmetrische Großstädte am Fluss

Elbe
Stadtentwicklung in Hamburg

Gerti Theis

Im Rahmen der Internationalen Bauausstellung (IBA) stellt sich die Stadt Hamburg seit 2007 den städtebaulichen Herausforderungen, die Lebensqualität auf den Elbinseln – Hamburgs »Schäl Sick« – zu verbessern. Das Präsentationsgebiet der IBA, Elbinseln und Harburger Binnenhafen, liegt im Zentrum Hamburgs und umfasst eine Fläche von 35 Quadratkilometern mit etwa 55.000 Einwohnern und einem Migrantenanteil von rund 60 Prozent. Der Versuch, die kulturelle Vielfalt durch eine Bildungsoffensive, die Verbesserung der Wohnungssituation und des kulturellen Angebots zu einer Stärke dieser Stadtteile zu machen, gilt als eines der drei IBA-Leitthemen. Außerdem geht es um die Aufwertung der sogenannten Metrozonen – Wohngebiete in direkter Nachbarschaft von Industrie und Verkehr. Als eine Maßnahme zur Steigerung der Attraktivität der *Metrozone Elbinsel Wilhelmsburg* wird die Verlegung der Wilhelmsburger Reichsstraße, einer von drei großen Verkehrsschneisen, angesehen. Drittes Leitthema der IBA Hamburg ist, städtisches Wachstum mit Klimaschutz zu verbinden. Ein Kuratorium von Wissenschaftlern hat IBA-Exzellenzkriterien entwickelt, mit denen wegweisende Projekte herausgefiltert werden können. Echtes Novum ist die IBA-Konvention, eine Art Vertrag der Stadt mit inzwischen über einhundert Unternehmen, die sich zur Einhaltung der IBA-Ziele verpflichtet haben.

IBA Hamburg – Projekte für die Zukunft der Metropole

Jede Stadt hat ihre »Schäl Sick« – eine scheele oder falsche Seite. Die von Köln liegt rechts des Rheins, Hamburg hat seine südlich der Elbe. Das von Bewohnern wie Touristen gleichermaßen geschätzte Flair der Hansestadt besteht nur vordergründig aus den Zutaten des faszinierenden Hafens, der prosperierenden *HafenCity*, einer sündigen Kiezmeile oder lebendigen Szenevierteln. Das Leben eines großen Teils der Stadtbewohner findet an weitaus weniger spektakulären Orten statt, wie beispielsweise auf den Elbinseln Wilhelmsburg und Veddel.

Jede Stadt muss eine eigene Strategie entwickeln, um die Lebensqualität in diesen Stadtteilen zu verbessern, und dies am besten zusammen mit den Menschen, die dort leben. Hamburg hat sich zu Beginn neuen des Jahrtausends für das Leitbild einer wachsenden Stadt entschieden: Neben der Schärfung des Profils zum Beispiel als Metropole des Wissens oder als Sportstadt stand ein stadtentwicklungspolitisches Leitprojekt auf der Agenda, der *Sprung über die Elbe*. Damit verbunden war die Aussicht, im Herzen der Stadt zu wachsen – einen Kraftschluss zwischen der prosperierenden *HafenCity* und dem Harburger Binnenhafen herzustellen und dabei gleichzeitig die Lebensverhältnisse der Menschen auf den mit ebenso vielen Potenzialen wie Problemen behafteten Elbinseln nachhaltig zu verbessern. Die Forderungen hierfür resultieren unter anderem aus der *Zukunftskonferenz Wilhelmsburg*, einem 2001/2002 durchgeführten, breit angelegten Beteiligungsprozess.

Große städtebauliche Herausforderungen brauchen ein inhaltliches und zeitliches Ziel. Die Hamburgische Bürgerschaft hat sich 2005 für eine *Internationale Bauausstellung* (IBA) als Motor entschieden, die zusammen mit der *Internationalen Gartenschau* (igs) im Jahr 2013 stattfinden wird. Damit ist die Stadt eine hohe Verpflichtung eingegangen, in Bezug auf ihre Glaubwürdigkeit gegenüber den

Menschen vor Ort wie auch im internationalen Maßstab. Hier geht es um vorzeigbare Qualitäten und Kompetenzen bei der Lösung von Stadtentwicklungsaufgaben mit beispielhaftem Charakter. Die Zukunft der Stadt im 21. Jahrhundert zu gestalten, dieser Aufgabe stellt sich die IBA Hamburg. Von 2007 bis 2013 zeigt sie, wie die Städte und Metropolen den Herausforderungen der globalisierten Welt begegnen können – und setzt damit sowohl auf der städtebaulichen als auch auf der stadtgesellschaftlichen Ebene Maßstäbe für die deutsche Bau- und Planungskultur. Und das an einem Ort, der den Strukturwandel der Großstädte widerspiegelt.

Die Hamburger Elbinseln

Die Elbinseln umfassen zusammen mit dem Harburger Binnenhafen, der ebenfalls zum Präsentationsgebiet der IBA Hamburg gehört, ein Areal von 35 Quadratkilometern mit rund 55.000 Einwohnern. Die Umschließung durch die Arme der Norder- und Süderelbe lässt die Hamburger Elbinseln dabei als Europas größte Flussinsel hervortreten.

Luftbild der Elbinseln, im Vordergrund das Planungsgebiet der IBA Hamburg.

Das Gebiet liegt geografisch im Zentrum Hamburgs, ohne dass die Siedlungsstruktur und die städtischen Einrichtungen auch nur annähernd der Bedeutung der zentralen Lage gerecht würden. Es wurde über Jahrzehnte städtebaulich und planerisch vernachlässigt, was darauf zurückzuführen ist, dass dieser Ort seit der Industrialisierung in der zweiten Hälfte des 19. Jahrhunderts von dem Interessenstreit zwischen Hafenentwicklung zum einen und Siedlungsentwicklung zum anderen gekennzeichnet ist.

Hinzu kommt das einschneidende Ereignis der Sturmflut im Jahr 1962. Die Wassermassen der Elbe überspülten weite Teile der Insel, mehr als 300 Menschen kamen ums Leben. Planungsunsicherheit und Desinvestitionen führten in der Folge zu einem jahrzehntelangen Stillstand der Stadtentwicklung. Während die

Sturmflut an der deutschen Nordseeküste: Hochwasser am 17. Februar 1962 in Hamburg-Wilhelmsburg.

Rechte Seite:
Senkrechtluftbild der Hamburger Elbinseln mit Markierung der IBA-Planungskulisse.

angestammte deutsche Bevölkerung die Elbinseln verließ, zogen zahlreiche Migranten in die nun leeren Wohnungen. Rund 60 Prozent der lokalen Bevölkerung haben heute einen Migrationshintergrund. Zuletzt ist die spezifische städtebaulich-landschaftsplanerische Situation auf den Hamburger Elbinseln entscheidend. Einerseits verfügen die Inseln über hohe landschafts- und freiräumliche Qualitäten. Andererseits wurden sie, zerschnitten von großen Verkehrstrassen, zum Transitraum. Lärm- und Geruchsbelästigung sind die Begleiterscheinungen der Nachbarschaft von Hafen und Industrie.

Leitthemen der IBA Hamburg

Basierend auf der Vielfalt und den Widersprüchen der Elbinseln hat die IBA drei Leitthemen formuliert, die die aktuellen und international diskutierten Fragestellungen der Stadtentwicklung konzeptionell untermauern.

Die Elbinseln sind schon heute eine Kosmopolis, eine Heimat für Menschen aus über einhundert Nationen. Im Zentrum steht das Thema Bildung, das mit der sogenannten Bildungsoffensive umgesetzt wird. Diese sucht nicht nur nach neuen pädagogischen und konzeptionellen Wegen zur Verbesserung der Bildungssituation in den migrantisch geprägten Quartieren, sondern lässt neue, richtungsweisende Bildungseinrichtungen entstehen. Aber auch die Projekte mit den Handlungsschwerpunkten Wohnen und Wohnumfeld sowie kulturelle Vielfalt im *Kreativen Quartier Elbinsel* sollen neue Wege zu einer kosmopolitischen Stadt aufzeigen. Das Stadterneuerungsprojekt *Weltquartier*, Räume für Künstler und Kreative in den Veringhöfen oder die Kunstplattform der IBA zeigen, wie kulturelle Vielfalt zur urbanen Stärke wird.

Mit dem Leitthema *Metrozonen* will die IBA Hamburg die oft versteckten Potenziale der »inneren Stadtränder« freilegen. Orte, die auf bestehenden Brüchen und Brachflächen im Stadtgefüge aufbauen und harte Gegensätze überwinden helfen. Aus dem gegenwärtigen Patchwork zwischen Stadt und Hafen, Ruhe und Lärm, Grün und grauen Verkehrsbändern sollen Orte einer »neuen Urbanität« geschaffen werden, die sich auf die einzigartigen Qualitäten der Elbinseln stützen: die innerstädtische Landschaft und die vielfältigen Wasserlagen. Als Kernstück ist Wilhelmsburg-Mitte geplant. Eine »Bauausstellung in der Bauausstellung« generiert innovative Lösungen für ästhetisch anspruchsvolle und zugleich preiswerte, anpassungsfähige und nachhaltige Bauten in direkter Nachbarschaft zur igs 2013. Durchzogen von attraktiven Wasserläufen entsteht hier unter dem Motto »In 80 Gärten um die Welt« ein »Volkspark neuen Typs«. Eine entscheidende Maßnahme zur Aufwertung der Metrozone Wilhelmsburgs ist die geplante Verlegung der Wilhelmsburger Reichsstraße (B4/B75), die gegenwärtig als eine von drei großen Verkehrsschneisen die Elbinsel durchtrennt. Mit der Verlegung wären große Teile der Wilhelmsburger Mitte mit attraktiven Wohngebieten, Grün- und Wasserräumen Ziel des *Sprungs über die Elbe*.

Modellhafte Bürgerinformation in kleinem Maßstab:
Publikumsbeteiligung beim *IBA Forum 2010*.

Schließlich beschäftigt sich die IBA Hamburg mit der Frage, wie städtisches Wachstum und Klimaschutz miteinander verbunden werden können. Heimgesucht durch die verheerende Flut von 1962, müssen in Wilhelmsburg sowohl neue Strategien des Umgangs mit Hochwasser, steigenden Grundwasserständen und Starkregenereignissen gesucht werden als auch vorbildliche städtische Strategien des CO_2-neutralen Bauens. Deshalb praktiziert die IBA das klimaschonende Bauen und die Erschließung einheimischer nachhaltiger Energiequellen. So wird etwa auf der ehemaligen Deponie Georgswerder die Windenergieanlage »repowert« und durch eine große Fotovoltaikanlage ergänzt. Ein ehemaliger Flakbunker wird dank Sonnenkollektoren und eines riesigen Wasserspeichers zum »Energiebunker«. Er kann künftig etwa 3.000 Wohnungen mit »sauberer« Energie beliefern. Und auch mit dem schwimmenden Informationszentrum *IBA Dock* konnte die IBA Hamburg ein erstes von ihr fertiggestelltes, energieeffizientes Bauwerk vorstellen.

Qualität und Diskurs

Jede IBA ist einmalig, unwiederholbar und wirkt, indem sie ein Handeln außerhalb der Routine möglich macht. Auf diesem Ausnahmecharakter beruht der Erfolg des Instruments IBA seit mehr als einhundert Jahren. Ziel jeder IBA ist es, nicht bloß das Gewöhnliche, Etablierte in neuer Verpackung zu präsentieren, sondern Impulse für innovative Lösungen zu geben und so die Standards von morgen zu setzen. Standards, die nicht nur als Wegweiser für künftige IBAs dienen, sondern auch Eingang in die internationale Planungspraxis finden.

IBA Exzellenz

Die IBA Hamburg hat dazu sieben Kriterien entwickelt, mit deren Hilfe ambitionierte, zukunftsweisende Projekte identifiziert werden. Angesichts der großen thematischen Bandbreite und des offenen Prozesscharakters sind die Exzellenzkriterien eine objektive Grundlage für die Anerkennung der IBA-Würdigkeit von Projektideen.

Mit dem Kriterium der »Multi-Talentiertheit« eines Projekts sollen beispielsweise mehrere Aspekte der drei IBA-Leitthemen aufgegriffen werden; mit dem der »Strukturwirksamkeit« soll ein nachhaltiger Beitrag zur strukturellen Verbesserung der Wohn-, Arbeits- und Freizeitsituation im IBA-Gebiet geleistet werden. Die »Prozessfähigkeit«, als weiteres Kriterium, zielt ab auf die Beteiligung eines möglichst großen Kreises von Personen sowie auf die Anpassungsfähigkeit des Projekts an sich verändernde Rahmenbedingungen.

Diskurs

Ein Kuratorium aus sieben international renommierten Wissenschaftlern zeichnet für die Entwicklung der Exzellenzkriterien verantwortlich und berät die IBA. Ein Bürgerbeteiligungsgremium begleitet den Prozess von IBA und igs 2013 aktiv und sorgt für die nötige Bodenhaftung. Als echtes Novum wurde die IBA-Konvention

eingeführt, eine Art Stadtvertrag, mit dessen Unterzeichnung sich inzwischen mehr als einhundert private und öffentliche Unternehmen aus unterschiedlichen gesellschaftlichen Schichten und Branchen zur Unterstützung der IBA-Ziele verpflichtet haben.

Zum Abschluss ihres Zwischenpräsentationsjahrs 2010 fragte die IBA: Welche Themen bewegen die Menschen vor Ort heute? Gibt es neue Überlegungen? Haben sich Werte und Anschauungen im Laufe der Zeit verändert? Beispielsweise wurde noch vor wenigen Jahren der Zuzug von Neubürgern gefordert; heute sind viele Menschen in Sorge um eine Gentrifizierung des Stadtteils. Im Rahmen des *IBA Forum 2010* stellten engagierte Bürger die Projekte der IBA und die allgemeine Entwicklung der Elbinseln auf den Prüfstand und die IBA nahm neben Annerkennung auch Kritik entgegen. Einig waren sich die Involvierten darüber, dass sich das Image des Stadtteils Wilhelmsburg zum Positiven gewandelt hat. Die »Schäl-Sick-Zeiten« der Elbinseln neigen sich dem Ende zu. Gleichwohl bleibt der Ausblick auf die zweite Halbzeit der IBA spannend, ebenso wie die Frage, wie die Entwicklung der Elbinseln weitergeht, wenn die öffentliche Aufmerksamkeit in der Post-IBA-Zeit abnimmt.

Ein Zukunftsmodell: Der Wilhelmsburger Flakbunker aus dem Zweiten Weltkrieg wird zum Energiebunker.

Asymmetrische Großstädte am Fluss

Donau
Stadtentwicklung in Wien

Thomas Madreiter

Die Stadtverwaltung Wien verfolgt mit dem Stadtentwicklungsplan *STEP 05* das Ziel, die hohe Lebensqualität, kürzlich bestätigt in der Mercer-Studie, zu erhalten. Mit diesem Stadtentwicklungsplan wurden insgesamt 13 Zielgebiete der Stadtentwicklung festgelegt und Entwicklungsstrategien für diese Gebiete erarbeitet. Kernthema des STEP 05 sind die Uferzonen an Donau, Donaukanal, Alter und Neuer Donau, die ein hohes Entwicklungspotenzial besitzen, Stadtplaner aber auch vor vielfältige Herausforderungen stellen. Wiens Donauinsel, heute die größte, im Zentrum der Stadt gelegene Freizeitanlage Europas und die Stadträume beiderseits der Donau verbindend, verdankt ihre Errichtung dem Hochwasserschutz. Während sich die stadtplanerischen Aktivitäten bereits auf weite Bereiche der Uferlandschaft konzentrieren, beispielsweise der Stadtteil *Donau City* mit städtebaulich und architektonisch richtungsweisenden Projekten realisiert wurde, bedarf insbesondere das rechte Flussufer, ähnlich wie in Köln durch Industrie und Verkehr geprägt, einer Aufwertung. Einen wesentlichen Entwicklungsschub verzeichnet der Bereich vom Praterstern bis zum rechten Ufer der Donau, von dem Wiens »Schäl Sick« profitieren wird. Hier konnte ein ehemaliges Bahnareal zu einem neuen Stadtteil umgenutzt werden. Durch die jüngste Verlängerung der U-Bahn über die Donau in den Norden Wiens wurden Stadtentwicklungsgebiete wie etwa die *Seestadt Aspern* besser erschlossen.

Herausforderungen der Wiener Stadtentwicklung am Beispiel der Wiener Waterfront

Wien ist eine wachsende Stadt im Zentrum einer aufstrebenden Region im Zentrum Europas. Ein verbindendes Element dabei ist der Donauraum mit der Donau, zu der gerade Wien – traditionell vielbesungen in Walzern und Wienerliedern – ein besonderer Bezug zugeschrieben wird. Jedoch war das Verhältnis der Stadt zu ihrem Fluss stets auch ambivalent. In den vergangenen Jahren und mittlerweile bereits Jahrzehnten ist es daher Bestreben der Stadtentwicklung gewesen, Wien stärker »ans Wasser« zu rücken und sich seinen Waterfronten zuzuwenden. Welche historischen Entwicklungen hat der Donauraum in Wien durchlaufen? Welche Maßnahmen setzt die Stadt Wien zur Weiterentwicklung ihrer Waterfronten? Mit welchen Rahmenbedingungen ist die Wiener Stadtplanung und Stadtentwicklung generell konfrontiert? Und mit welchen Instrumentarien begegnet Wien diesen Herausforderungen? Diesen Fragen soll im Folgenden nachgegangen werden.

Die Aktivitäten im Donauraum zeigen jedenfalls bereits sichtbare Ergebnisse: Der Bereich zwischen Donaukanal, Donau, Neuer und Alter Donau stellt den dynamischsten Teil des Wiener Donauraums dar, was sich auch in einer Vielzahl an Projekten und Maßnahmen manifestiert. Dieser Aufwertungsprozess soll auch in Zukunft fortgesetzt werden.

Städte sind seit jeher ein Brennpunkt von Innovation und Fortschritt, ein Schmelztiegel unterschiedlicher Ethnien und Kulturen und einem permanenten Wandel unterworfen. Schon im Mittelalter besagte ein Rechtsgrundsatz »Stadtluft macht frei«. Auch heute stehen Städte vor großen Umbrüchen und Herausforderungen: Immer mehr Menschen leben in Städten: 2050 sollen es bereits zwei Drittel der Weltbevölkerung sein. Im EU-Raum sind es mittlerweile 80 Prozent der Bürger – und davon etwa 60 Prozent in größeren

Ballungsgebieten mit mehr als 50.000 Einwohnern. Globalisierung, Klimaschutz, neue Technologien – das und vieles mehr stellt die Stadtentwicklung vor neue Aufgaben. Aus dem Verständnis heraus, dass in Kenntnis wesentlicher Wirkungszusammenhänge Zukunft gestaltbar und beeinflussbar ist, entsteht eine durchaus fruchtbare Auseinandersetzung mit dem komplexen Gesamtsystem Stadt.

Wiens Einwohnerzahl wächst bis 2035 um fast 20 Prozent

Wien – Ende des 19./Anfang des 20. Jahrhunderts noch eine Vielvölkermetropole mit über zwei Millionen Einwohnern – und die Ostregion Österreichs waren nach dem Zweiten Weltkrieg vor allem auch durch die besondere Lage am Rande des Eisernen Vorhangs geprägt. Auch wenn sich Wien seit den Fünfzigerjahren zunehmend als Standort internationaler Organisationen positioniert hat, ergab sich doch mit dem Beitritt Österreichs zur Europäischen Union 1984 und dem Fall des Eisernen Vorhangs 1989 eine völlig neue geopolitische Situation. Der Osten Österreichs rückte von der Außengrenze der EU wieder ins Zentrum eines freien Europas. Die Chancen, die aus dieser neuen Situation resultieren, versucht Wien in enger Kooperation mit seinem unmittelbaren Umfeld sowohl auf nationaler als auch auf internationaler Ebene zu nutzen. Im Wettbewerb mit den europäischen Städten und Stadtagglomerationen hat Wien aufgrund seiner Zusammenarbeit mit dem Stadtumland sowie den benachbarten Regionen eine gute Ausgangsposition. Die Europaregion CENTROPE 2003, durch die Deklaration von Kittsee durch die Bundesländer Wien, Niederösterreich und Burgenland sowie grenznahe Regionen in Ungarn, Tschechien und der Slowakei ins Leben gerufen, bildet die Basis dafür.

Nicht nur die Position der Agglomeration Wiens im Wettbewerb mit den anderen Metropolenregionen in Europa, sondern auch die Entwicklung der Kernstadt hat sich komplett gewandelt. Der Trend der »Renaissance of the Cities« und der international starken

Die Flussufer Wiens aus der Vogelperspektive.

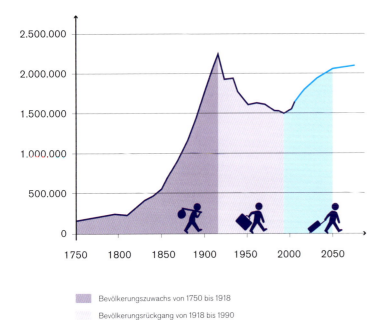

Demografische Entwicklung von 1750 bis 2050
Die Wiener Bevölkerung wird sich bis 2035 auf zwei Millionen Menschen erhöhen, mit steigender Tendenz bis 2050. Damit erreicht die Stadt eine Einwohnerzahl wie vor 100 Jahren.
Quelle: Magistrat von Wien / Statistik Austria.

Anziehungskraft, die von Metropolen ausgeht, wirkt hier als eine weitere Triebkraft. Städtische Ballungszentren gewinnen immer mehr an Bedeutung.

Blickte Wien Ende der Achtzigerjahre noch auf eine Phase der Schrumpfung oder bestenfalls Stagnation zurück und erreichte mit unter 1,5 Millionen Einwohnern einen Tiefststand, so wächst es inzwischen wieder deutlich. Innerhalb der vergangenen sieben Jahre wurde ein Wachstum um etwa 120.000 Einwohner auf gegenwärtig knapp unter 1,7 Millionen verzeichnet; im Spitzenjahr 2004 ist Wien um rund 24.000 Einwohner gewachsen. Nach Prognosen der Statistik Austria soll 2035 (wieder) die Zwei-Millionen-Grenze erreicht werden; für die Gesamtregion wird bis 2035 ein Wachstum von 400.000 bis 500.000 Einwohnern prognostiziert – die zusätzlich in der Region lebende Bevölkerung bewegt sich damit in der Dimension von Bratislava.

Stadtentwicklungsplan STEP 05

Aufgabe und Ziel der Wiener Stadtentwicklung ist es, auch vor dem Hintergrund (gesellschafts)politischer und demografischer Entwicklungen die hohe Lebensqualität, die kürzlich erneut durch den ersten Platz in der internationalen Mercer-Studie bestätigt wurde, zu festigen und weiter auszubauen.

Eine der wesentlichen Kernfragen dabei ist, wie sich das soziale System der Stadt entwickelt. Die städtische Gesellschaft muss hier eine außergewöhnliche Integrationsleistung vollbringen. Wir müssen auf allen Ebenen, von der schulischen Bildung über den Arbeitsmarkt, den Wohnungsmarkt, den öffentlichen Raum etc., die notwendigen Justierungen vornehmen, um der wachsenden Stadtbevölkerung in ihren unterschiedlichen Ansprüchen adäquate Voraussetzungen zu bieten.

Neben der Frage nach dem Zusammenleben in der Gesellschaft, quasi der Software der Stadt, stellt sich für die Stadtplanung auch ganz unmittelbar die Frage nach der Flächeninanspruchnahme der zukünftigen Stadt. Wir müssen die notwendigen planerischen Voraussetzungen für das absehbare Flächenwachstum Wiens organisieren, quasi die Hardware der Stadt. Wie sehen die zukünftigen Infrastrukturen aus, welche Standorte verbinden sie und wie sind ihre ökonomischen Rahmenbedingungen? Welche Innovationen wird es geben?

Mit dem Stadtentwicklungsplan STEP 05 besitzt Wien hier ein wichtiges Instrument und eine robuste Grundlage, die Zukunft der Stadt zu planen und flexibel auf neue Herausforderungen und Trends reagieren zu können. Ein kürzlich – auch in Hinblick auf einen neuen Stadtentwicklungsplan 2015 – erstellter Fortschrittsbericht stellte dem STEP 05 diesbezüglich ein gutes Zeugnis aus. Ein völlig neuer Weg der Planung wurde im STEP 05 mit der Festlegung der »13 Zielgebiete der Wiener Stadtentwicklung« beschritten. Bei der Auswahl dieser Gebiete ging es darum, die Vielfalt

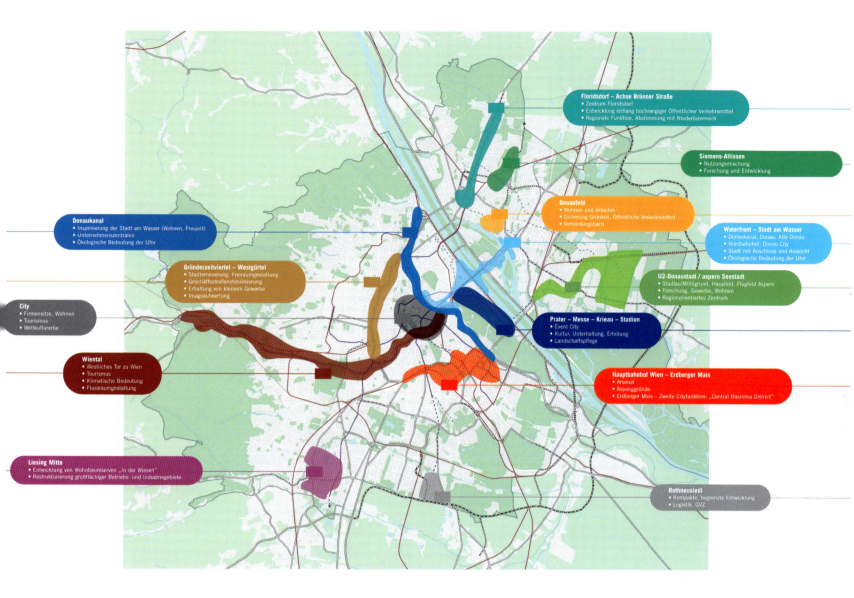

der städtischen Struktur, die unterschiedlichen Problemlagen sowie die im gesamtstädtischen Interesse wichtigen Entwicklungspotenziale und Chancen so umfassend wie möglich einzufangen, sie konkret zu »verorten« und entsprechende Entwicklungsstrategien und Maßnahmen zu entwickeln. Im Rahmen dieser Zielgebiete wurde Wiens Waterfronten im STEP 05 Raum zugestanden und ein besonderer Fokus auf den Donauraum und die Entwicklungen im Hinterland gelegt.

Wien liegt mit Donau, Donaukanal sowie Alter und Neuer Donau an mehreren »Donauen« – einige der Waterfronten besitzen ein hohes Entwicklungspotenzial, das die Stadt sukzessive nutzt. Lange Zeit war das Verhältnis der Stadt zum Fluss jedoch ambivalent. Die städtebaulichen Zielsetzungen der Stadt waren in den vergangenen Jahren daher verstärkt auch darauf ausgerichtet, sich wieder »hin zum Wasser« zu orientieren und die Waterfronten durch eine nachhaltige Entwicklung stärker nutz- und erlebbar zu machen. Im Stadtentwicklungsplan STEP 05 wurden drei der 13 Zielgebiete so definiert, dass sie die gesamte Entwicklung vom Donaukanal im Zentrum der Stadt über den Bereich vom Prater

Stadtentwicklungsplan STEP 05 mit Darstellung der 13 Zielgebiete der Wiener Stadtentwicklung: Ein Stadtentwicklungsplan ist das Instrument einer generellen, vorausschauenden Stadtplanung und Stadtentwicklung und legt in groben Zügen den weiteren geordneten Ausbau der Stadt fest. Er bestimmt die Verteilung von Nutzungen, weist Entwicklungsgebiete, übergeordnete Grün- und Freiräume sowie die übergeordnete Verkehrsinfrastruktur (U-Bahn, S-Bahn, Straßenbahn und hochrangiges Straßennetz) aus. Darüber hinaus zeigt er Zusammenhänge zwischen der Stadt und der Region auf. Der Stadtentwicklungsplan ist somit eine Leitlinie, die in der Verwaltung für die detaillierten Planungen und die finanziellen Prioritäten im Infrastrukturausbau verantwortlich ist.

Einmaliger Blick auf die Wiener Wasserkante: vom Kahlenberg (links) und von der *Donau City* (rechts).

Rechte Seite:
Alte Donau: Erholungs- und Freizeitgebiet mitten in der Stadt.

bis zum rechten Donauufer bis hin zur *Donau City* und Alter Donau umfassen. Ziele der stadtplanerischen Aktivitäten sind – vor allem für den Bereich des rechten Donauufers – die Aufwertung des gesamten Gebiets, die Steigerung der Attraktivität der Uferbereiche sowie die Verknüpfung mit dem Hinterland bei gleichzeitigem Erhalt der Durchlässigkeit. Durch die Förderung von Signalarchitektur und städtebaulichen Landmarken an zentralen Punkten des Ufers sollen hochwertige Nutzungen ermöglicht und Wiedererkennungswerte geschaffen werden. In der Entwicklung soll vor allem auch die Kooperation von öffentlicher Hand und privatem Sektor forciert werden. Maßgeschneiderte Lösungen sollen dazu beitragen, die durchaus sich widersprechenden Zielsetzungen einer urbanen Entwicklung einerseits und des Erhalts der Naherholungsqualitäten andererseits zu bewerkstelligen.

Vom Hochwasserschutz zur Erholungslandschaft

Nachdem Wien lange Zeit der Stromlandschaft den Rücken zukehrte und der Donauraum eine die Stadtstruktur prägende Zäsur im Wiener Stadtgebiet darstellte, rückt die Stadt dank zahlreicher Entwicklungen und Projekte nunmehr langsam wieder an die Donau. Vor allem auch aufgrund der hervorragenden Erschließung durch den öffentlichen Verkehr übernimmt die grüne Freizeit- und Erholungslandschaft inmitten der Stadt immer mehr eine wichtige Brückenfunktion zwischen den Stadträumen beiderseits der Donau. Kaum eine andere europäische Großstadt kann eine Erholungslandschaft dieser Qualität und Größenordnung in stadtzentraler Lage aufweisen.

Dies ist nicht selbstverständlich und bedurfte eines langen Planungswegs, dessen ursprüngliche Wurzeln im Hochwasserschutz liegen. Eines der herausragenden städtebaulichen Projekte war zweifellos die Donauregulierung in der zweiten Hälfte des 19. Jahrhunderts. Zwischen 1869 und 1875 wurden mit der Grabung eines

Visualisierung des neuen Hochhausprojekts von Dominique Perrault in der *Donau City*.

völlig neuen Flussbetts (»Donaudurchstich«) und dem Stadtarm des Flusses, der als regulierter Donaukanal abzweigt, die Grundlagen für das heutige Erscheinungsbild gelegt. Die Schifffahrt verlief fortan über den Hauptstrom und kam damit nicht mehr unmittelbar an die Stadt heran, gleichzeitig stieg die wirtschaftliche Bedeutung des Bereichs zwischen Donaukanal und Hauptstrom. Dennoch konnten seinerzeit die Erwartungen, nicht nur Wien vor Hochwasser zu schützen, sondern in weiterer Folge auch städtebauliche Voraussetzungen für eine stärkere Anbindung Wiens an die Donau zu schaffen, unter anderem hinsichtlich ökonomischer Gründe nicht wirklich erfüllt werden.

Im Laufe des 20. Jahrhunderts wurden mehrere Anläufe zur Verbesserung des Hochwasserschutzes unternommen und verschiedene Varianten dazu diskutiert. Mit dem Beschluss zur Schaffung eines Hochwasserentlastungsgerinnes im Überschwemmungsgebiet wurde letztlich der Grundstein für die Errichtung der Donauinsel gelegt. Der Schritt von einer reinen Schutzmaßnahme hin zur Gestaltung eines naturhaften, landschaftlich geprägten Erholungsgebiets – so wie sich die Wiener Donauinsel heute präsentiert – wurde auf Basis eines Wettbewerbs in den Siebzigerjahren gesetzt. Nicht nur das Projekt selbst, auch der Planungsablauf, das sogenannte Wiener Modell, zeugte von politischem Mut und Innovation, war es doch im politischen Diskurs seinerzeit heftig umstritten. Der Erfolg spricht für sich: Die Donauinsel sorgt nicht nur für optimalen Hochwasserschutz, sondern ist mit 21 Kilometern Länge auch die größte Freizeitanlage Europas inmitten der Stadt und wird von Tausenden Wienern als beliebtes Naherholungsgebiet genutzt.

Die Wiener Donau City

Überlegungen zur Errichtung eines Donaukraftwerks sowie die Intention Wiens, gemeinsam mit Budapest Gastgeber für die Internationale Weltausstellung EXPO 1995 zu sein, führten zu wesentlichen weiteren Entwicklungsschritten. Der 1986 gestartete Wettbewerb *Chancen für den Donauraum* diente nicht nur der Gestaltung des technischen Bauwerks, sondern hatte Visionen für den gesamten Donaubereich zum Gegenstand. Begleitet wurde der Wettbewerb von einem Bürgerbeteiligungsverfahren.

In einer im Jahr 1991 durchgeführten Volksbefragung sprachen sich über 70 Prozent der Wiener für das Kraftwerksprojekt aus. Damit konnte nicht nur ein attraktives Kraftwerk bestmöglich in die Stromlandschaft integriert, der absolute Hochwasserschutz für Wien gewährleistet und die Donau über die Hebung des Wasserspiegels an das Stadtgebiet herangeführt, sondern auch der Uferlandschaft der Donau über weite Bereiche ein neues, attraktives Gesicht gegeben werden.

Gleichzeitig brachte die Volksbefragung allerdings auch ein klares Nein der Wiener zur EXPO 95. Die Weltausstellung fand daher nicht statt. Dennoch wurde die Entwicklung des vorgesehenen Standorts zwischen *UNO City* und Neuer Donau aufgrund von dessen hoher Attraktivität weiter vorangetrieben und mit der Errichtung des neuen Stadtteils *Donau City* begonnen. Die Projektentwicklung wurde der neu gegründeten WED Wiener Entwicklungsgesellschaft für den Donauraum AG übertragen. Bis heute wurde in der *Donau City* eine Reihe städtebaulich und architektonisch richtungsweisender Projekte im Bereich Büro- und Wohnungsbau realisiert. Durch diesen neuen Stadtteil mit einer spannenden Kombination aus zukunftsweisender Architektur, Wissenschafts- und Forschungseinrichtungen sowie einem attraktiven Wohnangebot rückte die Stadt einen entscheidenden Schritt näher an die Donau. Mit einem Hochhausprojekt des renommierten französischen Architekten Dominique Perrault wird die *Donau City* bis 2013 auch eine neue Landmarke erhalten. Der DC Tower 1 wird mit 220 Metern das höchste Gebäude Österreichs. Ein weiterer Turm, der DC Tower 2, ist in Planung, ein DC Tower 3 in der Diskussion. Im Zusammenhang mit dem Ausbau der *Donau City* steht nicht zuletzt auch die Weiterentwicklung der Copa Cagrana – einer Freizeitzone an der Neuen Donau mit über drei Millionen Besuchern jährlich – durch eine entsprechende Qualitätssteigerung.

Das rechte Donauufer

Entlang der Donau, am rechten Donauufer, gibt es mehrere Bereiche, die einer grundsätzlichen Neugestaltung bedürfen. Die Historie als Betriebsstandort, der der Donau stark den Rücken zuwendet, und die Barrierewirkung durch Gleisanlagen sowie eine viel befahrene Straße entlang des Kais haben dazu geführt, dass das rechte Donauufer trotz hohen Bevölkerungsanteils im Hinterland nur wenig genutzt wird. Mit den beschriebenen Entwicklungen im Bereich des Praters ergeben sich nunmehr neue Potenziale und Möglichkeiten für eine funktionale Verbindung und ein »Andocken« an die Stadt. Gleichzeitig bietet sich aufgrund der Nähe zu hochwertigen Erholungsräumen sowie zum Stadtzentrum die Voraussetzung für die Steigerung der Attraktivität der touristischen Bereiche.

Die Wiener *UNO City* wurde zwischen 1973 und 1979 nach den Plänen des österreichischen Architekten Johann Staber errichtet.

Praterstern: U-Bahn-Station an der neu eröffneten Verlängerung der Linie U2. Geplant ist eine Anbindung bis nach Aspern (2019).

Herzstück ist dabei der zentrale Bereich um die Reichsbrücke. Hier ist eine umfassende Neugestaltung des Ankunftsbereichs für die Kreuzfahrtschiffe geplant. Dadurch soll den jährlich mittlerweile rund 300.000 Kreuzfahrt-Touristen ein entsprechend attraktiver »Empfang« bereitet werden. Durch Verbindungen zum Hinterland und die Schaffung von Attraktivitätsverbünden wird zudem auch für die angrenzende Bevölkerung zukünftig das rechte Donauufer stärker nutzbar. Ein markantes und weithin sichtbares architektonisches Zeichen am rechten Donauufer stellt der *Millennium Tower* dar, ein deutlicher Hinweis auf die Bebauungskante entlang des Handelskais.

U-Bahn als Motor der Stadtentwicklung – Das Zielgebiet Prater-Messe-Krieau-Stadion

Einen wesentlichen Entwicklungsschub erlebte in den vergangenen Jahren der Bereich vom Praterstern, einem zentralen Platz und Verkehrsknotenpunkt im 2. Bezirk Leopoldstadt, bis zum rechten Ufer der Donau. Dem Praterstern selbst wurde durch den Neubau des dort befindlichen Bahnhofs sowie durch die Umgestaltung des Platzes nach Plänen von Boris Podrecca ein komplett neues Erscheinungsbild gegeben.

In unmittelbarer Umgebung zum Praterstern wird mit dem Nordbahnhofsgelände ein ehemaliges Bahnareal zu einem neuen Stadtteil umgenutzt. Mittlerweile sind neben Bürogebäuden auch innovative Wohnprojekte, wie die *BikeCity* speziell für Radfahrer, sowie ein großer neuer Park und ein Schulcampus entstanden. Auch ein weiteres Bahnareal im unmittelbaren Umfeld, das Gelände des Nordwestbahnhofs, wird mittelfristig zu einem neuen Stadtteil umgebaut.

Für die Entwicklung des Bereichs bis zum Donauufer, dem Zielgebiet Prater-Messe-Krieau-Stadion, waren vor allem die Verlängerung der U-Bahn-Linie 2 nach Norden über die Donau, aber auch die Errichtung der neuen Messe Wien sowie nicht zuletzt die Fußball-Europameisterschaft 2008 wesentliche »Motoren«. Entlang der U-Bahn-Achse wurden zahlreiche Projekte entwickelt, die dem gesamten Umfeld einen wesentlichen Impuls gaben. Unter anderem entstand direkt neben der neuen U2-Station *Krieau* der neue Stadtteil *Viertel Zwei* mit vier Büroprojekten, einem Wohnprojekt und einem Hotel rund um einen 5.000 Quadratmeter großen, künstlich angelegten See. Große Unternehmenszentralen, unter anderem jene der Österreichischen Mineralölverwaltung (OMV), haben sich hier angesiedelt.

Besondere architektonische Highlights werden den Campus der neuen Wirtschaftsuniversität im Süden der Wiener Messe prägen. Laura Spinadel (BUSarchitektur, Wien), Peter Cook und Gavin Robotham (Crab studio, London), Zaha Hadid und Cornelius Schlotthauer aus Hamburg, Hitoshi Abe aus Japan, Carme Pinós aus Barcelona und Eduardo Arroyo (No.Mad Arquitectos, Madrid) haben den internationalen Wettbewerb für sich entschieden. Sie werden bis Herbst 2012 zwischen Messe und Prater einen neuen Campus für 22.000 Studenten errichten. Mit der weiteren Verlängerung der U2 über die Donau in den Norden Wiens, die Anfang Oktober 2010 in Betrieb ging, wurde eine attraktive öffentliche Verbindung mit Stadtentwicklungsgebieten – vor allem der Seestadt Aspern in der Donaustadt – geschaffen.

Der Donaukanal –
Freizeit- und Erholungsgebiet mitten in der Stadt

Neben seiner zentralen Lage ist der Donaukanal vor allem ein Raum der Vielfalt. Im Herzen von Wien konzentrieren sich verschiedene Nutzungen, Eindrücke und Stile. Der Donaukanal wird sukzessive zu einem Freizeit- und Erholungsgebiet im Zentrum Wiens ausgebaut und bietet zahlreiche Angebote, die bereits jetzt intensiv genutzt werden. Die neuen Projekte – unter anderem ein Badeschiff, zahlreiche Szenebars, neue Fuß- und Radwege – sollen die Vielfalt am Donaukanal noch erhöhen und so inmitten der Stadt einen urbanen Raum für Freizeit, Gastronomie und Erholung schaffen. Architektonische Spannung und Qualität sind zurückzuführen auf die Synergie zwischen dem Weltkulturerbe der Inneren Stadt und den umliegenden modernen Gebäuden. Markant ist die Skyline entlang des Donaukanals, die sich durch qualitativ hochwertige Bauten namhafter Architekten – unter anderen Jean Nouvel, Hans Hollein, Zaha Hadid – auszeichnet. Für den Twin-City-Liner – eine überaus erfolgreiche Schiffsverbindung zwischen Wien und Bratislava – wurde kürzlich eine architektonisch anspruchsvolle neue Anlegestation in Betrieb genommen.

Die grüne Mitte Wiens

Nicht zuletzt hat der Wiener Donauraum mit der Lobau Anteil am Nationalpark Donauauen und erfreut sich gemeinsam mit der Praterlandschaft eines außerordentlichen Zuspruchs als Freizeitgebiet. Die Donauauen sind mit 9.300 Hektar das größte zusammenhängende Auengebiet in Mitteleuropa. Von den insgesamt 2.900 Hektar im Eigentum der Stadt Wien befindlichen Nationalparkgebiet liegen etwa 2.200 Hektar auf Wiener Landesgebiet. Wien ist damit die einzige Metropole mit einem Nationalpark innerhalb ihrer Stadtgrenzen. Die grüne Mitte Wiens mit ihren vielfältigen Funktionen, sei es aus touristischer oder aus ökologischer Sicht, bedarf allerdings auch des ständigen Bemühens, diese Qualitäten zu sichern. Immer wieder werden neue Ideen und Zielsetzungen dazu beitragen, dass der Wiener Donauraum das bleibt, was er ist: ein dynamisches, sich ständig weiterentwickelndes, aber vor allem attraktives Naherholungsgebiet im Herzen der Großstadt. Die Entwicklung von Waterfronten stellt die Stadtplaner dabei vor vielfältige Herausforderungen, für die es nicht »das Patentrezept« gibt. Vielmehr sind es ein ständiger Wechsel der Perspektiven, das Aufspüren von Qualitäten und oft eine unkonventionelle Herangehensweise, die Prozesse in Gang bringen und Entwicklungen ermöglichen. Und letztlich auch ein langer Atem, der durch die »Mühen der Ebene« hilft und auch vor einem Blick in eine noch fern liegende Zukunft nicht zurückschreckt.

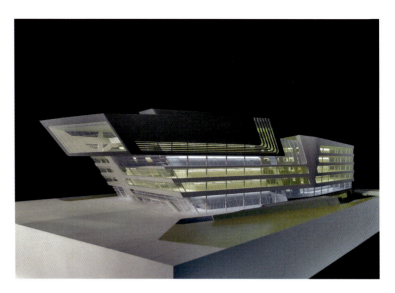

Modell des *Library and Learning Center* (LLC) von Zaha Hadid für den Campus der neuen Wirtschaftsuniversität. Die Fertigstellung ist für 2013 geplant.

Asymmetrische Großstädte am Fluss

Saône/Rhône
Stadtentwicklung in Lyon

Alexander Tölle

Lyons Zentrum liegt auf dem nördlichen Teil der von den Flüssen Saône und Rhône gebildeten Halbinsel, während der südliche Teil mit dem *Confluent* (Zusammenfluss beider Flüsse) seit Mitte des 19. Jahrhunderts durch Bahnanlagen vom Stadtzentrum abgetrennt und – zum Teil ähnlich wie Kölns rechtes Flussufer – durch Stadtinfrastruktur-, Produktions- und Verkehrsanlagen gekennzeichnet ist. Erst in den Neunzigerjahren, mit dem Beginn der Verlagerung von Infrastrukturflächen, wurde eine Entwicklungsstrategie für das neue Stadtquartier *Lyon Confluence* erarbeitet. Realisiert werden soll die Innenstadterweiterung bis 2030 auf einem 150 Hektar umfassenden Areal, auf dem 1,2 Millionen Quadratmeter Geschossfläche für Wohnen, Arbeiten, Kultur und Freizeit geplant sind. Grün- und Wasserflächen werden die Struktur des kleinteilig nutzungsgemischten Quartiers bestimmen. Die Ufer der Saône und, nach Verlegung der Autobahn, auch der Rhône sind als attraktive öffentliche Promenaden in Planung. Stellte der Rückbau der Autobahn 1998 noch eine Grundbedingung für die Realisierung des Projekts *Lyon Confluence* dar, spricht man mittlerweile nüchterner von einem schrittweisen Abriss und einer vollständigen Beseitigung dieser stadtunverträglichen Infrastruktur zu einem fortgeschrittenen Projektentwicklungsstand. Zur Erlangung einer hohen städtebaulichen Qualität des neuen Viertels wurden entsprechende Richtlinien und Kontrollinstanzen geschaffen.

Lyon Confluence – neues Stadtquartier am Zusammenfluss von Saône und Rhône

Die Stadt Lyon verdankt ihre Entstehung als römische Stadtgründung und ihre über Jahrhunderte prosperierende Entwicklung der Lage am Kreuzungspunkt von europäischen Handelsrouten, die sich am Zusammenfluss von Saône und Rhône – dem *Confluent* – begegnen.

Das Zentrum der Stadt liegt auf der von den Flüssen gebildeten Halbinsel, allerdings nur auf ihrem nördlichen Teil, dessen malerischer Baubestand seit 1998 zum UNESCO-Weltkulturerbe gehört. Der südliche Teil mit dem *Confluent* selbst wurde hingegen durch die Bahnanlagen des Bahnhofs Perrache Mitte des 19. Jahrhunderts von der Innenstadt funktionalräumlich abgetrennt und in der Folge von infrastruktureller Nutzung dominiert. Hier entstanden unter anderem der Großmarkt der Stadt, der Binnenhafen Port Rambaud, umfangreiche Rangier- und Abstellgleisanlagen der französischen Staatsbahn SNCF, zwei Untersuchungshaftanstalten, ein Postverteilzentrum, ein Gas- und ein Elektrizitätswerk sowie ein städtisches Busdepot, eine Gendarmerie-Kaserne und das Arbeiterwohnquartier Sainte-Blandine.

Für den *Confluent* sind zwar über fast zwei Jahrhunderte hinweg immer wieder ambitionierte städtebauliche und architektonische Projekte entworfen worden, der reale Entwicklungspfad war jedoch profan. Seinen Tiefpunkt fand er am Ende der Sechzigerjahre des 20. Jahrhunderts mit der Trassierung der Autobahn Paris–Lyon–Marseille parallel zum Bahnhof – einschließlich des Baus eines »Umsteigezentrums« in Form eines heute als größten städtebaulichen Fehlgriff der Lyoner Stadtentwicklungsgeschichte bezeichneten Betonmolochs – und weiter entlang des Rhône-Ufers. Erst die erfolgte beziehungsweise geplante Verlagerung oder die Schließung der meisten Infrastrukturflächen im Gebiet im

Rahmen des räumlich-ökonomischen Transformationsprozesses von Lyon eröffnete in den Neunzigerjahren eine reale Chance zur Restrukturierung.

Der genannte Zeitraum ist zudem durch den Beginn einer neuen Ära der Stadtentwicklung als Ergebnis des französischen Dezentralisierungsprozesses gekennzeichnet. Ziel ist es, die Lyoner Agglomeration konkurrenzfähig im Wettbewerb der europäischen Metropolen zu machen. Dies manifestiert sich in einer ganzen Reihe von Strategieansätzen, zu denen auch die Durchführung von letztlich über 120 städtebaulichen Großprojekten zählt. Unter diesen ist das 1998 in der Öffentlichkeit lancierte Projekt *Lyon Confluence* das größte und zweifellos schillerndste, mit dem Lyon »sein Zentrum zwischen Saône und Rhône entfalten« soll (*Lyon Confluence 2007*). Auf 150 Hektar ist in einem Zeitraum von drei Jahrzehnten eine Innenstadterweiterung für etwa 17.000 neue Bewohner und mit 16.000 Arbeitsplätzen vorgesehen. Errichtet werden sollen 1,2 Millionen Quadratmeter Geschossfläche, davon 545.000 Quadratmeter für Wohn-, 225.000 Quadratmeter für Büro- und 430.000 Quadratmeter für Einzelhandels-, Hotel-, Freizeit- und Kulturnutzung (*Lyon Confluence 1998*). Die geschätzten öffentlichen Kosten für das Projekt (ohne Autobahnverlagerung) erreichen eine Größenordnung von 1,2 Milliarden Euro.

Bewährte öffentlich-private Projektentwicklungsstrukturen

Der direkte Einfluss von politischen Entscheidungsträgern auf die Projektentwicklung ist generell ein Charakteristikum für große städtebauliche Projekte in Frankreich; entsprechend ist auch das Projekt *Lyon Confluence* eng mit dem 1995 erfolgten Amtsantritt von Raymond Barre als Bürgermeister und zugleich als Präsident der Agglomeration Grand Lyon verbunden. In seinem Kabinett ließ er eine Steuerungsgruppe die Eckwerte des Projekts *Lyon Confluence* erarbeiten, auf deren Grundlage eine in einem begrenzten

Simulierte Vogelschauperspektive des *Place nautique* mit Saône-Promenade und *Pôle de loisirs et de commerces*.

Saône/Rhône – Stadtentwicklung in Lyon

internationalen Bewerberverfahren ausgewählte Berater-Equipe – die Wahl fiel auf eine katalanisch-französische Gruppierung unter Leitung von Oriol Bohigas, Thierry Melot und Catherine Mosbach – den städtebaulich-funktionalen Entwurf erstellte, mit dem das Projekt 1998 in der Öffentlichkeit lanciert wurde.

Danach trat das Projekt in die sogenannte operative Phase, die Realisierungsphase, ein. Dies war mit dem Einsetzen einer öffentlich-privaten Entwicklungsgesellschaft, einer sogenannten SEM (Société d'Économie Mixte) verbunden. Damit fand die in Frankreich seit den Zwanzigerjahren bewährte Akteursform zur Umsetzung großer Projekte Anwendung, die mit dem Dezentralisierungsprozess auf kommunaler Ebene neue Bedeutung gewonnen hat. Der im Namen gegebene »gemischtwirtschaftliche« Charakter der SEM manifestiert sich in der Zusammensetzung ihres Aufsichtsrats, der verschiedene Interessen und Akteure vereint und sich entsprechend dem Projektfortschritt verändern kann. Bei der Gründung der SEM Lyon Confluence hielten Stadt und Agglomeration Lyon zusammen 63 Prozent des Gesellschaftskapitals und das Departement Rhône sechs Prozent. Beteiligt waren aber auch der wichtigste Kreditgeber in der französischen Stadtentwicklungs- und Wohnungsbaupolitik, die Caisse des Dépôts et Consignations CDC, und eine Reihe privater Kreditinstitute sowie die Lyoner Industrie- und Handelskammer. Ziel dieser Zusammensetzung war es, auf dem freien Markt und dem potenziellen Kreditmarkt eine Vertrauensgrundlage für das Projekt zu schaffen. Auch eine solche Konstellation ändert aber nichts daran, dass allein die kommunale Seite das finanzielle Projektrisiko trägt. Dem Aufsichtsrat der SEM sitzt daher der Präsident des Grand Lyon vor, die Geschäfte werden von einem Generaldirektor geführt.

Im Laufe der Projektentwicklung haben sich Anteile und Partner öfter geändert. Beispielsweise war über mehrere Jahre hinweg die staatliche französische Wasserwegegesellschaft VNF beteiligt, die als Eigentümer der Ufer- und Hafenbereiche im Gebiet eine wichtige Rolle spielt. Die Einbeziehung der Staatsbahn SNCF als größtem Grundeigentümer in dieser Form ist hingegen nicht erfolgt. Angesichts des weit gediehenen Projektfortschritts und der erfolgten Lösung der Anlaufprobleme hat sich der Gesellschafterkreis mittlerweile auf den kommunalen Bereich reduziert; derzeit hält der Grand Lyon 89 Prozent und die Stadt Lyon gemeinsam mit fünf weiteren Gebietskörperschaften die verbleibenden elf Prozent des seit 2008 in eine öffentliche lokale Entwicklungsgesellschaft SPLA (Société Publique Locale d'Aménagement) umgestalteten Entwicklungsträgers.

Das grundsätzliche Muster ihrer Tätigkeit lässt sich wie folgt umschreiben: Sie erwirbt auf dem Verhandlungsweg die Grundstücke, parzelliert sie, führt die öffentlichen Baumaßnahmen sowie die bauvorbereitenden Maßnahmen einschließlich der Erschließung durch und veräußert die Grundstücke als Bauland, wobei sie die Verhandlungen über die entsprechenden Verträge, in denen der Kaufpreis sowie die zukünftige Nutzung geregelt werden, mit den

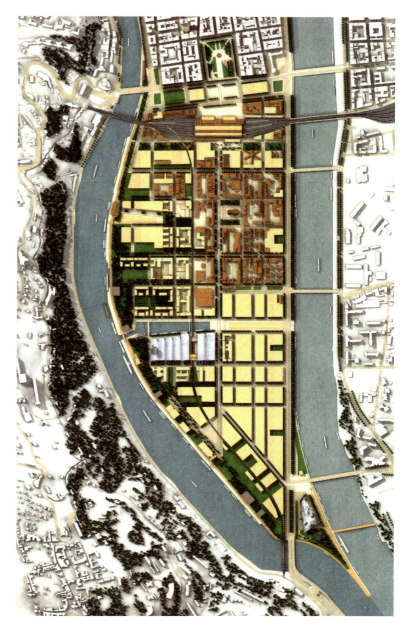

Lyon Confluence: Gesamtprojekt (Projet d'ensemble à terme) der Mission Grether-Desvigne-RFR (2003).

Linke Seite:
Städtebauliches Konzept (Plan masse) für *Lyon Confluence* (2010).

Bauprojekte *Lyon Islands* und *Le Monolithe* am *Place nautique* (2010).

Investoren führt. Dazu lässt sie die notwendigen Studien und Planungsunterlagen erarbeiten und leitet gegebenenfalls die Wettbewerbs- oder Ausschreibungsverfahren ein. Sie ist zudem zuständig für die Öffentlichkeitsarbeit, für die Bürgerbeteiligung sowie für die Vermarktung und Promotion des Projekts. Das grundlegende städtebauliche Rechtsinstrument stellt das in Frankreich seit den Sechzigerjahren bei urbanen Großprojekten bewährte *Besondere Entwicklungsgebiet* ZAC (Zone d'Aménagement Concerté) dar. Mit der Festlegung einer ZAC ist die Definition eines Ziel und Inhalt eines Projekts bestimmenden städtebaulichen Reglements verbunden, zugleich wird Baurecht geschaffen und die Durchführung einer Bodenneuordnung ermöglicht. Sie bildet zudem die Rechtsgrundlage für die Erstellung öffentlicher Einrichtungen im Gebiet sowie für die Einsetzung einer Entwicklungsgesellschaft, meist einer SEM.

Mit dem Eintritt des Projekts *Lyon Confluence* in die operative Phase war die Beauftragung einer externen Beratergruppierung verbunden, die die Planungskonzepte zur Festlegung einer ZAC in Konsultation mit der SEM zu erstellen hatte. Ausgewählt wurde im Jahr 2000 ein Pariser Büro unter Leitung des Architekten und Städtebauers François Grether und des Landschaftsplaners Michel Desvigne, die mit dem Büro RFR als ingenieurtechnischem Berater zusammenarbeiten. Diese Mission Grether-Desvigne-RFR erstellte nicht nur das für die Umsetzung verbindliche räumliche Konzept und definierte das Gebiet der ersten Projektphase, sondern begleitet kontinuierlich den Projektentwicklungsprozess mit dem Ziel, die Einhaltung der hohen stadträumlichen und architektonischen Qualitätsziele zu kontrollieren. Sie wird ebenso bei konkreten Investitionsvorhaben in die Verhandlungen einbezogen wie an der Definition der Vorgaben für Wettbewerbe beteiligt. Zudem ist sie mit der Fortschreibung und Konkretisierung von Planungen beauftragt; insbesondere wurde von ihr ein Qualitätsrichtlinienwerk als informeller Bewertungsmaßstab erarbeitet.

Port Rambaud (2010).

Place des Archives (2009).

Städtebaulich-stadträumliche Qualität als Quartiersentwicklungsfaktor

Das Projekt *Lyon Confluence* wird von dem Ziel getragen, ein Quartier von innerstädtischem Charakter zu schaffen, dessen hervorstechendes Merkmal ein attraktiver Stadtraum ist. Gestalt und Grundstruktur des neuen Quartiers werden durch ein System von stadtlandschaftsgestalterischen Elementen bestimmt, das von der Qualität des öffentlichen Raums, das heißt insbesondere der Grün- und Wasserflächen, geprägt wird: Der öffentliche Raum soll ein Drittel der Projektgebietsfläche einnehmen. Das Grundgerüst bildet ein »verzweigter Park« (Parc ramifié), das heißt ein Park mit Promenade entlang der Saône-Ufer, der durch Grün- und Freiraumkeile tief in das Projektgebiet hineingeführt wird. Die Bauinvestitionen sollen entlang dieser Raumstruktur erfolgen, womit der öffentliche Raum als Rückgrat der Entwicklung des 41-Hektar-Gebiets der ersten, 2003 als ZAC festgelegten Projektphase dienen soll. Das Rhône-Ufer hingegen bleibt außerhalb dieses Gebiets, da der Ersatz der Autobahntrasse durch einen städtischen Boulevard perspektivisch erst nach dem Bau einer westlichen Autobahnumfahrung Lyons möglich sein wird, für deren Realisierung noch kein Termin feststeht. Die zweite wichtige Achse der ersten Projektphase bildet daher der bestehende Cours Charlemagne, der als breiter Boulevard das Quartier Sainte-Blandine und die gesamte Südhalbinsel durchquert. Über ihn führt seit 2005 auch eine neue Straßenbahntrasse, die eine hochwertige ÖPNV-Anbindung des neuen Quartiers sichert und deren Bau zugleich die Möglichkeit bot, den Straßenraum des Boulevards attraktiv zu gestalten.

Das Stadtgefüge des nördlich gelegenen Stadtzentrums ist durch eine Platzabfolge charakterisiert; diese prägende Struktur soll entlang des Cours Charlemagne fortgeführt werden. Am Südausgang des Bahnhofs befindet sich der Place des Archives. Dieser Platz von 6.500 Quadratmeter Fläche, für den durch den Abriss von

Luftbild von *Lyon Confluence* (2008).

Bausubstanz Raum geschaffen wurde, war als neu zu entwickelndes Entree zum neuen Quartier eine der ersten und wichtigsten öffentlichen Baumaßnahmen. Hervorstechendes Objekt in der neuen Randbebauung ist die gläserne Fassade der Städtischen Archive, die als erste öffentliche Standortentscheidung für *Lyon Confluence* in das umgestaltete Gebäude eines ehemaligen Postverteilzentrums verlagert wurden. Die Platzabfolge setzt sich dann über den bestehenden Quartiersplatz an der Sainte-Blandine-Kirche und den neu geschaffenen, 2010 der Öffentlichkeit übergebenen Place nautique fort. Letzterer ist mit etwa vier Hektar der größte Platz des neuen Quartiers und Kernstück seines Entwicklungsprozesses. Er besteht aus einem mit der Saône verbundenen, zwei Hektar großen Wasserbassin mit terrassenförmigen Uferbereichen und trägt so das Ambiente des Elements Wasser in das Herz des neuen Stadtteils. An seiner Ostseite entsteht als weitere öffentliche Großinvestition der neue Verwaltungssitz der Region Rhône-Alpes, und an seiner Nordseite wurden die ersten drei Baublöcke zur

Saône/Rhône – Stadtentwicklung in Lyon

Investition ausgeschrieben. Hier sind 2009 die ersten neuen Bewohner von *Lyon Confluence* in ihre fertiggestellten Wohnungen gezogen. Bemerkenswert ist, dass hier Energiesparhäuser entstanden sind, gefördert im Rahmen des EU-Projekts *Concerto Renaissance*. Insgesamt sind 620 Wohneinheiten vorgesehen, davon ein Viertel im sozialen Wohnungsbau, und 14.000 Quadratmeter Büro- und Gewerbefläche. Dies ist ein gutes Beispiel für die für das Quartier angestrebte kleinteilige Nutzungs- und soziale Mischung: Mit der ZAC wurde ein Anteil von 23 bis 25 Prozent an Sozialwohnungen und von 20 bis 25 Prozent an Wohnraum im gehobenen Preissegment festgelegt. Generell jedoch bleiben die Aussagen des ZAC-Reglements eher allgemein und lassen so flexible Verhandlungslösungen zu. Die Bauhöhe im neuen Quartier soll mit fünf bis sechs, punktuell bis acht Obergeschossen »maßvoll« sein, wodurch im Ausnahmefall jedoch auch die Errichtung einer Höhendominante nicht ausgeschlossen ist. Generell soll die Bauhöhe entlang des Cours Charlemagne am höchsten sein.

Herzog & de Meuron: Gesamtansicht der zweiten Projektphase von *Lyon Confluence* (2009).

Herzog & de Meuron: Perspektive der zweiten Projektphase *Quartier 1* (2009).

Emblematische Flaggschiffprojekte

Die Bedeutung des *Place nautique* für den Entwicklungsprozess beruht auch darauf, dass an seiner Südseite das zentrale emblematische Flaggschiffprojekt von *Lyon Confluence* entstanden ist, das 2010 seine Pforten öffnete. Dies ist der *Pôle de loisirs et de commerces*, die französische Bezeichnung für ein Urban Entertainment Center, mit Unterhaltungsangeboten (vom Multiplex-Kino bis zum Wellnesscenter), Einzelhandel (mit Themenschwerpunkt Gesundheit und Familie) sowie Hotel- und Gastronomieeinrichtungen auf insgesamt 73.500 Quadratmetern Nutzfläche. Allein die Unterhaltungsangebote sollen etwa zwei Millionen Besucher pro Jahr anziehen; Hauptzielgruppe sind Familien. Das Konzept eines solchen Centers als Objekt von überregionaler Ausstrahlungskraft an diesem Standort wurde von der Mission Grether-Desvigne-RFR entwickelt; 2002 wurde ein Architektur- und Investorenwettbewerb durchgeführt. Ausgewählt wurde das Konzept der Immobilienentwicklergruppe MAB-Corio mit ihrem Architekten Jean-Paul Viguier.

Bei der Projektlancierung von *Lyon Confluence* war darüber hinaus ein *Musée des Confluences*, ein Museum zum Thema Mensch, Wissenschaft und Technik, als wichtigstes emblematisches Flaggschiffvorhaben und als Entwicklungsmotor für das Gesamtprojekt vorgesehen. Daher wurde dessen Realisierung ungeachtet der noch nicht fixierten städtebaulichen Planungen forciert. Ein »Guggenheim-Effekt« nach dem Vorbild des Guggenheim-Museums in Bilbao wurde angestrebt und diese Assoziation weckt auch der in einem Architekturwettbewerb 2001 ausgewählte Entwurf einer »Kristall-Wolke« des Wiener Architekturbüros Coop Himmelb(l)au für den festgelegten Standort direkt am *Confluent*. Dieser Ort mag aus städtebaulicher Sicht der exponierteste und symbolhafteste sein. Er erwies sich jedoch aus Projektentwicklungssicht als fatal, da er jenseits der Autobahntrasse weit außerhalb des später definierten Gebiets der ersten Projektphase liegt. Die dem Museum zugedachte zentrale Rolle im Entwicklungsprozess hat daher das Urban Entertainment Center im Herzen von *Lyon Confluence* übernommen. Trotzdem spielt auch das 2010 eröffnete Museum mit 20.000 Quadratmetern Nutzfläche eine wichtige Rolle als großes Kulturobjekt, das jährlich eine halbe Million Besucher auf die Südhalbinsel ziehen soll. Das *Musée des Confluences* spiegelt dabei die Ernüchterung wider, die die ursprünglich große Hoffnung auf die städtebauliche Überwindung der Lyoner »Autobahn-Tragödie« allmählich ersetzt hat. Bei der Lancierung des Projekts im Jahr 1998 war die Auflassung der Autobahn als unabdingbare Voraussetzung für die Realisierung des Projekts *Lyon Confluence* dargestellt worden. In den Studien der Mission Grether-Desvigne-RFR von 2001 wird hingegen schon ein stufenweiser Rückbau parallel zum Entwicklungsfortschritt vorgesehen, weshalb die erste Projektphase das der Saône zugewandte Gebiet umfasste. Mittlerweile wird davon ausgegangen, dass erst ein weit fortgeschrittener Projektentwicklungsstand die Voraussetzung dafür bilden wird, diese stadtunverträgliche Verkehrsinfrastruktur in ferner Zukunft zu beseitigen.

Coop Himmelb(l)au: *Musée des Confluences* (geplante Fertigstellung 2014).

Gesellschaftliche Verankerung

Die Integration von *Lyon Confluence* nicht nur in den stadträumlichen, sondern auch in den stadtgesellschaftlichen Kontext ist ein zentrales Anliegen. Wichtigstes Element ist dabei das Informationszentrum, in dem das Projekt und sein baulicher Fortschritt präsentiert werden und Diskussionsveranstaltungen zu aktuellen Planungen und Vorhaben stattfinden.

Um das ursprünglich gewissermaßen aus dem städtischen Bewusstsein verdrängte Projektgebiet selbst bekannter zu machen und um Menschen zu seinem Besuch zu animieren, hat die SEM insbesondere in der frühen Umsetzungsphase unter anderem die Durchführung von kulturellen Veranstaltungen im Gebiet unterstützt. Dies geschah etwa im Rahmen des alljährlichen gesamtstädtischen Lichtspektakels *Festival des lumières* oder zur *Fête de la musique*, zudem fanden im ehemaligen Zuckerlagerhaus an der Saône zahlreiche Kunstevents statt, insbesondere zum Beispiel die städtische Biennale zeitgenössischer Kunst.

Das von der SEM praktizierte Verfahren der kontinuierlichen Bürgerbeteiligung (*concertation continuelle*) erlaubt, sehr frühzeitig auf Befindlichkeiten und Kritikpunkte der Öffentlichkeit zu reagieren, aber auch die generell bestehende Zustimmung zu dem Projekt festzustellen. In der frühen Umsetzungsphase wurden von der SEM Stellungnahmen, die zum Beispiel mittels im Informationszentrum ausliegender Fragebögen oder durch Wortbeiträge bei Veranstaltungen getätigt wurden, regelmäßig ausgewertet und veröffentlicht; die Stellungnahmen nach der Projektlancierung sind 1999 sogar in einer eigenen Ausstellung aufbereitet worden. Zudem fanden die

Vorstellung der zweiten Projektphase
Lyon Confluence (2009).

Rechte Seite:
Französischer Infrastruktururbanismus der Sechzigerjahre: Querung der *l'Autoroute du Soleil* am Zusammenfluss (franz.: confluent) von Saône und Rhône (2003).

im Rahmen der Festsetzung der ZAC rechtlich erforderlichen Bürgerbeteiligungsverfahren statt, mit deren Durchführung ein externer Mediator beauftragt worden war. Dies ist ein Indikator dafür, dass *Lyon Confluence* zu einem Vorhaben geworden ist, das trotz seiner gesamtstädtischen Bedeutung sehr aus seinem örtlichen Kontext heraus entwickelt wird. Die bei der Projektlancierung noch angeschlagene Rhetorik von der Schaffung eines »Leuchtturmprojekts für die europäische Metropole Lyon«, das über die von der Stadt einzunehmende »Rolle im 21. Jahrhundert entscheiden« würde (Mission 1998), ist einem wesentlich nüchterneren Sprachgebrauch und Anspruch gewichen. Heute wird das Projektgebiet von *Lyon Confluence* als zukünftiger Teil des Stadtzentrums präsentiert, der die Dichte und die Vielfältigkeit eines Innenstadtquartiers mit einem hohen Maß an Freiraumqualität verbindet. Betont wird die Qualität als Ort der Verbindung von Stadt und Wasser, der Wohnen und Arbeiten ebenso umfasst wie Freizeit-, Einkaufs-, Kultur- und Tourismusofferten (*Lyon Confluence 2007*).

Resümee

Das *Grand Projet Lyon Confluence* spiegelt in seinen Akteurs- und Organisationsstrukturen routiniertes und auf bewährten Instrumenten beruhendes Vorgehen in öffentlich-privaten Partnerschaftskonstellationen wider. Es steht für einen sehr pragmatischen Umgang mit Schwierigkeiten, wobei die Autobahn-Problematik exemplarisch zeigt, dass dies mit einem Lernprozess verbunden war. Auch hat sich erwiesen, dass trotz der potenziellen Bedeutung von *Lyon Confluence* für die Entwicklung der gesamten Lyoner Agglomeration der lokale Kontext des Projekts – die Schaffung eines attraktiven neuen, kleinteilig nutzungsgemischten Stadtteils als Erweiterung der bestehenden Innenstadt – im Konzipierungs- und Umsetzungsprozess überwiegt.

Die soziale Dimension des Projekts hat einen hohen Stellenwert, was sich sowohl in einer Vorgabe des Anteils für Sozial- wie für Hochpreiswohneinheiten (in kleinteiliger Mischung) und in der strikten Vorhaltung des Frei- und insbesondere Uferraums für öffentliche Nutzung als auch in einem umfangreichen Informations- und Beteiligungsangebot manifestiert. Rückgrat der Projektentwicklung von *Lyon Confluence* ist – neben einer frühzeitigen hochwertigen ÖPNV-Erschließung und der Initiierung von Großobjekten mit emblematischer Ausstrahlungskraft – in bemerkenswerter Weise der öffentliche Raum. Attraktiv – selbst wenn in der Frühphase lediglich temporär – gestaltete Räume, die entlang der Saône-Promenade als grüne und in Wasserbezug stehende Keile in das Projektgebiet ragen, bilden das Grundgerüst für die ersten Bauinvestitionen. Gleichzeitig ziehen sie Besucher in das Projektgebiet und erhöhen dessen Bekanntheitsgrad ebenso wie die Projektakzeptanz. Das neue, quartierprägende Element von *Lyon Confluence* ist jedoch das Wasser. Die Ufer der beiden Flüsse werden als Promenaden den Rahmen eines neuen Stadtteils bilden, der durch Sicht- und Wegebeziehungen und durch öffentliche Plätze vom Wasser geprägt sein wird.

Geschichte und Entwicklung im Rechtsrheinischen

Industriegeschichte und Stadtentwicklung im Rechtsrheinischen
Der Zeitraum bis 1990

Walter Buschmann

Über Jahrhunderte waren die Ortschaften im Gebiet des heutigen rechtsrheinischen Köln trotz guter Lage am Rhein und der Nähe zu dem an Bodenschätzen reichen Bergischen Land von dörflichem Zuschnitt geblieben. Zur Grundlage der im 19. Jahrhundert relativ spät einsetzenden industriellen Entwicklung wurden die Verkehrsanlagen, insbesondere die Eisenbahn, sowie seit der Aufhebung des Kölner Stapelrechts die Hafenfunktion. Daneben zählte die chemische Industrie zu den dominierenden Branchen. Vor allem die Anlagen der Chemischen Fabrik Kalk (CFK) prägten das Bild des Industriestandorts Kalk. Die Stadtentwicklung in den rechtsrheinischen Ortschaften Ende des 19. Jahrhunderts war verbunden mit dem von den Industrieunternehmen gesteuerten Werkswohnungsbau. Wesentlicher Faktor in der Stadtentwicklung ab den Zwanzigerjahren des 20. Jahrhunderts wurde der Siedlungsbau durch Baugenossenschaften sowie durch die Gemeinnützige Aktiengesellschaft für Wohnungsbau GAG (Germaniasiedlung, Blauer Hof, Weiße Stadt). Ein Schwerpunkt der denkmalschützerischen Erhaltungsbemühungen im Rechtsrheinischen sollten daher die Anlagen der Großindustrie sein, weil sich hier Schlüsselprozesse des 19./20. Jahrhunderts abspielten.

Wenn man von vor- und frühgeschichtlichen Spuren absieht, lässt sich der Eintritt des rechtsrheinischen Köln in die Stadtbaugeschichte mit dem um 300 n. Chr. errichteten römischen Kastell und der gleichzeitig erbauten Rheinbrücke verbinden. Dieses Kastell – ein Militärlager für etwa 900 Mann der 22. Legion und der Divitenser, einer Kundschaftertruppe – hatte zur Namensgebung des Ortes Deutz (Divitia) geführt. Anfang des 5. Jahrhunderts von den Römern verlassen, wurde Köln um 455 von den Franken eingenommen. Im Kontext der früh- und hochmittelalterlichen Entwicklung der Stadt entstand im Deutzer Kastell die 1003 gestiftete Abtei St. Heribert mit einem in seinen Grundformen an St. Gereon oder die Aachener Pfalzkapelle erinnernden Zentralbau als Abteikirche.

Über Jahrhunderte hinweg blieb Deutz, wie auch die anderen Ortschaften im Gebiet des heutigen rechtsrheinischen Köln, von dörflichem Zuschnitt. Der Widerstreit von drei mächtigen Regionalkräften – dem Erzbistum Köln mit Deutz, der Grafschaft beziehungsweise dem Herzogtum Berg mit Mülheim und Porz und auf der anderen Rheinseite der Stadt Köln – führte nicht, wie etwa am unteren Niederrhein, zur Gründung und Entwicklung blühender Stadtgemeinschaften, wie sie noch heute die Stadtbilder von Kalkar, Xanten, Goch, Rheinberg und Kleve bezeugen. Zu übermächtig waren Destruktionswille und Durchsetzungsfähigkeit des benachbarten Köln, mit seiner Furcht vor Konkurrenz durch die rechtsrheinischen Nachbarorte. Hinzu kamen all die furchtbaren Kriege im Westen Deutschlands, von denen Köln selbst dank starker Befestigungsanlagen und kluger Politik verschont wurde, unter denen aber umso mehr die umliegenden Ortschaften vor den Mauern und Toren von Köln litten. Immer wieder kam es zu Brandschatzungen, Plünderungen, Zerstörungen oder zu Einquartierungen, Kontributionszahlungen und Dienstleistungen für die durchziehenden Heere und Kriegshaufen. Die Ortschaften verweilten überwiegend in einem dörflichen Erscheinungsbild mit strohgedeckten Fachwerkhäusern. Nur einige wenige feste Bauten wurden

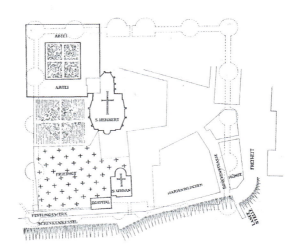

Abtei St. Heribert im Deutzer Kastell (gegründet 1003).

errichtet, wie die aus romanischer Zeit stammenden Kirchen in Zündorf und die nach mehrfachen Zerstörungen im 17. Jahrhundert in nachgotischen Formen wiederaufgebaute Abteikirche von St. Heribert.

In einer Hinsicht allerdings war die Stadt Köln vehement baulich am rechtsrheinischen Ufer engagiert. Bei Hochwasser ergoss sich der Rhein über die Poller Wiesen, drohte sich ein neues Flussbett östlich von Deutz in Richtung Mülheim zu bahnen. Diese im Rheingebiet häufigen Flussverlagerungen mit dramatischen Folgen für die Wirtschaftskraft der Städte (wie beispielsweise für Zons und Duisburg) bedrohten auch den Lebensnerv der Stadt Köln und erforderten schon im 12. und 15., besonders aber im 16. Jahrhundert Uferbefestigungen zwischen Poll und Deutz. Die Stadt pachtete 1557 diesen Uferstreifen von Kurköln und baute das Ufer in den Siebziger- und Achtzigerjahren des 16. Jahrhunderts mit fünf Bunen, den »Poller Köpfen«, aus. Auch den Schnellert, einen südlich von Deutz fließenden Rheinarm, sicherte man durch einen Dammbau, zudem wurde das Ufer mit Weiden bepflanzt und ein städtischer Weidenhüter auf dem Osterwerth, einer Rheininsel südlich des Schnellert, in einem Blockhaus angesiedelt. In den folgenden Jahrhunderten bemühte sich die Stadt Köln weiter um diesen mit Kribbenwerk zusätzlich befestigten und begradigten Uferstreifen. Der Wandel des Rheins in ein Kulturbauwerk fand hier, südlich von Deutz, eine frühe Ausgestaltung. Eigentlich war auch schon vor der Industrialisierung nicht nur durch die optimale Verkehrslage am Rhein eine gute Entwicklungsgrundlage für die östlich von Köln gelegenen Ortschaften gegeben. Das Bergische Land war eines jener »Ruhrgebiete des Mittelalters« in Deutschland mit reichlicher Ausstattung an Bodenschätzen: Eisen, Blei und Zink, Kalk, Natursteine, Ton und Kies sowie schließlich auch Braunkohle gab es hier. Wäre nicht das übermächtige Köln gewesen, die rechtsrheinischen Orte im Umfeld der Stadt hätten davon sicher schon in vorindustrieller Zeit profitiert.

Das römische Köln im 3. und 4. Jahrhundert mit Konstantinischer Brücke und Deutzer Kastell.

Straßenkarte des rechtsrheinischen Gebiets zwischen Mülheim und Wahn, 1770. Eingetragen ist die Grenzlinie des zum Erzstift Köln gehörenden Deutz. Die Karte zeigt auch den alten Verlauf der durch Vingst führenden Frankfurter Straße und deren Verlegung nach Osten mit nunmehr geradliniger Führung von Mülheim über Eil nach Wahn.

Vorspiel zur Industrialisierung im Barock

Städtebaulich, architektonisch und industriegeschichtlich gleichermaßen interessant ist die Entwicklung Mülheims im 17./18. Jahrhundert. Das Vorhaben einer großzügigen Erweiterung von Mülheim im Jahr 1612 kam gegen den Widerstand Kölns über Ansätze nicht hinaus. Diese Stadterweiterungsplanung war ein frühes Beispiel für die in barocker Zeit häufiger (zum Beispiel in Mannheim) realisierten Rastergrundrisse und Festungssterne. Wie einem in Amsterdam gedruckten Flugblatt zu entnehmen ist, sollten die Neusiedler Privilegien und Religionsfreiheit genießen. Auch wenn der Plan von 1612 nicht vollständig zur Ausführung kam und schon 1615 erste Bauten und Befestigungsanlagen durch 526 kölnische Handwerker und spanische Truppen wieder abgebrochen wurden, war damit doch die Tendenz für die nächsten 200 Jahre vorgegeben.

Knapp ein Jahrhundert später, im Jahr 1714, zogen mehrere protestantische Kaufleute aus Köln nach Mülheim, dort das suchend, was sie in Köln nicht bekommen konnten: religiöse Toleranz und Freiheit von den Zunftregeln. Herausragende Bedeutung unter den Neusiedlern erlangte Christoph Andreae als Begründer einer florierenden Leinen- und Seiden-, später auch Samtfabrikation. Besonders erfolgreich war sein gleichnamiger Enkel (mit engen Beziehungen zur Seidenweberkapitale Lyon), für den 1.500 Weber hauptsächlich in Heimarbeit tätig waren. An der Wallstraße entstanden 1765–1767 eine Samtweberei und eine Färberei, zudem

Uferbefestigung mit Bunen, den »Poller Köpfen«, und Weidenpflanzungen zwischen Poll und Deutz (1583).

ein opulenter Wohnsitz an der Freiheit Nr. 40. Diese Gebäude sind leider im Zweiten Weltkrieg zerstört worden. Erhalten ist das Wohnhaus des Andreae'schen Betriebsleiters Carl Friedrich Bräunlich an der Wallstraße 40, errichtet von dem Mülheimer Stadtbaumeister Johann Gottfried Leydel.

Das im 18. Jahrhundert erstarkende Mülheimer Bürgertum sorgte für ein neues, von massiven Putzbauten dominiertes Stadtbild. Mülheim ist ein Beispiel für eine sich außerhalb eines regional dominanten Zentralortes entwickelnde Gewerbestadt, in diesem Fall basierend auf dem Verlagssystem sowie geprägt durch die Wohnsitze und Produktionsstätten der Tuchkaufleute. Damit erlebte es eine ähnliche Entwicklung wie die Orte Burtscheid, Monschau und Vaals bei Aachen sowie Kettwig und Werden bei Essen. Der Seidenfabrikant Christoph Andreae ist vergleichbar mit den großen Verlegerpersönlichkeiten jener Zeit, den Scheiblers in Monschau, den Clermonts in Burtscheid und Vaals, den Scheidts in Kettwig und den von der Leyens in Krefeld.

Eine noch größere Bedeutung erlangte im 18. Jahrhundert die Hafen- und Handelsfunktion von Mülheim. Nach einem vergeblichen, wieder durch Kölner Gegenwehr unterbundenen ersten Anlauf im Jahr 1716 entstand 1776 in Mülheim ein fester Hafenkran mit Speichergebäude. Seit dem Jahr 1259 existierte das Kölner Stapelrecht, gewährt durch den Kölner Erzbischof Konrad von Hochstaden: Es besagte den Zwang für alle Köln passierenden Schiffe zur Anlandung in Köln, zu einer dreitägigen Lagerung aller transportierten Waren und zum Vorkaufsrecht dieser Waren für die Kölner Bürger. Seitdem hatte es aber auch eine Umgehungsroute von Mülheim über die Trasse der Frankfurter Straße nach Zündorf gegeben. Mit seinem Naturhafen in Niederzündorf profitierte dieser Ort genauso wie Mülheim von dem beschwerlichen, aber immer noch zeitlich und finanziell günstigeren Umgehungsverkehr des Kölner Stapels. So entwickelte sich Zündorf parallel zu Mülheim zu einem ebenfalls stattlichen Handelsort. Nach der Aufhebung des Kölner Stapels im Jahr 1831 hatte es jedoch keine Entwicklungsgrundlage mehr und verharrt seitdem in den uns heute vertrauten Formen der vorindustriellen Zeit.

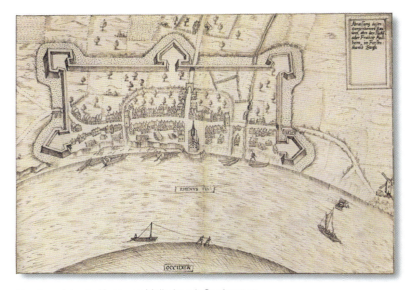

Handgezeichnete Karte von Mülheim mit Stadtmauer und Fortifikation (1589).

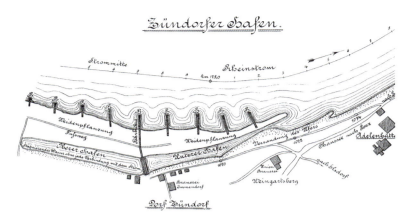

Durch das Kölner Stapelrecht erlangte der Zündorfer Hafen seit dem 13. Jahrhundert wachsende Bedeutung. 1850 wurde der südliche Durchfluss verschlossen, so dass die Groov zur Halbinsel wurde. Die unweit des Hafens erbaute Adelenhütte entstand 1875–1879.

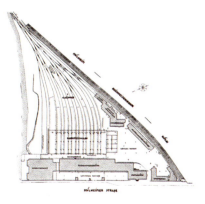

Lageplan der rechtsrheinischen Postverladestelle und des Fernsprechamts in Köln-Deutz (1925) sowie heutige Nutzung als Ausstellungsraum für Möbel nach einem Umbau durch O III architecten (2005).

Grundlagen der industriellen Entwicklung

Wie überall in Deutschland begann auch hier die Industrialisierung im Vergleich zu England, Belgien und Frankreich relativ spät, in der ersten Hälfte des 19. Jahrhunderts. Der Start ins Industriezeitalter verzögerte sich in Köln zusätzlich durch die in preußischer Zeit ausgebauten Festungswerke.

Zur Grundlage der industriellen Entwicklung wurden in den rechtsrheinischen Orten östlich von Köln die Verkehrsanlagen, besonders die Eisenbahn. Eine der bedeutenden Hauptlinien des frühen deutschen Eisenbahnnetzes, die 1847 vollendete Köln-Mindener Eisenbahn, hatte ihren Ausgangs- beziehungsweise Endpunkt in Deutz, führte im Ruhrgebiet durch das Emschertal mit seinen großartigen Entwicklungsperspektiven und reichte mit ihren Ergänzungsstrecken durch das Königreich Hannover und Sachsen-Anhalt bis nach Berlin. Ebenso wichtig war die Bergisch-Märkische Eisenbahn mit ihrer Stammstrecke Düsseldorf–Wuppertal–Dortmund und der 1872 fertiggestellten Verlängerung nach Köln-Deutz. Zwei Linien komplettierten das rechtsrheinische Gleisnetz: die Köln-Gießener Eisenbahn von 1859 und die 1874 vollendete rechtsrheinische Nord-Süd-Verbindung, die im Endzustand von Wiesbaden bis Mülheim a. d. Ruhr reichte. Das heutige Bild dieser 1880 verstaatlichten Bahnen wird von der 1908–1913 erfolgten Hochlegung der Gleise mit ihren Dammbauten, Viadukten und Brückenbauten bestimmt. Mit diesem Umbau waren auch Streckenverlegungen verbunden: In Mülheim verschwanden die bisherigen Bahnhöfe im Bereich des heutigen Wiener Platzes und in Deutz verzichtete man auf die Schiffsbrückenlinie, die den Ort vom Rhein abschnitt. Drei neue, architektonisch qualitätsvolle Empfangsgebäude entstanden in Mülheim, Kalk und Deutz. Während die Bauten in Mülheim und Kalk im Zweiten Weltkrieg zerstört wurden, ist das 1914 in Deutz fertiggestellte Empfangsgebäude mit seiner hohen Kuppel immer noch ein Wahrzeichen dieses Stadtteils.

Die Eisenbahn war und ist nicht nur ein Unternehmen des Transports, sondern mit ihren Reparaturwerkstätten auch ein Unternehmen mit industriellen Arbeitsplätzen. Fast jeder Eisenbahnknoten war mit einem oder mehreren Bahnbetriebswerken verbunden. Diese Ausbesserungswerke stellten mit je mehreren Tausend Beschäftigten regelrechte Industriebetriebe dar. Bei einem großen Knotenpunkt wie Köln verteilten sich die Anlagen auf mehrere Standorte, die zwar ursprünglich an der Peripherie der Stadt lagen, in der Folgezeit aber in Wohn- und Industrieflächen eingebunden wurden. Hinzu kamen Spezialbahnhöfe für Güter- und Rangierverkehr und Postabfertigung. Im rechtsrheinischen Köln befanden sich zwei große Bahnbetriebswerke: Deutzerfeld und Kalk-Nord. Darüber hinaus entstand 1913–1919 der Rangierbahnhof Gremberg, weil Kalk-Nord diese Funktion nicht mehr bewältigen konnte. Gremberg wurde der zweitgrößte Verschiebebahnhof in Deutschland. Im funktionalen und räumlichen Zusammenhang mit dem Werk Deutzerfeld wurde 1910–1914 der Postbahnhof Deutz errichtet, von dem heute noch die Verladehallen erhalten sind.

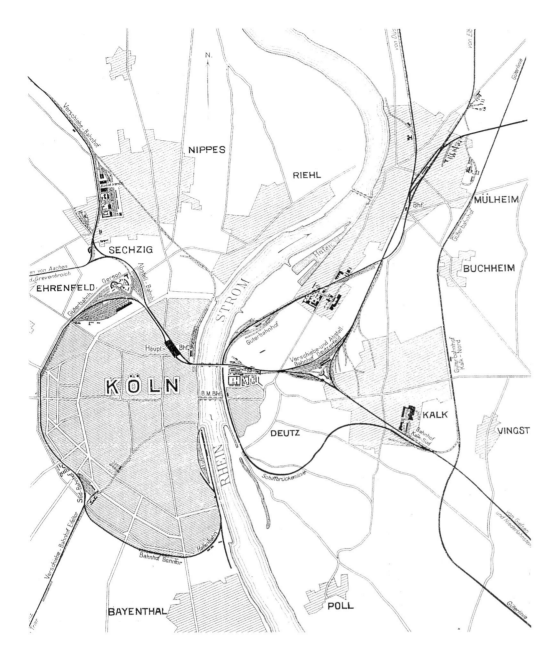

Eisenbahnanlagen in Köln nach dem Umbau (1908–1914).

Seit der Aufhebung des Kölner Stapelrechts im Jahr 1831 konnte sich auch am rechtsrheinischen Ufer eine ausgeprägte Hafenlandschaft herausbilden. Mülheim entwickelte in einem mehrere Jahrzehnte dauernden Bauprogramm Kaianlagen südlich der Pfarrkirche St. Clemens. In den Neunzigerjahren des 19. Jahrhunderts entstand – wie im Rheinauhafen – ein Freihafen mit Zollabfertigung. Gleichzeitig wurde 1892–1896 der Sicherheitshafen angelegt. Wie viele vergleichbare Anlagen sollte er den Rheinschiffen einen sicheren Aufenthalt bei Eisbildung bieten. Zugleich war dieser Hafen aber auch mit der Sachsenberg-Werft und dem auf Hafenbau spezialisierten Unternehmen Gebr. Meyer ein Industriehafen. Über Anschlussbahnen und die Hafenkleinbahn waren die angrenzenden Betriebe mit ihm verbunden. Die Gasmotorenfabrik Deutz nutzte den Mülheimer Sicherheitshafen zur Montage und zur Reparatur von Schiffsmotoren.

Nächste Seite:
Karte von Köln und den rechtsrheinischen Bürgermeistereien Deutz und Mülheim (1870). Die in Rot eingetragene Verlängerung der Bergisch-Märkischen Eisenbahn bis zur Schiffsbrücke zwischen Deutz und Köln erfolgte in zwei Abschnitten (1872 und 1882).

Industriegeschichte und Stadtentwicklung im Rechtsrheinischen – Der Zeitraum bis 1990

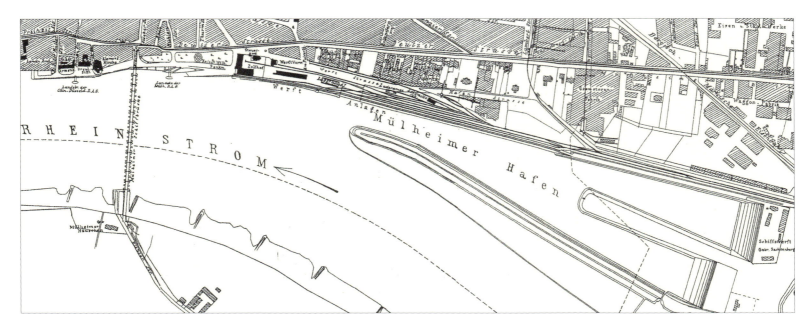

Kölner Häfen im Rechtsrheinischen:
Lageplan des Mülheimer Hafens (1913) und
Drehbrücke im Deutzer Hafen, 1908 errichtet
von der Brückenbauanstalt Harkort.

Auch der Deutzer Hafen war ein Industriehafen. Wie in Mülheim war hier zunächst die Kaimauer mit Kränen am Rhein südlich der Schiffsbrücke das wesentliche Element. Erst mit dem Umbau der Bahnanlagen und der Aufgabe der Schiffsbrückenlinie entstand 1904–1907 der Bassinhafen.

Wie im Duisburger Innenhafen gab es auch in den rechtsrheinischen Kölner Häfen Großmühlen. Im Deutzer Hafen siedelten sich die Unternehmen Auer und Ferd. Leysieffer & Lietzmann an, im Mülheimer Hafen ließ sich die Firma Syberberg nieder. Leysieffer & Lietzmann bauten ihre Großmühle nach einem Entwurf von Hans Verbeek, der etwa zeitgleich auch das Danziger Lagerhaus im Rheinauhafen entwarf. Die Mühlenbauten im Deutzer Hafen wurden im Zweiten Weltkrieg beschädigt und in vereinfachten Formen wiederaufgebaut. Einzig die Kaimauern und die in Jugendstilformen errichtete Drehbrücke erinnern noch an die Entstehungszeit des Hafens.

Hauptbranchen industrieller Entwicklung

Eisenbahn und Schifffahrt waren nicht nur als Transportmittel von konstitutiver Bedeutung für die industrielle Entwicklung, sondern auch als Auftraggeber. Die Waggonfabrik van der Zypen & Charlier war seit ihrer Gründung 1845 unmittelbar auf die Entstehung und Entwicklung des Eisenbahnwesens ausgerichtet gewesen. Später machte sich das Unternehmen bei der Entwicklung von Nahverkehrsfahrzeugen einen Namen. Auf dem Werksgelände ist die erste Schwebebahn nach einer Erfindung von Eugen Langen erprobt und in der Anfangszeit auch gebaut worden. Die Schwebebahnhallen mit Elementen aus dem Probebetrieb sind erhalten und unverzichtbarer Bestandteil für die Entwicklung des Geländes. Hinsichtlich ihrer industrie- und architekturhistorischen Bedeutung von herausragendem Stellenwert ist die der Waggonfabrik benachbarte Gasmotorenfabrik Deutz an der Deutz-Mülheimer

Verwaltungsbau und Lagergebäude des Tiefbauunternehmens Gebr. Meyer im Mülheimer Sicherheitshafen.

Schwebebahnhallen in Deutz: Hier experimentierte der Ingenieur Eugen Langen bis 1895 mit hängenden Einschienenbahnsystemen.

Straße. Nicolaus August Otto hatte 1861 einen ersten funktions- und verkaufsfähigen Motor erfunden, 1864 gemeinsam mit Eugen Langen nördlich des Hauptbahnhofs die erste Motorenfabrik der Welt gegründet und war 1867 auf die andere Rheinseite gewechselt. Zehn Jahre lang, 1872–1882, arbeiteten Gottlieb Daimler und Wilhelm Maybach als technische Leiter in dem Unternehmen. Nach seinem Ausscheiden gelang Daimler in Bad Cannstadt 1886 zeitgleich mit Carl Benz die Entwicklung des Automobils.

Über lange Zeit blieb die Fabrik in Deutz ein von Fabrikantenvillen eingerahmtes mittleres Maschinenbauunternehmen. Erst im Jahrzehnt vor 1900 entwickelte sie sich zu dem uns heute unter dem Namen Deutz AG bekannten Weltunternehmen. Die Werksbauten aus der Zeit um 1900 formen beidseitig der Deutz-Mülheimer Straße einen beeindruckenden Komplex von Backsteinbauten mit einer atmosphärischen Ausstrahlung, wie wir es in gleicher Weise nur noch selten vorfinden. Von herausragender Bedeutung ist die von Bruno Möhring und Reinhold Krohn entworfene Ausstellungshalle von 1902, erbaut für die Düsseldorfer Kunst- und Gewerbeausstellung. Diese damals bahnbrechende Architektur war das Modell der heute hochgeschätzten Maschinenhalle der Zeche Zollern 2/4 in Dortmund.

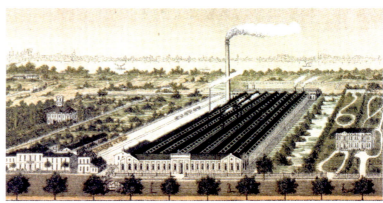

Gründungsbau der Gasmotorenfabrik an der Deutz-Mülheimer Straße mit Doppelvilla von Nicolaus August Otto und Gottlieb Daimler (links vom Werk).

Älter als die Deutz AG ist die Maschinenfabrik Humboldt. Die Gründungsanlage von 1856 gleicht in ihrer Art noch einer größeren, lang gestreckten Dreiseit-Hofanlage mit dem Werkseingang direkt an der Kalker Hauptstraße. Humboldt, spezialisiert auf Aufbereitungsanlagen für den Bergbau, später auch erfolgreich mit Lokomotiven, Stahlkonstruktionen und Traktoren, erlebte einen ersten Wachstumsschub in den Gründerjahren 1871–1873 und wuchs zwischen 1890 und 1918 zum Großunternehmen. Charakteristisch waren die riesigen Hallen rechts und links der Dillenburger Straße. Unter dem seit 1903 im Unternehmen tätigen Generaldirektor Richard Zörner gab es die in jener Zeit typischen Bestrebungen

Ausstellungsgebäude der Gasmotorenfabrik Deutz auf dem Werksgelände in Deutz (Foto 2003).

Gasmotorenfabrik Deutz: Industriebauten aus der Zeit um 1900 an der Deutz-Mülheimer Straße. Links der Großmotorenbau, rechts Sozial- und Verwaltungsgebäude (Foto 2010).

zur Verbindung von guter Technik mit attraktivem Design. Ganz im Geiste der Werkbund-Ideen bot Humboldt nicht mehr nur etwa im Bergbausektor die bekannt qualitätvolle technische Innenausstattung, sondern beauftragte zugleich Architekten mit dem Entwurf der Gebäude. Der interessierte Kunde bekam damit ein Komplettangebot aus Architektur und Maschinentechnik. Das gute Industriedesign sollte, im Sinne von Hermann Muthesius, zur guten Auftragsentwicklung beitragen. Als Beispiel für diese Auffassung errichtete Humboldt die eigenen Fabrikbauten in der propagierten Architekturqualität. Die 1914, im Jahr der Werkbund-Ausstellung, an der Dillenburger Straße begonnenen Hallen sind gute Beispiele für die aus dem Geist des Werkbundes – die Maschinenbauanstalt Humboldt war Mitglied dieser Vereinigung – entstandene Architektur.

Im Zuge der deutschlandweit sich durchsetzenden Tendenz der Firmenzusammenschlüsse und Konzernbildungen vereinigten sich die Gasmotorenfabrik und die Maschinenbauanstalt Humboldt mit der Waggonfabrik van der Zypen & Charlier und firmierten ab den Dreißigerjahren des 20. Jahrhunderts unter der Führung von Peter Klöckner als Klöckner-Humboldt-Deutz AG. Sinnbild für die Prosperität des Unternehmens nach dem Zweiten Weltkrieg ist das Verwaltungsgebäude von Hentrich-Petschnigg & Partner, annähernd in Mittellage zwischen den Unternehmensteilen an der Deutz-Mülheimer Straße.

Neben dem Motoren- und Maschinenbau zählt auch die chemische Industrie zu den dominierenden Branchen in Köln. Zwar befinden sich die weltbekannten Großfirmen in Leverkusen, Hürth und Wesseling, dennoch hat es – gegründet auf dem Bergbau des Bergischen Landes – auch in Köln einige bemerkenswerte Chemiefirmen gegeben. Dazu gehören die Bleimennige- und Zinkweißfabrik Lindgens und die Gummifädenfabrik Kohlstadt an der Deutz-Mülheimer Straße. Die Anlagen der Chemischen Fabrik Kalk (CFK) produzierten Düngemittel und prägten – bis an die Kalker Hauptstraße heranreichend – das Bild des Industriestandorts Kalk. Von dieser bemerkenswerten Industriearchitektur ist leider nur – eingebunden in das Einkaufszentrum *Köln Arcaden* – ein Wasserturm erhalten.

Ein weiteres Zentrum industrieller Entwicklung bildete sich nördlich von Mülheim heraus. Das aus der Kölner Seilerzunft stammende Traditionsunternehmen Felten & Guilleaume errichtete 1874 ein neues Werk zur Produktion von Stahlseilen und Kabeln an der Mülheimer Schanzenstraße. Zahlreiche Bauten der Gründungszeit (bis etwa 1890) vom Werksarchitekten Jean Wüst formten das Bild einer Fabrikstadt des 19. Jahrhunderts. Ergänzt wurden diese Gebäude durch eine seit 1906 unter Mitwirkung des Mülheimer Stadtbaumeisters Jansen entstandene monumentale Randbebauung zur westlichen Schanzenstraße. Das reine Fabrikviertel an der Schanzenstraße wurde außerdem durch das Mülheimer Elektrizitätswerk, das städtische Gaswerk und die feuerfeste Steine produzierende Firma Martin & Pagenstecher geprägt.

Der dritte große Industriekomplex im rechtsrheinischen Köln entstand in Porz. Die Entwicklung begann hier spät, sie wurde eingeleitet und dominiert durch die 1899 als Tochterwerk eines belgischen Unternehmens entstandene Spiegelglasfabrik Germania. Günstige Grundstückspreise, die regional verfügbaren Rohstoffe Kalk, Sand und zur Feuerung Kohle sowie die gute Verkehrslage an der Eisenbahn und dem nicht weit entfernten Rhein hatten zur Ansiedlung geführt. 1927 wurde zur Aufnahme kontinuierlicher Produktionstechniken aus dem gleichen Unternehmensverbund die Ziehglasfabrik REZAG gegründet. Beide Werke produzieren heute unter dem Dach der Compagnie de Saint-Gobain, eines der führenden europäischen Glashersteller. Auch die Ansiedlung der aus dem Osten vertriebenen Spezialglasfirma Brüne im Jahr 1947 stärkte Porz als einen zentralen Ort der Glasherstellung in Deutschland. Erwähnenswert für das Industriegebiet Porz ist schließlich das Isoliermittelwerk Dielektra, das 1893 von Max Meirowsky in Ehrenfeld gegründet worden war, 1910 nach Porz übersiedelte und seit 1925 zum Felten & Guilleaume-Konzern gehörte.

Maschinenfabrik Humboldt in Köln-Kalk, Schaubild um 1960 und Halle an der Christian-Sünner-Straße, erbaut 1913–1916 (Foto 2001).

Ganz oben:
Carlswerk von Felten & Guilleaume in Mülheim. 1904 wurde hier das erste transatlantische Telefonkabel zwischen Europa und den USA produziert (Luftbild 1929).

Oben:
Auf Grundlage eines Bebauungsplans von Fabricius und Hahn wurde die Humboldt-Kolonie in Kalk mit überwiegend dreigeschossigen Mietshäusern bebaut. Das Foto zeigt die Taunusstraße um 1920.

Stadtbildung

Der Industrieansiedlung folgte im 19. und 20. Jahrhundert die Stadtbildung. Man hat in der Vergangenheit mehrfach der Industriestadt die Fähigkeit zur planvollen Stadtbildung abgesprochen. Häufig entstanden diese Industriestädte als Stadterweiterungen, wie es plastisch an den Wachstumsphasen von Mülheim ablesbar ist.

Kalk bietet das Gegenbeispiel. Die Ursprünge mit den locker im Bereich des heutigen Kalker Marktplatzes gelegenen Kalker Höfen waren unbedeutend und wurden vollständig durch die industrielle Stadtbildung überformt. Kalk hatte die für Industriestädte des 19. Jahrhunderts typischen Wachstumsraten in der Bevölkerungsentwicklung, reicht jedoch nicht an die Beispiele aus dem Ruhrgebiet oder etwa an die Berliner Vorstädte heran. Wer die Probleme der Stadtwerdung in diesem Sektor der Entwicklung kennt, ist erstaunt über die frühzeitige Verleihung der Stadtrechte an Kalk im Jahr 1881 – mit 9.600 Einwohnern. Die industriellen Landgemeinden des Ruhrgebiets brauchten ein Mehrfaches an Einwohnern, bis ihnen die Stadtrechte zugesprochen wurden.

Kalk hatte mit der Stadtwerdung nicht nur ein Stadtwappen und ein Rathaus, sondern seit 1883 auch einen Stadtbaumeister. Dieser bekam den Auftrag, Bebauungspläne auszuarbeiten. Der Kalker Markt und die Pläne für einen rudimentär verwirklichten Sternplatz nördlich der Kalker Hauptstraße sind zwei Resultate. Sehr viel beeindruckender sind die Planungen für die Humboldt-Kolonie. Die Maschinenbauanstalt Humboldt hatte südwestlich des Werksgeländes großräumig Land für Siedlungsbau erworben, entschied sich aber gegen eine Fortsetzung des in den Siebzigerjahren des 19. Jahrhunderts dort begonnenen traditionellen Werkswohnungsbaus. Auf der Grundlage einer Bebauungsplanung von Fabricius

Mit der Sünner Brauerei besitzt Kalk eines der ältesten erhaltenen Industriedenkmale Kölns, das noch heute in seiner ursprünglichen Nutzung besteht. 1830 gegründet, zog die Hausbrauerei im Jahr 1860 vom Rheinufer in den aufstrebenden Industriestandort Kalk.

und Hahn und unter Beteiligung des Kölner Beigeordneten Carl Rehorst, der auch den Bauplan für die Kölner Werkbundsiedlung 1913 entwarf, entstand eine Stadtanlage mit überwiegend dreigeschossiger Bebauung an leicht geschwungenen und mit Platzräumen durchsetzten Straßen. Ergänzt wurde sie durch eine von Fritz Encke gestaltete Grünanlage, den Humboldt-Park.

Es gibt einige bedeutende Zeugnisse des paternalistischen Siedlungsbaus. Leider sind die großen Siedlungen der Maschinenbauanstalt Humboldt und der Waggonbaufirma van der Zypen & Charlier bis auf kleine, zudem stark veränderte Reste nicht erhalten geblieben. Ein noch geschlossenes Siedlungsbild vermittelt die Anlage der Spiegelglasfabrik Germania. Die Reihenhäuser erinnern stark an belgische Beispiele und wurden wohl auch hauptsächlich für die aus Belgien zugezogenen Arbeiter erbaut. Ein einzigartiges Dokument der Sozialgeschichte bieten die Bauten am Werkseingang: mit einem Platz, umstanden von den Häusern leitender Angestellter, dem Sozial- und Verwaltungsgebäude sowie der Direktorenvilla, die zwar etwas zurückgesetzt ist, aber dennoch in das Platzbild hineinwirkt. In dieser Anordnung wirkt noch die Vorstellung von der paternalistisch geführten Werksgemeinschaft. Ebenso beeindruckend ist die Siedlung von Felten & Guilleaume, die direkt an das Carlswerk in der Keupstraße angrenzt. Interessant ist außerdem die Eisenbahnersiedlung Gremberghoven, seit 1919 in mehreren Abschnitten für die Mitarbeiter des Rangierbahnhofs erbaut und nach mehreren Erweiterungen in den Fünfzigerjahren mit 2.500 Einwohnern die Größe eines kleinen Stadtteils erreichend.

Zu einem wesentlichen Faktor in der Stadtentwicklung nach 1918 wurde der Siedlungsbau durch Baugenossenschaften sowie durch die von der Stadt Köln zur Hälfte getragene Gemeinnützige Aktiengesellschaft für Wohnungsbau GAG. Dem Kranz der Siedlungen

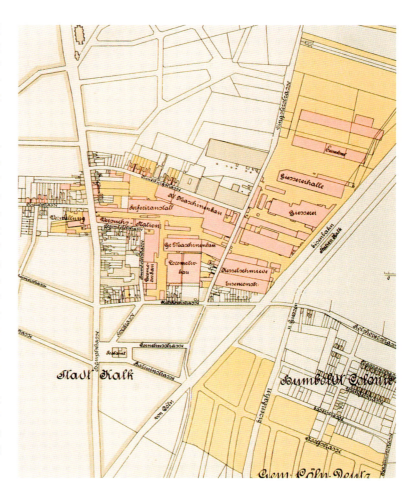

Lageplan der Maschinenfabrik Humboldt in Kalk (1906). Nördlich des Werksgeländes ist der Sternplatz aus den Kalker Bebauungsplänen zu sehen; unten rechts die Humboldt-Kolonie mit dem bis 1914 bebauten Straßennetz südlich der Adolfstraße (später Taunusstraße).

Ganz oben:
Nach einem Entwurf von Wilhelm Riphahn und Caspar Maria Grod entstand 1926–1927 nördlich der Karlsruher Straße die Siedlung *Blauer Hof*. Die Architektur ist dem Geist des Neuen Bauens verschrieben.

Oben:
Die *Germaniasiedlung*, die fast 1.500 Wohnungen umfasst, wurde in den Jahren 1920 bis 1928 nach Entwürfen zahlreicher Kölner Architekten im Heimatstil errichtet.

Rechte Seite:
Die Stadtkarte wurde 1927 von der Vermessungs- und Planabteilung des Liegenschaftsamtes der Stadt Köln verfasst und im Jahrbuch des statistischen Amts der Stadt Köln 1928 veröffentlicht.
Originalmaßstab: Maßstab 1 : 50.000.

rund um die Kernstadt Köln gehören einige herausragende Anlagen im rechtsrheinischen Bereich an. Besonders beeindruckend ist die *Germaniasiedlung*, 1920–1928 auf dem Gelände der Eisenhütte Germania entstanden. Die zwei- bis viergeschossigen Mehrfamilienhäuser sind in aufgelockerter Blockbebauung an geschwungenen und versetzten Straßenlinien und Platzanlagen angeordnet. Heimatstil und expressionistische Details prägen die von einer Vielzahl von Architekten entworfenen Wohnhäuser.

Noch der klassischen Blockbauweise ist der 1926–1927 entstandene *Blaue Hof* von Wilhelm Riphahn und Caspar Maria Grod verhaftet. Dagegen ist die direkt benachbarte *Weiße Stadt,* ebenfalls von Riphahn und Grod in den Jahren 1929–1932 errichtet, mit der Zeilenbauweise die deutlichste dem Neuen Bauen verpflichtete Siedlung – vergleichbar mit den besten Beispielen des avantgardistischen Wohnungsbaus in Deutschland und sicher eines der bedeutendsten Zeugnisse des Bauens der Zwanzigerjahre in Köln. Auch in der Zeit nach dem Zweiten Weltkrieg wurde die intensive Wohnbautätigkeit im rechtsrheinischen Köln fortgesetzt. Typisches Beispiel für die Fünfzigerjahre ist die *Stegerwaldsiedlung* auf dem Gelände des kriegszerstörten Stahlwerks und der Räderfabrik von van der Zypen & Charlier östlich der Deutz-Mülheimer Straße. Für die Wohnbauten der jüngeren Zeit sei die ab 1980 entstandene *Böcking-Siedlung* in Mülheim auf dem Areal des Draht- und Feineisen-Walzwerks E. Böcking & Co. genannt.

Die Wohnanlagen *Germaniasiedlung*, *Stegerwaldsiedlung* und *Böcking-Siedlung* haben miteinander gemein, dass sie auf ehemaligen Industrieflächen erbaut worden sind. Dies sei nur ein abschließender Hinweis auf die lange Geschichte des Strukturwandels des Rechtsrheinischen, denn in allen Phasen der Industriegeschichte hat es nieder- und untergehende Betriebe und Branchen gegeben.

Industriegeschichte und Stadtentwicklung im Rechtsrheinischen – Der Zeitraum bis 1990   117

Geschichte und Entwicklung im Rechtsrheinischen

Rechtsrheinische Stadtentwicklung aus Planersicht
Der Zeitraum seit 1990

Dieter Prinz

Für Gesamtstadt und Umland sind die Potenziale des Rechtsrheinischen von großer Bedeutung. Die Nähe von Flusslandschaft und Bergischem Land birgt die Chance zu freiräumlichen Vernetzungen und zur Freihaltung von Frischluftschneisen; die perfekte Erschließung durch Schiene, Straßen, Flughafen und Schifffahrt schafft wichtige Standortqualitäten für die wirtschaftliche Entwicklung. Neben bedeutenden Einrichtungen entlang der Rheinfront gibt es entwicklungsfähige Dienstleistungs- und Bildungseinrichtungen, Gewerbebereiche sowie sozial und kulturell lebendige Infrastrukturen. Diese Lagegunst bietet sehr gute Voraussetzungen für das Wohnen. Bedingt durch Alter und Struktur des Wohnungsbestands – und als Folge des Strukturwandels – gibt es soziologische Probleme. Hier besteht Handlungsbedarf. Ein Patchwork räumlich und funktional losgelöster Einheiten und die Durchschneidung von zahlreichen, trennend wirkenden Verkehrsstrassen prägen das Rechtsrheinische. Im Gegensatz zur linksrheinischen Stadt muss für die rechtsrheinische Stadt ein aufeinander abgestimmtes Nebeneinander von strategisch-strukturellen Entwicklungskonzepten und teilräumlichen städtebaulichen Planungen verfolgt werden – mit dem Ziel, die Entwicklungspotenziale zugunsten der Gesamtstadt und der Region zu nutzen. In den vergangenen 20 Jahren ist diese Parallelität und Vernetzung von Planungsinitiativen zwar immer wieder eingefordert worden, doch eine strukturelle, zukunftsorientierte Auseinandersetzung mit dem rechtsrheinischen Stadtgebiet wurde vernachlässigt. Eine gesamtstädtischen Perspektive nach den Kriterien der »Gleichwertigkeit« hat bislang keine tragfähige Grundlage, keine klaren Orientierungslinien und Zukunftsbilder erhalten.

Als Zeitzeuge und engagierter Beobachter des Strukturwandels blicke ich nicht nur beschreibend und beurteilend zurück. In der Erinnerung werden die vergangenen Zeitabschnitte mit ihren Ungewissheiten und Hoffnungen wieder lebendig. Welche Möglichkeiten zur Bewältigung des Strukturwandels wurden diskutiert, mit welchen Intentionen und Erwartungen wurde jeweils gehandelt, wurden mit Überzeugung oder Kritik die (planerischen) Initiativen begleitet? Neben dem »wissenden« Rückblick steht in meiner Erinnerung der »hoffende« Ausblick, die Suche nach Lösungen in der Abfolge der Entwicklungen.

In meinem Beitrag beschränke ich mich auf die stadtplanerische Sicht auf den Strukturwandel und seine Folgen. Welche Planungen und Programme, welche Strategien wurden zur Bewältigung und Begleitung verfolgt, nach welchen Koordinaten und Bildern zur zukünftigen Nutzung der Potenziale wurde gesucht? Wie sind – aus heutiger Sicht – die Ergebnisse zu bewerten?

Die Situation um 1990 ist für mich mit dem Bild eines Kartenhauses verbunden. Es herrschte eine große Verunsicherung, ja Ohnmacht gegenüber den drohenden Entwicklungen, die weder politisch noch planerisch zu steuern waren. Konnte man darauf setzen, das Wegbrechen des industriellen Sektors – was überall seit Jahren schon passierte – hier zu vermeiden? War es möglich, auf einen »sanften« Wandel durch kontrollierte Reduzierung und zukunftsfähige Umstellung der Produktionen zu hoffen? Oder musste mit einem totalen und dauerhaften Verlust der bislang tragenden Wirtschaftsbasis und der Arbeitsplätze gerechnet werden? Es war ein Zustand zwischen Bangen und Hoffen. Mit nur einer falschen Bewegung konnte das Kartenhaus zum Einsturz gebracht werden. Die möglichen Entwicklungen und ihre Folgen waren von rationaler und emotionaler Wirkung und Bedeutung. Arbeitende Menschen, Familien, die Einwohnerschaft von ganzen Stadtteilen waren betroffen.

Rechtsrheinisches Entwicklungskonzept:
Handlungsstrategie für strukturschwache Stadtteile.

Vor diesem Hintergrund erschien es unanständig, kühl und offen über die Chancen zu reden, die ein solcher Umbruch auch eröffnen kann, und optimistische Visionen eines Aufbruchs in Worten und Bildern über das bald Vergangene zu werfen. Es war ein Gebot der Solidarität und Empathie mit den betroffenen Menschen, eine Denkpause einzulegen. Es war auch die Frage nach der Treue zu den politischen und planerischen Überzeugungen, mit denen in Köln in den vorausgegangenen Jahren engagiert und erfolgreich behutsame Stadterneuerung betrieben worden war. Gerade in solchen Krisen müssen sich Planung und Politik ihrer moralischen Verantwortung bewusst sein.

Umfang und Geschwindigkeit der dann einsetzenden Entwicklungen – das Kartenhaus war inzwischen eingestürzt – machten es unausweichlich, sich den neuen Gegebenheiten zu stellen und die Zukunft zu planen. In nur wenigen Jahren ließ die endgültige Schließung der industriellen Produktionsstätten vor allem im Kernbereich Deutz–Kalk–Mülheim ein Vakuum – Brachflächen von etwa 160 Hektar Größe – entstehen. In kurzer Zeit entfielen etwa 150.00 Arbeitsplätze, mit entsprechenden sozialen und ökonomischen Folgen. Die historisch gewachsenen räumlich-funktionalen Zusammenhänge zwischen den Wohn- und Arbeitsbereichen in den Stadtteilen brachen auseinander.

Ebenso zwingend wie ratlos stellten wir uns die Frage, welche Zukunftsvorstellungen in dieser Situation entwickelt werden können – und müssen. Es genügte nicht, den Flächen nur neue Nutzungen zuzuordnen, es galt, über die Entwicklungspotenziale im Rahmen von strukturellen Zukunftskonzepten für die Stadtteile, den rechtsrheinischen Stadtraum als Ganzes, nachzudenken.

Die Generationen vertraute Nachbarschaft von Wohnquartieren und durch Mauern und Tore umgrenzten Arbeitswelten der großen Werke zerbrach fast über Nacht. Physisch strikt getrennt, aber in

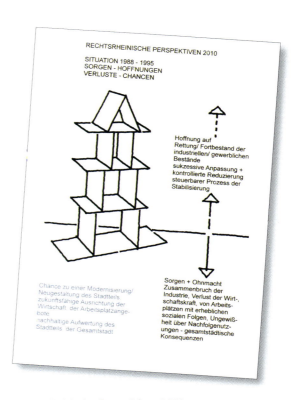

Rechtsrheinische Perspektiven 2010:
Rückblick auf den Beginn der Industrieabwanderung.

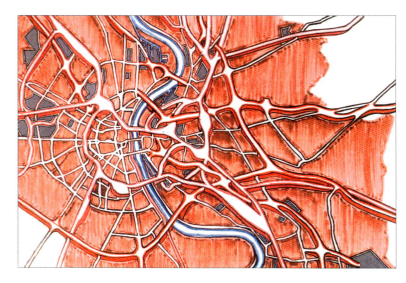

Verkehrstrassen, Gleisanlagen und Schneisen kennzeichnen das rechtsrheinische Stadtgefüge.

den Verflechtungen des Alltagslebens als ökonomische Grundlage, als emotionale Beziehung, als Bild und auch als Beeinträchtigung war dieses Nebeneinander gleichzeitig ein Miteinander, eine Einheit. Industriearchitektur, technische Anlagen, Schornsteine waren stadtbildprägend. Mit ihrem Abbruch wurden die Ausdehnung und die Leere der Brachen sichtbar, wurde die Sorge um die zukünftigen Existenzgrundlagen bildhaft deutlich – und damit die Notwendigkeit, alles nur Mögliche zu tun, um die sozialen Konsequenzen im Griff zu behalten.

Die von Aufbauten entleerten Flächen rückten die das Stadtgebiet durchschneidenden Barrieren (Hochstraßen und Bahndämme) stärker ins Blickfeld. Positiv war nur die Reduzierung der Umweltbelastungen durch die stillgelegten Fabriken und weniger Verkehr. Die Abbildung oben zeigt anschaulich, welch enges Netz von Verkehrstrassen über dem rechtsrheinischen Stadtgrundriss liegt und wie bestimmend diese Barrieren für die funktionalen Beziehungen der Teilräume und für das Stadtbild sind. Die Überwindung der Barrieren ist auf viele, aber enge und die Trennung eher unterstreichende Durchlässe beschränkt. Wesentliches Merkmal dieses dichten Verkehrswegenetzes ist zudem – im Gegensatz zum linksrheinischen Stadtgrundriss – die primäre Nutzung des Stadtteils durch diese Trassen als Transitraum. Zwischen den Straßen und der begleitenden Bebauung bestehen kaum städtebauliche Beziehungen. Der Lageplan mit den Brachflächen, ohne Darstellung der Verkehrstrassen, veranschaulicht, wie fragmentiert das verbleibende Stadtgefüge ist, wie sehr ordnende und verbindende Strukturlinien fehlen und dieser Mangel das Stadtbild beeinträchtigt.

Mit Blick auf die Entwicklungsnotwendigkeiten und -chancen erschien es daher vorrangig, gliedernde und durchgängige Raumfolgen und Ordnungslinien zu konzipieren. Sie sollten Grundlage sein, um die jetzt geöffneten und für neue Nutzungen verfügbaren Flächen an attraktive städtebauliche Entwicklungskorridore anzudocken,

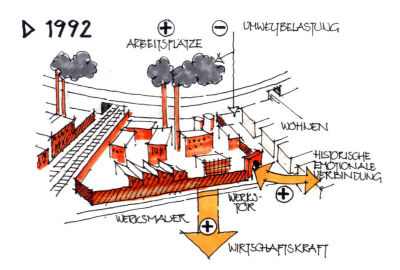

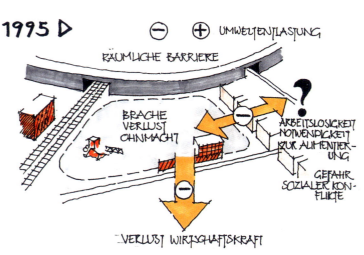

Der Verlust des Industriestandorts entlastete die Umwelt, erhöhte jedoch das Risiko sozialer Konflikte.

um Bestehendes und Zukünftiges miteinander zu verbinden. Es sollten so Straßen, Plätze und Grünräume mit eigener Identität gestaltet werden, gute Adressen im Sinne einer Angebotsplanung für Stabilisierung und Entwicklung. Idee war ferner, die Kreuzungspunkte von den aufgewerteten Straßenräumen mit den Verkehrsbarrieren durchlässiger und markant als Tore zu gestalten. Ebenso ergab sich die Chance, das erhebliche Defizit an Freiflächen und Grünraumverbindungen bei der Umnutzung der Brachen deutlich zu verbessern.

Die extern vorgetragenen Anregungen wurden in den folgenden städtischen Planungen nicht aufgegriffen. In der Situation der Ungewissheit über das tatsächliche Ausmaß des Strukturwandels hatte die Stadt schon 1991 den Beschluss gefasst, mit einer Entwicklungsplanung für das Rechtsrheinische auf die drohenden strukturellen Umbrüche zu reagieren. Das *Entwicklungskonzept erweiterter rechtsrheinischer Innenstadtbereich* (EERI) wurde 1996 vorgelegt. Zielraum war das vom Umbruch am stärksten betroffene Kerngebiet Deutz und Kalk.

Nachfolgend wurden die Planungen unter dem Titel *Rechtsrheinisches Entwicklungskonzept* räumlich ausgedehnt und in die Teilräume Mitte, Ost und Nord aufgegliedert. Der Grundgedanke dieses Konzepts – eine von der Innenstadt ausstrahlende Entwicklung – ist sehr gut nachvollziehbar und war in der gegebenen Situation der wohl beste Ansatz: ein starker Kern, der die vorhandenen Potenziale aufgreift und als Motor für die räumliche und zeitliche Neuausrichtung des rechtsrheinischen Stadtraums wirken soll. Die planerische Umsetzung dieses Leitbilds erfolgte in einer räumlich und inhaltlich sehr konkreten Form. Fast parzellenscharf wurden die Voraussetzungen zur Bewahrung und Aufwertung des Bestands und die Neunutzung der zukünftig verfügbaren Flächen beschrieben. Um eine Maßstabsebene vergrößert ist das Entwicklungskonzept einer Rahmenplanung vergleichbar.

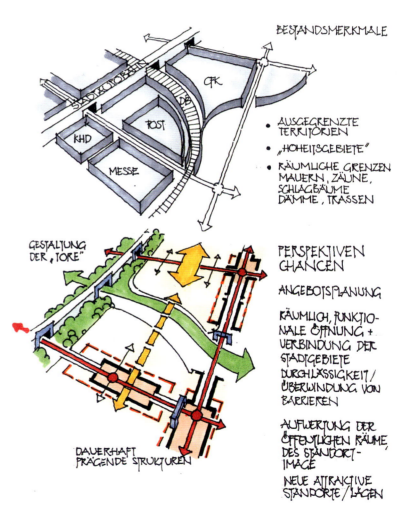

Die Krise als Chance: Eine städtebauliche Neuordnung der rechtsrheinischen Innenstadt bietet durchaus Potenziale.

1994
2000
2002

Rechtsrheinische Hochhaus-Debatte

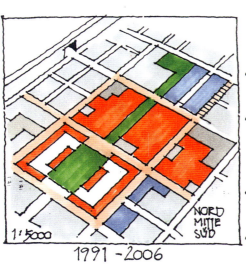

Das *Rechtsrheinische Entwicklungskonzept* (EERI, heute: REK) zwischen Flächenmanagement und architektonischen Leuchttürmen.

Das *Rechtsrheinische Entwicklungskonzept* wurde zu einer tragfähigen Grundlage, um daraus nachfolgende Planungen abzuleiten. Einerseits konnten lokale Entscheidungen über Bebauungspläne, städtebauliche Wettbewerbe oder Programme zur Stabilisierung und Verbesserung der Stadtteile darauf aufbauen, andererseits bot es die Kulisse für strukturelle Leitbilder wie zum Beispiel für die *Medien- und TechnologieSpange Köln* als ein Netzwerk von Bildungs- und Dienstleistungseinrichtungen und Gewerbe, von Forschung und Anwendung.

Es war wohl der Verunsicherung sowie der zeitgleichen Mode, durch spektakuläre Einzelmaßnahmen die Wunden vergessen zu machen und den Städten im Wettbewerb durch auffällige Zeichen (sogenannte Event-Architektur) Profil zu verleihen, geschuldet, dass eine Diskussion über Hochhäuser, Pyramidenbauten und dergleichen zeitweilig eine sachlich fundierte städtebauliche Planung überlagerte. Dieser Disput polarisierte öffentlich, band Kräfte zulasten seriöser Lösungen und hat im Rückblick das Image der Stadt beschädigt (Streit mit der UNESCO um die Gefährdung des Weltkulturerbes Kölner Dom). Was vordergründig ein Streit über formale und symbolische Alternativen war, wurde im Hintergrund von den Fragen »Wem gehört die Stadt?« und »Welche Interessen bestimmen zukünftig das Bild und die Entwicklung Kölns?« angetrieben.

Die pragmatischen Vorgaben und Wirkungen des *Rechtsrheinischen Entwicklungskonzepts* waren und sind unbestritten. Kritik an diesem Planwerk bezog sich aber von Anfang an auf die ausschließliche Ausrichtung auf konkrete, lokale Aussagen und auf das Fehlen einer räumlich, inhaltlich und zeitlich auf die Entwicklung des gesamten rechtsrheinischen Stadtraums angelegten Diskussion und Formulierung von (Ober-)Zielen. Neben der Aufgabe von Stadtreparatur und Bestandsstabilisierung wurde es für unerlässlich angesehen, gesamtstädtische Perspektiven, übergreifende Leitbilder als Orientierungsrahmen für alle Planungsebenen

Rechtsrheinische Stadtentwicklung aus Planersicht – Der Zeitraum seit 1990

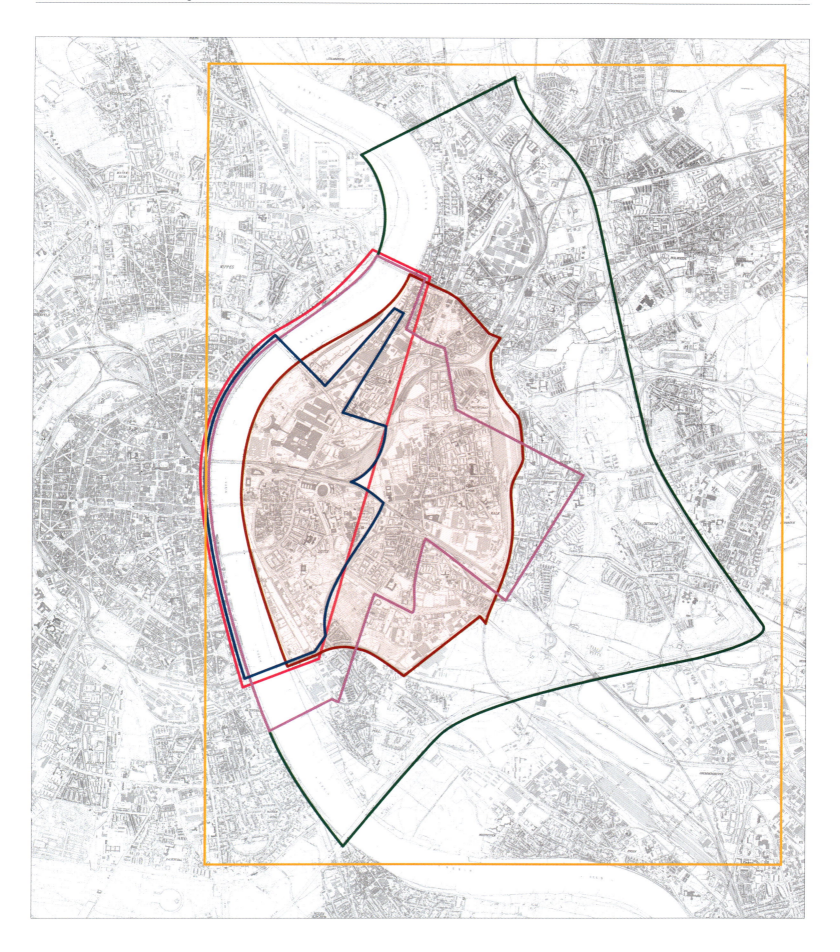

Geschichte und Entwicklung im Rechtsrheinischen

Rechtsrheinische Stadtentwicklung und Strukturplanung
Der Zeitraum seit 1990

Günter Wevering

Ab 1991 erstellte die Verwaltung ein integratives Entwicklungskonzept für eine bezirks- und stadtteilübergreifende räumliche Neustrukturierung des rechtsrheinischen Kernraums. Hauptziel und Leitbild war die soziale und wirtschaftliche Stabilisierung, erreicht werden sollte sie durch eine Stabilisierung der Bevölkerungsentwicklung und -struktur, die Sicherung und den Ausbau der Wohnstandorte, den Wiederauf- und Ausbau der Wirtschaftsstandorte, die Verbesserung und Neuausrichtung des Standortimages, die Stärkung der Geschäftszentren, eine ausreichende soziale Infrastrukturausstattung, die Aufwertung, den Ausbau und die Vernetzung von Grün- und Freiraumverbindungen sowie die umweltfreundliche Optimierung der Verkehre. Heute ist die Neuausrichtung des rechtsrheinischen Kernraums Köln weit vorangeschritten. Dies zeigen die realisierten Wohn- und Gewerbebauten sowie Umfeldmaßnahmen auf ehemaligen Industriebrachen wie auch beschlossene Planungen. Den mit dem Strukturwandel verbundenen sozialen Gefährdungen konnte mit dem breiten integrierten Handlungsansatz begegnet werden. Vor allem aber haben erfolgreiche Bemühungen öffentlicher und privater Investoren verdeutlicht, dass der rechtsrheinische Kölner Kernraum Beachtung findet. Wichtig bleiben die Qualitätssicherung in Städtebau und Architektur sowie anhaltende Bemühungen zur sozialen und wirtschaftlichen Stabilisierung. Die verbliebenen Planungsräume wie der Deutzer Hafen sind in Bearbeitung. Nicht zuletzt aufgrund der neuen Wertschätzung für urbane Räume und der exzellenten Erschließung und Anbindung sind die Perspektiven für das Rechtsrheinische absehbar günstig. Es darf von einer Verstetigung der Entwicklung ausgegangen werden.

Teilräumliche Entwicklungsplanungen und Strukturprogramme im Rechtsrheinischen

Der Betrachtungsraum des Workshops *Rechtsrheinische Perspektiven* entspricht dem seit Anfang der Neunzigerjahre in Bearbeitung befindlichen Gebiet städtischer teilräumlicher Entwicklungsplanungen. Dieser rechtsrheinische Kölner Kernraum mit Deutz und den umgebenden Stadtteilen war fast 150 Jahre lang Kölns größter gewerblich-industriell geprägter Verflechtungsraum. 1987 arbeitete hier fast jeder zweite Beschäftigte im produzierenden Gewerbe und in der Industrie (in Kalk waren es gar 62 Prozent). Umso gravierender war am Ende des 20. Jahrhunderts der durchgreifende Strukturwandel mit einem Verlust von rund 15.000 Arbeitsplätzen innerhalb nur eines Jahrzehnts, einer daraus folgenden Rekordarbeitslosigkeit und 160 Hektar neuen Industriebrachen.

Rat und Verwaltung haben sich mit den umwälzenden ökonomischen, sozialen und städtebaulichen Folgen frühzeitig auseinandergesetzt. 1991 beauftragte der Rat die Verwaltung, ein gesamtheitlich integratives Entwicklungskonzept[1] zu erstellen, um die Erneuerungschancen mit einer räumlichen Neustrukturierung bezirks- und stadtteilübergreifend wahrnehmen zu können. Mit der Schließung der Chemischen Fabrik Kalk (CFK) wurde die Verwaltung darüber hinaus 1994 beauftragt, »zunächst für den Stadtteil Kalk und die Verflechtungsbereiche zu den angrenzenden Stadtteilen ein Gesamtprogramm zur Strukturverbesserung zu erarbeiten«.

Entwicklungsziele

Hauptziel und Leitbild der Stadtentwicklung ist die soziale und wirtschaftliche Stabilisierung des rechtsrheinischen Kernraums. Eine zukunftsorientierte Erneuerung ist verbunden mit einer Klärung der längerfristigen Nutzungsstrukturen einschließlich einer Inwertsetzung der disponiblen Flächen, die ihre Wiedernutzung unterstützt und beschleunigt. Um eine ausgewogenere Bevölkerungsstruktur und die Integration von Bevölkerung mit Migrationshintergrund ohne Verdrängung ansässiger einkommensschwächerer Haushalte zu erreichen, ist eine Attraktivierung der Wohnstandorte für breite Schichten der Bevölkerung anzustreben. Hierzu trägt bei, dass vormalige strukturelle Raumdefizite minimiert (etwa im Freiraum) und großräumige Fachlösungen (zum Beispiel für den Verkehr) vorbereitet werden. Insgesamt soll, ausgehend von den gewachsenen bewahrenswerten Ortsstrukturen, der Aufbruch nachhaltig in stadtverträgliche Bahnen befördert werden.

Entwicklungsziele sind:

- Stabilisierung der Bevölkerungsentwicklung und -struktur;
- Sicherung und qualitätsvoller Ausbau der Wohnstandorte;
- Wiederauf- und Ausbau der Wirtschaftsstandorte;
- Verbesserung und Neuausrichtung des Standortimages;
- Stärkung der Geschäftszentren;
- ausreichende soziale Infrastrukturausstattung;
- Aufwertung, Ausbau und Vernetzung von Grün- und Freiraumverbindungen;
- umweltfreundliche Optimierung der Verkehre.

Rechtsrheinisches Entwicklungskonzept, Stadterneuerung und Strukturförderung im Rahmen der *Sozialen Stadt*

Das *Entwicklungskonzept erweiterter rechtsrheinischer Innenstadtbereich* (EERI) wurde ab dem Jahr 1991 kontinuierlich bearbeitet und später als *Rechtsrheinisches Entwicklungskonzept* weitergeführt. Ergänzend wurden Rahmenplanungen für Poll (1994) und Humboldt-Gremberg (1995) sowie aus dem *Rechtsrheinischen Entwicklungskonzept* abgeleitete kleinräumige Nutzungsstrukturkonzepte (zum Beispiel für Kalk-Süd) beschlossen und umgesetzt.

Rauchende Schornsteine: Die Chemische Fabrik Kalk und angrenzende Betriebe prägten bis Anfang der Neunzigerjahre das Stadtbild im Kölner Osten.

Die *TechnologieSpange Köln* (später erweitert zur *Medien- und TechnologieSpange Köln*) war ab 1999 ein Leitkonzept für den rechtsrheinischen technologischen Standortverbund zur nachhaltigen Schaffung einer neuen Standortidentität mit attraktiven Standortfaktoren für technologieorientierte Produktions- und Dienstleistungsunternehmen.[2] Hinzu kamen Sanierungsplanungen in Mülheim-Nord (bis 2000/2004), Mülheim-Süd (1994–2003), Kalk-Post (1993–2009) und Vingst/Höhenberg (1993–2009).

Teilraum Mitte: Kalk und Humboldt-Gremberg

Räumlicher und inhaltlicher Entwicklungsschwerpunkt war zunächst der Stadtteil Kalk. Mit der Auflösung des KHD-Werks und der Stilllegung der CFK waren hier rund 80 Hektar Gewerbe- und Industriefläche disponibel geworden, die Hälfte des Stadtteils. Durch den Verlust der wirtschaftlichen Basis stieg die Arbeitslosenquote auf über 25 Prozent an.

Aufgrund des dringenden Handlungsbedarfs wurden von der Stadtentwicklungsplanung frühzeitig Nutzungsstrukturkonzepte für das KHD-Werksgelände im Kalker Süden und für den Altstandort der CFK im Kalker Westen vorgelegt. Diese Konzepte beinhalteten die Erhaltung von Gewerbeflächen, die Arrondierung von Wohnbereichen, die Verbesserung der Erschließungsqualität und den Abbau von Gründefiziten. Die weitere Entwicklung führte auch aufgrund unterschiedlicher Entwicklungsträger im Kalker Westen zur Rücknahme von Produktionsflächen.

Anfang 1997 veräußerte die CFK Werksflächen nördlich der Kalker Hauptstraße an die Grundstücksentwicklungsgesellschaft (GSE), die bis heute verantwortlich das Flächenrecycling organisiert. Mit Ratsbeschlüssen zum Neubau der Westumgehung Kalk (1996) und zum Grundstücksankauf für den Bürgerpark (1997) wurden auf der Grundlage des Nutzungsstrukturkonzepts frühzeitig wesentliche öffentliche Belange noch vor der Schaffung von Planungsrecht durch Bebauungspläne gesichert. Die Landesentscheidung zum neuen Polizeipräsidium (1998) und die Realisierung des Bürgerparks stehen in direktem Zusammenhang mit der Aufnahme Kalks in das Förderprogramm *Soziale Stadt*.

Kontroverse städtebauliche Diskussionen begleiteten das CFK-Bebauungsplanverfahren. Die Diskussionen fanden ab 1999 auf Grundlage der Ergebnisse der Planer-Mehrfachbeauftragung statt, deren erster Preisträger (Büro 3Pass, Köln) den Stadtteil nach Westen mit einer offenen Raumstruktur weiterentwickelt hatte. Beendet wurde die Debatte im Juli 2002 mit dem Grundsatzbeschluss des Stadtentwicklungsausschusses zum alternativ vom Projektentwickler beauftragten Planungskonzept des Büros HPP unter Berücksichtigung eines geschlossenen Einkaufszentrums, das mit den *Köln Arcaden* (30.000 Quadratmeter Verkaufsfläche) bis März 2005 realisiert wurde. In weiteren Qualifizierungsverfahren wurde die Gestaltung der Fußgängerachse (2002), des Bürgerparks (2004) und des *Cologne Science Center Odysseum* (2005)

Rechtsrheinisches Entwicklungskonzept, Teilraum Mitte Kalk/Humboldt-Gremberg: Nutzungskonzept (Entwurf), Stand Oktober 2010.

»Armut! In 5 Jahren die ersten Slums«.
Zeitungsartikel des *Kölner Express*
vom 26. Oktober 1993.

bestimmt. Die Umnutzung des alten CFK-Standorts erfolgte im Wesentlichen dienstleistungsorientiert mit einem erheblichen Anteil Wohnungsneubau (etwa 650 Wohneinheiten) am Bürgerpark. Aktuell wird der Bebauungsplan geändert, um statt der zwei Hochhäuser neue Blockstrukturen für Büroansiedlungen festzusetzen. Insgesamt aber sind die Raumstrukturen bestimmt und vor allem östlich der Westumgehung ist die Neubebauung absehbar weitgehend realisiert.

Im Gegensatz dazu verlief die Neuordnung des Kalker Südens unspektakulär. Aufgrund des starken städtischen Einflusses durch den Ankauf von 30 Hektar KHD-Fläche konnte das Arbeitsstättengebiet großflächig erhalten und neu ausgerichtet werden. Wesentlich hierfür war das Nutzungskonzept Kalk-Süd (1998) als Baustein des *Rechtsrheinischen Entwicklungskonzepts*, das eine Arrondierung des Wohnbereichs Kalk südlich der Kalker Hauptstraße, Grün- und Freiräume sowie ein verdichtetes Gewerbegebiet nördlich der geöffneten und ausgebauten Dillenburger Straße beinhaltet. Südlich der Dillenburger Straße konnte überwiegend Industriegebietscharakter erhalten werden. Die Neuausrichtung zum Industrie- und Technologiepark Kalk-Süd erstreckt sich zwischen den zwei Leitprojekten des Kalk-Programms: das *Rechtsrheinische Technologie- und Gründerzentrum* (RTZ) auf dem früheren Hagen-Gelände und der *Technikhof Kalk* in den ehemaligen KHD-Hallen an der Dillenburger Straße.

Mit der Arrondierung des Wohnbereichs wurden über 600 Wohnungen errichtet und mit dem Ottmar-Pohl-Platz wurde neuer öffentlicher Stadtraum geschaffen. Eine Vielzahl neuer Sozial-, Jugend- und Kultureinrichtungen – teilweise in denkmalgeschützten Gebäuden – behebt vorherige Defizite. In das *Kalk Karree* ist die städtische Jugend- und Sozialverwaltung eingezogen. Mit der Erneuerung des Gymnasiums Kantstraße ist hier 2011 der Übergang zwischen Wohn- und Arbeitsstättengebiet unter Berücksichtigung der notwendigen Grün- und Spielflächen zu klären. Das städtische Umbauvorhaben *Technikhof Kalk* (1999–2001) hat in den früheren KHD-Hallen eine neue Adresse gebildet und 15.000 Quadratmeter Mietfläche für über 300 Arbeitsplätze im Kleingewerbe, Handwerk und bei den technischen Dienstleistern geschaffen. Ende 2010 waren beiderseits der Dillenburger Straße über 2.600 alte und neue Arbeitsplätze vorhanden.

Das durch Konkurs brachgefallene Gelände der Batteriefabrik Hagen wurde Ende 1987 vom Grundstücksfonds NRW ersteigert und von der Landesentwicklungsgesellschaft (heute NRW.URBAN) in Abstimmung mit der Stadt zum *Technologiepark* entwickelt. Motor war das im März 1999 eröffnete RTZ, das in seinen ersten zehn Betriebsjahren fast 140 Gründerunternehmen betreute und damit die Schaffung von über 1.200 neuen Arbeitsplätzen fördern konnte. Der *TechnologiePark Hagen-Campus* umfasst rund 40.000 Quadratmeter neue Nutzflächen mit derzeit 700 bis 800 Arbeitsplätzen. Dabei ist die Bandbreite der Nutzungen neben dem RTZ mit dem Kompetenzzentrum der Innung Heizung, Sanitär,

Klima, einer Behindertenwerkstatt, einem Arbeits- und Qualifizierungszentrum für benachteiligte Jugendliche, einem Designzentrum und städtischen Atelierhäusern sowie vielfältigen Bürobauten für technische und andere Dienstleister groß.[3]

Kalk-Programm – Initiativen für Kalk

Kalk, das nördliche Humboldt-Gremberg und das Sanierungsgebiet Vingst/Höhenberg wurden aufgrund der komplexen Problemlage Ende 1993 vom Land als »Stadtteile mit besonderem Erneuerungsbedarf« anerkannt und ab 1994 im Rahmen des Städtebauförderungsprogramms *Soziale Stadt* umfassend unterstützt. Entsprechend dem Hauptziel der sozialen und wirtschaftlichen Stabilisierung erfolgte die Umsetzung mit dem integrierten Handlungskonzept *Kalk-Programm*[4] mit einer Verknüpfung von Stadterneuerungs-, Wirtschafts-, Arbeitsmarkt- und Sozialpolitik als eine komplexe Strukturpolitik unter Einbeziehung von Synergieeffekten der begrenzten öffentlichen und privaten Mittel in den Handlungsfeldern Wiederaufbau der Wirtschafts- und Beschäftigungsbasis (A), Stabilisierung und Ergänzung der Wohnfunktion (B) und Verdichtung des sozial-integrativen Netzwerks (C).

Bis Ende 2004 erfolgten Fördermaßnahmen in einem Gesamtumfang von über 46 Millionen Euro, davon knapp 30 Millionen Euro staatliche Zuwendungen. Programmsteuerung, Koordination und Evaluierung lagen bei der Stadtentwicklungsplanung. Den Großteil der Mittel banden die Leitprojekte *Rechtsrheinisches Technologie- und Gründerzentrum*, *Technikhof Kalk*, die Jugendeinrichtung *AbenteuerHallen Kalk* und der *Bürgerpark Kalk*. Daneben wurden weitere Wohnumfeld- beziehungsweise Spielplatzmaßnahmen realisiert. Mit über 50 Projekten im Handlungsfeld C mit den Schwerpunkten Beschäftigungsförderung, Qualifizierung, Prävention und Bekämpfung von Jugendgewalt/Drogen sowie Gesundheitsvorsorge/Sport und Stadtteilkultur wurde den sozialen Folgen des Strukturwandels begegnet. Durch Berücksichtigung des sogenannten zweiten Arbeitsmarkts beim Umbauvorhaben *Technikhof Kalk* kam der integrative Programmansatz auch dort zum Tragen.

In Hinblick auf die städtebaulichen Herausforderungen des Strukturwandels kann festgestellt werden, dass in Kalk die Industriebrachen zwischenzeitlich überwiegend neu geordnet worden sind. Neben der Erneuerung und dem Ausbau sozialer wie kommerzieller Infrastruktur wurden im Programmgebiet über 1.900 Wohnungen errichtet und 6.500 Arbeitsplätze neu angesiedelt. Die privatwirtschaftlichen Aktivitäten, die etwa ein achtfaches Volumen der öffentlichen Investitionen ausmachen, sind ein Beleg für die Zukunftsfähigkeit des Stadtteils.

Da aber gleichwohl das Image des Stadtteils dieser Entwicklung noch nicht ausreichend Rechnung trägt, sind weitere qualitätsvolle Projektentwicklungen abzusichern. Durch eine gemeinsame Projektinitiative der GAG Immobilien AG und der *Montag Stiftungen* ist die Erneuerung des Wohnbereichs Kalk-Nord angestoßen

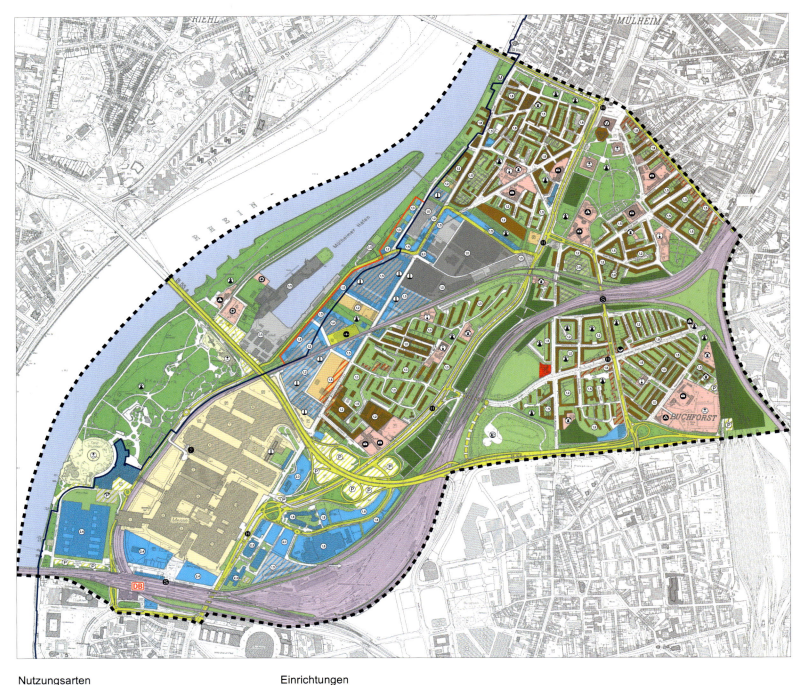

Nutzungsarten

- Industrie
- Gewerbe
- Büro/Dienstleistung
- Wohnen
- Überwiegend Wohnen
- Wohnen/Büro/Einzelhandel
- Öffentliche Einrichtung
- Öffentliches Grün
- Privates Grün
- Kleingärten
- Bahnanlagen
- Sport und Freizeitanlagen
- Einzelhandel/Fachmarkt
- Hauptverkehrsstraßennetz
- Dienstleistung/Gewerbe
- Sondernutzung (Messe)
- Stellplatzanlagen
- Ver- und Entsorgungsanlagen
- Bundeswasserstraße
- Private Wasserfläche
- Gewerbe mit Freiflächen und Grünanteil

— Gesetzlich festgesetztes Überschwemmungsgebiet
— Geplante Hochwasserschutzlinie

Einrichtungen

- Jugendeinrichtung
- Spielplatz
- Kindergarten/-tagesstätte
- Spielplatz für größere Kinder
- Öffentliche Verwaltung
- Altenwohnheim
- Kirche
- Freizeiteinrichtung
- Betriebshof
- Markt, Festplatz
- Parkplatz
- Parkhaus
- Fernbahnhof
- S-Bahn-Haltepunkt
- E-Werk/Umspannwerk
- Polizei
- Grundschule
- Weiterführende Schule
- Naturdenkmal
- Denkmalschutz
- Post
- Stadtbahn-Haltestelle
- Bus-Haltestelle
- Hubschrauberlandeplatz
- Einrichtung Telekom
- Gaswerk / Heizwerk

Bauliche Dichte

- ⑩ mittlere Geschossflächenzahl

worden.⁵ Ein nachhaltiges Ergebnis der Programmarbeit ist die Gründung der Stadtteilstiftung *KalkGestalten*. Die von ihr unterstützten Projekte und Initiativen decken ein breites sozial-kulturelles Spektrum ab.⁶

Bei anhaltendem Aufwärtstrend des Stadtteils ist in fernerer Zukunft auch die Einbeziehung des mindergenutzten Rangierbahnhofs Kalk-Nord diskussionswürdig. Kurzfristige Unterstützung seitens Land und Stadt wird aktuell der Immobilien-Standortgemeinschaft Kalker Hauptstraße zur Verfügung gestellt, um das traditionelle bezirkliche Einkaufszentrum zu stärken und zu attraktivieren.

Teilraum Nord: Mülheim-Süd, Buchforst und Deutz-Nord

Aufgrund des Rückzugs der KHD aus dem Mülheimer Süden war die Klärung zukünftiger Nutzungsstrukturen für 62 Hektar Industriefläche eine wesentliche Aufgabenstellung. Nach der Vorlage *Erster Zielvorstellungen und Rahmenbedingungen für den Teilraum Deutz/Mülheim* im Jahr 1992 zum EERI, unter anderem als Leitlinie für größere Flächendispositionen privater Projektentwickler, standen die tatsächlichen Umnutzungsmöglichkeiten altindustrieller Flächen in Abhängigkeit von der Unternehmensentwicklung der KHD. Neu genutzt wurden deshalb bis heute nur die Flächen südlich der Zoobrücke mit der Messe-Erweiterung, nachdem 1992 die Projektentwicklung *Euroforum-Süd* (Planung von O. M. Ungers) nicht hatte umgesetzt werden können. Seit Ende der Neunzigerjahre konzentriert sich die Planung auf altindustrielle Flächen westlich der Deutz-Mülheimer Straße. Neben den Projektentwicklungen *Euroforum-Nord* und *Euroforum-West* vis-à-vis der *Stegerwaldsiedlung* wurde für das ehemalige KHD-Gießerei-Gelände, das 1996 vom Grundstücksfonds NRW erworben worden war, die zukünftige Nutzungstruktur 2008 abgestimmt.

Mit dem Ratsbeschluss von 2009 zum *Rechtsrheinischen Entwicklungskonzept/Teilraum Nord* (Deutz-Nord, Mülheim-Süd, Buchforst) liegt eine Rahmenplanung mit Planungs- und Handlungsempfehlungen zur integrierten Stadterneuerung und zur Sicherung des Strukturwandels vor. Es werden Raumdefizite, zum Beispiel im Grün- und Freiraum (vgl. Rheinboulevard Mülheim, Grünzüge *Charlier* und Mülheim-Süd) so weit wie möglich beseitigt und großräumige Verkehrslösungen vorbereitet. Das Konzept sieht vor, die Wohnbereiche zu stärken und abzurunden. Wesentliche Zielsetzung ist die Unterstützung von Unternehmensansiedlungen mit neuen Arbeitsplätzen. Dabei stellen die erhaltenswerten Industriebauten ein Ansiedlungspotenzial für die Kreativwirtschaft dar. Ausgehend von den bewahrenswerten Ortsstrukturen soll der Aufbruch im innenstadtnahen rechtsrheinischen Stadtraum nachhaltig und in stadtverträglichen Schritten befördert werden.

Das Bebauungsplanverfahren *Euroforum-Nord* befindet sich vor der Offenlage. Die angrenzenden Gießerei-Flächen werden 2011 vom Grundstücksfonds zum Verkauf ausgeschrieben. Ergänzt werden die Neuordnungsüberlegungen durch private Bemühungen zur

Rechtsrheinisches Entwicklungskonzept, Teilraum Nord (Deutz-Nord / Mülheim-Süd / Buchforst): Nutzungskonzept Ratsbeschluss vom 5. Mai 2009 (www.stadt-koeln.de/4/stadtentwicklung/07176/).

Aufwertung und Neunutzung mindergenutzter Flächen. Die Werksflächen der Deutz AG östlich der Deutz-Mülheimer Straße sollen langfristig Arbeitsstättegebiet bleiben. Der Mülheimer Hafen hat weiterhin mit den vorhandenen Nutzungen die Binnenschifffahrt zu unterstützen. Neben der Verlärmung des Hafenareals stehen die hohe Überschwemmungsgefahr und eine wasserrechtliche Schutzausweisung Nutzungsalternativen entgegen. Für den Deutzer Norden sind Projektentwicklungen (zum Beispiel *MesseCity*) wie auch Verdichtungsräume für Dienstleistungsnutzungen am Messekreisel entsprechend der Lagegunst am ICE-Terminal Köln Messe/Deutz berücksichtigt. Die Aussichten auf eine strukturelle Erneuerung und Revitalisierung des Mülheimer Südens mit der Schaffung neuer spannender und belebter Räume sind 2011 günstiger denn je.

Strukturförderprogramm *Mülheim 2020*

2001 wurden (nach der Nichtberücksichtigung des Rechtsrheinischen in der EU-Gemeinschaftsinitiative *Urban 2000–2006* für die wirtschaftliche und soziale Wiederbelebung städtischer Krisengebiete) durch die Aufnahme von Mülheim mit Buchforst in das Bund-Länder-Programm *Soziale Stadt* zusätzliche Möglichkeiten geschaffen, um der komplexen Problemlage mit dem in Kalk bewährten integrierten Handlungsansatz zu begegnen. Kurzfristig konnten im *Mülheim-Programm* Jugendhilfe- und Gemeinwesenarbeitsprojekte auf den Weg gebracht und in Zusammenarbeit mit dem Verein *Runder Tisch Buchforst* konnte an der Waldecker Straße ein Stadtteilzentrum eingerichtet werden.

Ab 2008 wurde das *Mülheim-Programm* in Abstimmung mit dem Land auf der Grundlage des integrierten Handlungskonzepts *Mülheim 2020*[7] neu positioniert. Mit der Einbeziehung des Stadtteils Mülheim sowie von Buchforst und Buchheim verbreiterte sich auch die Finanzierung mit Fördermitteln aus dem Europäischen Fonds für regionale Entwicklung (EFRE). Im Mai 2009 beschloss der Rat zeitgleich mit dem *Rechtsrheinischen Entwicklungskonzept* das Strukturförderprogramm *Mülheim 2020* mit rund 50 Projektvorschlägen und einem veranschlagten Gesamtvolumen von 40 Millionen Euro zur Umsetzungsvorbereitung. Wesentliche Zielsetzungen sind die spürbare Verringerung der Arbeitslosigkeit und die Verbesserung der Wirtschaftskraft und vernachlässigter städtischer Räume.

Das integrierte Handlungskonzept ist entsprechend seinem Leitbild »Wege öffnen – Übergänge schaffen – zusammen wachsen« in die Programmschwerpunkte Lokale Ökonomie, Bildung und Städtebau unterteilt. Zur Umsetzung der Projekte der beiden erstgenannten Schwerpunkte werden externe Träger eingesetzt, ausgewählt durch europaweite Ausschreibungen. Im städtebaulichen Schwerpunkt sind die Maßnahmen *Grünzug Charlier* und *Rheinboulevard Mülheim-Süd* ebenso in Bearbeitung wie die Umgestaltung der Zentren an der Buchheimer, Frankfurter und Berliner Straße (einschließlich Marktplatz und Bürgerpark).

Der Wiener Platz als urbanes Herz des Kölner Stadttteils Mülheim (2003).

Rechtsrheinische Stadtentwicklung und Strukturplanung – Der Zeitraum seit 1990

Das Strukturförderprogramm strebt eine breite Ansprache der Öffentlichkeit sowie vor allem der Bewohnerschaft und der lokalen Wirtschaft mit Einbindung der Politik vor Ort an. Dies wird durch den neu eingerichteten *Veedelsbeirat* und die Beteiligung der Bezirksvertretung Mülheim sowie durch Informationsveranstaltungen zu Einzelplanungen und Fachforen sichergestellt. Des Weiteren können über einen Verfügungsfonds unbürokratisch kleinere Ideen und Aktivitäten aus der Bürgerschaft im Sinne des Programmansatzes unterstützt werden.[8]

Teilraum Süd: Deutz und Poll-Nord

Deutz ist in den vergangenen Jahren zum zentralen Entwicklungspol des rechtsrheinischen Kernraums geworden. Kennzeichnend hierfür ist die Ansiedlung von oberzentralen und Innenstadtfunktionen entsprechend dem *Entwicklungskonzept Innenstadt* (1989): *KölnArena* (heute *Lanxess Arena*), Stadthaus Deutz, Großhotels sowie Investitionen in hochwertige Dienstleistungsstandorte und nicht zuletzt der Ausbau des Verkehrsknotens Köln Messe/Deutz mit ICE-Terminal. Mit dem Anschluss an das Hochgeschwindigkeitsnetz der Bahn im Jahr 2002 war ein erheblicher und zusätzlicher Standortvorteil und Impulsgeber der rechtsrheinischen Standortentwicklung gegeben.

Schwerpunkt der Bearbeitung des *Rechtsrheinischen Entwicklungskonzepts* im Jahr 2011 ist, unter Berücksichtigung des 2008 vorgelegten städtebaulichen Masterplans Innenstadt Köln[9], die Klärung der zukünftigen Nutzung des Deutzer Hafens. Nach Vorlage der Standortuntersuchung Deutzer Hafen und dem Symposium zur zukünftigen Nutzung des Hafenareals hat der Rat die Verwaltung 2009 mit der Erstellung eines Entwicklungskonzepts *Deutzer Hafen* beauftragt, bei dem eine Teilumnutzung von Hafenflächen zu prüfen ist. Neben den Anforderungen des Logistikstandorts sind insbesondere wasserrechtliche Bestimmungen für das im Überschwemmungsgebiet des Rheins liegende, etwa 32 Hektar große Gelände zu untersuchen. Auf der Grundlage der Ergebnisse beabsichtigt der Rat, zum Jahresende 2011 über die künftige Flächennutzung zu entscheiden.

Besonders bedeutsam für die östlich angrenzenden, strukturgeschwächten Stadtteile ist die Zukunft des Ingenieurwissenschaftlichen Zentrums der Fachhochschule Köln in Deutz. Neben der grundlegenden Standorterneuerung prüft das Land eine Verlagerung nach Bayenthal. Eine Entscheidung wird Mitte 2011 erwartet. Sollte der Deutzer Standort mittelfristig aufgegeben werden, sind hier strukturpolitisch ausstrahlende Nachfolgenutzungen, vorzugsweise aus Wissenschaft und Forschung, erforderlich und planbedürftig. In Poll-Nord steht ergänzend die Nutzung brachliegender Altdeponieflächen zur Klärung an. Insgesamt ist zu erwarten, dass die Deutzer Entwicklung, von der auch der Wohnstandort profitiert hat, weiterhin Motor für die Erneuerung der angrenzenden Stadtteile bleibt.

Rechtsrheinisches Entwicklungskonzept,
Teilraum Süd Deutz/Poll:
Nutzungskonzept (Entwurf), Stand Oktober 2010.

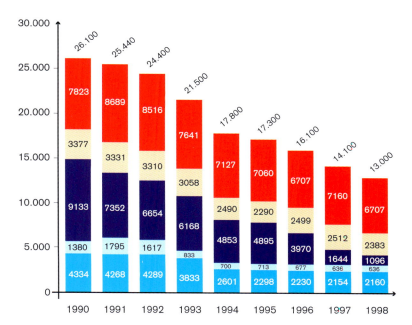

Entwicklung der sozialversicherungspflichtig Beschäftigten von 1990 bis 1998 in ausgewählten Branchen des verarbeitenden Gewerbes in den rechtsrheinischen Stadtbezirken Kalk und Mülheim sowie im Stadtteil Deutz.
Quelle: Arbeitsamt Mülheim
Stand: jeweils 30. September d. J.

Resümee

Die Neuausrichtung des rechtsrheinischen Kernraums Köln ist weit vorangeschritten. Dokumentiert wird dies durch realisierte Wohn- und Gewerbebauten sowie Umfeldmaßnahmen auf ehemaligen Industriebrachen wie auch durch beschlossene Planungen. Den mit dem Strukturwandel verbundenen sozialen Gefährdungen konnte mit dem breiten integrierten Handlungsansatz begegnet werden.

Vor allem aber haben die erfolgreichen Bemühungen öffentlicher und privater Investoren verdeutlicht, dass der rechtsrheinische Kölner Kernraum Beachtung findet. Wichtig bleiben die Qualitätssicherung in Städtebau und Architektur sowie anhaltende Bemühungen zur sozialen und wirtschaftlichen Stabilisierung. Die verbliebenen Planungsräume wie der Deutzer Hafen sind in Bearbeitung, so dass hier absehbar die kommunalpolitische Entscheidungsfindung unterstützt werden kann. Nicht zuletzt aufgrund der neuen Wertschätzung für urbane Räume und der exzellenten Erschließung und Anbindung sind die Perspektiven für das Rechtsrheinische absehbar günstig. Es darf von einer Verstetigung der Entwicklung ausgegangen werden, die – so bleibt zu hoffen – zunehmend mehr Menschen erreicht, die in Kalk und Mülheim schwierige Zeiten zu überstehen hatten.

1 Die kommunale Stadtteilentwicklungsplanung definiert sich als die Verknüpfung sektoraler und räumlicher Planung im Rahmen gesamtstädtischer Zielsetzung zur Steuerung einer ausgewogenen Entwicklung von Teilräumen der Stadt. Nach Gebietsanalysen und abgeleiteten Planungszielen werden räumliche Neuordnungskonzepte und zugehörige Maßnahmenprogramme für die Bereiche Bevölkerung und Wohnen, Einkaufen und Arbeiten, Grün und Umwelt sowie Verkehr erstellt. Der Rat der Stadt Köln beschließt teilräumliche Entwicklungskonzepte unter Abwägung der Ergebnisse der Öffentlichkeitsbeteiligung gemäß § 1 Absatz 6 Nr. 11 Baugesetzbuch. Es handelt sich damit um eine informelle, verwaltungsintern verbindliche, langfristig ausgerichtete Entwicklungsplanung.

2 Vgl. Klaus Otto Fruhner: Stadt im Umbruch – Chancen für die Stadt. In: Architekturforum Rheinland e. V. (Hg.): Kölner Stadtbaumeister und die Entwicklung der städtischen Baubehörden seit 1821, Köln 2007.

3 www.rtz.de; www.hagen-campus.de

4 Institut für Landes- und Stadtentwicklungsforschung (Hg.): Handlungskonzept Kalk. Materialien, Dortmund 1996.

5 www.kalkschmiede.de

6 www.stiftungkalkgestalten.de

7 agiplan GmbH: MÜLHEIM 2020. Integriertes Handlungskonzept für Köln-Mülheim, -Buchforst und -Buchheim, Mülheim an der Ruhr 2009.

8 www.stadt-koeln.de/4/muelheim2020/

9 www.stadt-koeln.de/4/stadtplanung/00603/

Blick über die Südbrücke auf die Poller Wiesen und den südlichen Teil des Deutzer Hafens (2003).

Zukunft des Rechtsrheinischen
Die Aufgabenstellung für die fünf Planungsbüros

Die städtebauliche Asymmetrie zwischen links- und rechtsrheinischem Köln hat erhebliche Konsequenzen für die Entwicklungspotenziale des Rechtsrheinischen. Ziel bleibt der städtebauliche, soziale, ökonomische und kulturelle Ausgleich zwischen beiden Rheinseiten. Der rechtsrheinische Kernraum ist stadträumlich extrem heterogen und fragmentiert, zementiert durch die infrastrukturellen Zäsuren (Bahn- und Straßentrassen, Verkehrs- und Industrieflächen). Die oft inselartig isolierten Quartiere und Teilbereiche sind stärker miteinander zu verbinden und zu einem zusammenhängenden, qualitätvollen und zukunftsfähigen Stadtraum zusammenzuschließen. Brachen und Konversionsflächen können als Übergangsflächen mit Gelenkfunktionen zwischen städtischen Räumen fungieren, angedockt an vorhandene städtebauliche Entwicklungskorridore. Zudem müssen die erheblichen Defizite an Freiflächen und Grünraumverbindungen behoben werden. Der »Stadtraum Rhein« soll in die Tiefe der dahinter liegenden Stadtquartiere wirken. Darüber hinaus soll der Kernbereich des rechtsrheinischen Köln (vor allem Deutz) deutlicher als Teil der Innenstadt wahrgenommen und gestärkt werden. Für das rechtsrheinische Köln muss ein abgestimmtes Nebeneinander von strategischen und strukturellen Entwicklungskonzepten sowie kleinräumlichen Planungen erfolgen, letztlich eine Synthese der links- und rechtsrheinischen Planungsprozesse. Der Workshop 2010 war die bisher weitestgehende Annäherung an diese Fragen und Probleme. Fünf interdisziplinär arbeitende Teams untersuchten das rechtsrheinische Köln auf seine Potenziale insbesondere in Bezug auf die öffentlichen Räume, Grün- und Freiflächen und Vernetzungspotenziale. Kleinere Stadträume wurden methodisch und inhaltlich erfasst und unter Beachtung des Gesamtbetrachtungsraums bearbeitet. Die Teilräume überlappten sich oder waren durch Übergangszonen miteinander verwoben. Zudem gab es zwei übergreifende Themen (»Rheinraum« und »Trassen, Straßen, Wege«).

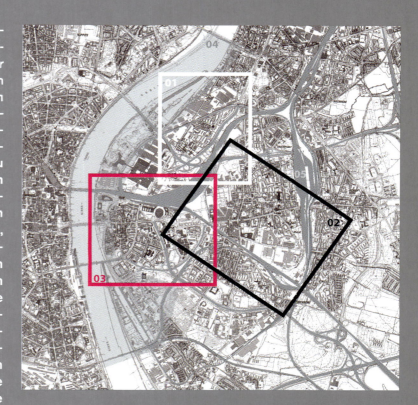

01 Mülheim-Süd
02 Kalk-Süd
03 Deutz
04 Rheinraum
05 Trassen, Straßen, Wege

Workshop

Zukunft des Rechtsrheinischen
Die Aufgabenstellung für die fünf Planungsbüros

Regina Stottrop / Georg Wilbertz

Asymmetrische Stadtentwicklung links und rechts des Rheins

Nach wie vor existiert eine latente städtebauliche Asymmetrie zwischen dem links- und dem rechtsrheinischen Köln, die erhebliche Konsequenzen für die ökonomischen und städtischen Entwicklungspotenziale des Rechtsrheinischen nach sich zieht. Aufgrund der historischen Entwicklung und der daraus resultierenden städtebaulichen Determinanten wird dies auch zukünftig kaum vollständig auszuräumen sein. Trotzdem muss es ein Ziel der Kölner Stadtentwicklung bleiben, einen stärkeren städtebaulichen, sozialen, ökonomischen und kulturellen Ausgleich zwischen den beiden Rheinseiten zu erreichen. Das Schlagwort vom »Köln beiderseits des Rheins« sollte die Grundlage für die weiteren Schritte einer übergreifenden Stadtentwicklung sein. Nur durch diesen Ausgleich der beiden Rheinseiten ist eine nachhaltige und attraktive gesamtstädtische Entwicklung zu erreichen. Dies um so mehr, da die Folgen des rapiden wirtschaftlichen Strukturwandels, der sich an den ehemals industriellen Standorten Deutz, Mülheim und Kalk in den vergangenen drei Jahrzehnten vollzog, zu massiven ökonomischen und sozialen Problemen und Verwerfungen führten und die historisch gewachsenen, räumlich funktionalen Zusammenhänge zwischen den Wohn- und Arbeitsbereichen in den Stadtteilen zerstörte. Seitdem weist der rechtsrheinische Raum erhebliche zentrumsnahe städtebauliche Entwicklungsflächen und Potenziale auf. Für die zukünftige, auf die Gesamtstadt ausgerichtete städtebauliche Entwicklung Kölns ergibt sich daraus eine Reihe grundlegender Intentionen. Die wichtigsten seien nachfolgend genannt.

Heterogenität als Chance begreifen, Barrieren überwinden

Der rechtsrheinische Kernraum ist stadträumlich extrem heterogen und fragmentiert. Dies bezieht sich nicht nur auf die vorhandenen Funktionen und Typologien. Es gilt auch für die sozialen, ökonomischen und kulturellen Gegebenheiten sowie die daraus

Die Aufgabenstellung für die fünf Planungsbüros

resultierenden, sehr unterschiedlichen stadträumlichen Milieus und Qualitäten. Räumlich wird die Heterogenität unterstrichen und zementiert durch die infrastrukturellen Zäsuren (Bahn- und Straßentrassen, Verkehrs- und Industrieflächen), die im rechtsrheinischen Köln ablesbar sind und städtische Insellagen herausbilden.

Den Aspekt infrastruktureller Zäsuren gesondert betrachtet, zeigt sich eine paradoxe Situation. Der Gesamtraum ist gut verkehrlich erschlossen und mit dem überregionalen Verkehrsnetz verbunden. Neben seinen vielen besterschlossenen Lagen wirkt das rechtsrheinische Köln dennoch als »immanenter Transitraum«, der das Rechtsrheinische in der Wahrnehmung nicht nur vieler linksrheinischer Kölner zu einem großflächigen Durchgangskorridor degradiert. Zwischen Straßen und begleitender Bebauung bestehen kaum städtebauliche Beziehungen. Die Trassen und Schneisen verhindern einen kohärenten, durchgängigen Stadtraum. Nicht weniger als 50 Brücken, Unter- beziehungsweise Überführungen sind notwendig, um den rechtsrheinischen Kernraum zu durchqueren. Die großflächigen Brachen und Konversionsflächen tun ein Übriges zur Verinselung einzelner Quartiere.

Es sollten Möglichkeiten genutzt und entwickelt werden, um die momentan bestehenden Grenzen zwischen den Quartieren abzumildern und durchlässiger zu gestalten. Ziel sollte sein, die einzelnen, heute oft inselartig isolierten und abgeschotteten Quartiere und Teilbereiche stärker miteinander zu verbinden und zu einem zusammenhängenden, qualitätvollen und zukunftsfähigen Stadtraum zusammenzuschließen, ohne die funktionale, soziale und ökonomische Vereinheitlichung des Betrachtungsraums und die Auflösung seiner heterogenen Grundstruktur zu realisieren. Gelingt dies, könnte sich die Vielfältigkeit und Unterschiedlichkeit langfristig von einem Standortnachteil zu einem Vorteil entwickeln, da die spezifischen Faktoren und Qualitäten der einzelnen Quartiere und Bereiche einander ergänzen und stärken könnten.

Knapp 160 Hektar gelten im Betrachtungsraum der *Rechtsrheinischen Perspektiven* als Potenzialflächen für zukünftige Entwicklungen. Diese Fläche entspricht etwa zehn Prozent der gesamten Fläche des Kölner Stadtbezirks Innenstadt.

Verkehrsbänder und Bahntrassen bilden Zäsuren im Stadtkörper aus.

Brachen in den Stadtraum einweben

Bei entsprechender Nutzung können die Brachen und großen Konversionsflächen als hierfür notwendige Übergangsflächen mit Gelenkfunktionen zwischen den städtischen Räumen fungieren. Sie müssen in den Stadtraum eingewoben werden und können so an bereits vorhandene städtebauliche Entwicklungskorridore angedockt werden, um Bestehendes und Zukünftiges miteinander zu verbinden. Zudem ist es notwendig, die erheblichen Defizite an Freiflächen und Grünraumverbindungen bei der Umnutzung der Brachen deutlich zu verbessern. Hier gilt es, Fehlentwicklungen zu vermeiden und den momentanen Planungsstand zu überprüfen.

Den Rhein als attraktiven Stadtraum zugänglich machen – Freiflächen schaffen

Der Rhein selbst wird – auch im internationalen Vergleich – zunehmend als attraktiver Stadtraum gesehen. Die positiven Qualitäten und Funktionen des »Stadtraums Rhein« (Stadtsilhouette, Identität, Eingangstor zu zentralen städtischen Bereichen, kulturelle Aktivitäten, Grün- und Freiflächen, hoher Freizeitwert etc.) wirken auf beiden Seiten des Rheins und können idealerweise aufeinander bezogen entwickelt werden. Nimmt man die hiermit verbundenen Potenziale ernst, dürfte eine gegenseitige Aufwertung und Stärkung beider Rheinseiten die Folge sein.

Eine Konzentration auf die unmittelbare Uferzone im Rechtsrheinischen ist dabei zu vermeiden, da dies die Gefahr in sich birgt, stark auf das linksrheinische Köln bezogen zu werden. Prominenz und Qualität der Rheinuferzone rücken diese in den Fokus. Die bisher herrschende, zu Recht kritisierte Dominanz der mit dieser Zone verbundenen Fragen sollte im Sinne einer nachhaltigen Entwicklung im rechtsrheinischen Köln überwunden werden. Es sind Maßnahmen zu präferieren, die es – wie im Linksrheinischen – ermöglichen, den »Stadtraum Rhein« auch in die Tiefe der dahinter liegenden Stadtquartiere wirken zu lassen und diese wirksam und attraktiv mit dem Rhein zu verbinden. Die letztlich große räumliche Nähe zum Bergischen Land bietet die Chance und die Notwendigkeit zur Vernetzung dieses wichtigen überörtlichen Freiraums mit dem Flussraum. Die grünen Bänder entlang sowie unter den Trassen und Schneisen bergen Potenziale für eine neue Form der Freiraumvernetzung in die Tiefe des Raums.

Verschränkung von oberzentraler Rolle und Veedelsbezug

Das Rechtsrheinische soll seine Rolle als Entlastungsraum für gesamtstädtische Entwicklungen behalten und weiter ausbauen. Dabei sollte insbesondere der Kernbereich des rechtsrheinischen Köln (vor allem Deutz) deutlicher als Teil der Kölner Innenstadt wahrgenommen und gestärkt werden. Hierbei kann es aber nicht allein bei der bisher vielfach erfolgten Verlagerung von oberzentralen beziehungsweise innerstädtischen Funktionen aus dem Linksrheinischen in das Rechtsrheinische bleiben (zum Beispiel

Stadthaus Deutz, Kalk-Karee, Halle Kalk). Vielmehr muss es zukünftig gelingen, zugleich auch für die kleinräumlichen, stadtteilbezogenen Probleme und Fragestellungen Antworten zu finden.

Durch die sinnvolle Verschränkung gesamtstädtischer und quartiersbezogener Ansätze kann sich eine integrierte, nachhaltige Entwicklung vollziehen. Eine Planungskultur, der es gelingt, die verschiedenen stadträumlichen und planerischen Maßstäbe von der kleinen, stadtteilbezogenen Intervention bis hin zur Etablierung städtebaulicher Leitbilder in einem differenzierten und methodisch abgestimmten Zusammenhang zu sehen, dürfte im komplexen Raum des rechtsrheinischen Köln Erfolg haben. Gehen von den großen Leitbildern und Projekten übergreifende Impulse für das Rechtsrheinische aus, so stiften seine Quartiere und historisch gewachsenen Strukturen die für diesen Teil der Stadt dringend notwendigen Identitäten. Dabei kann das Schaffen von zeitgemäßen Wohn- und kleinteiligen Ergänzungsangeboten eine entscheidende Rolle spielen.

Aufgabenstellung für die Zukunft

Diese oben skizzierte besondere städtebauliche Situation des rechtsrheinischen Köln, die sich vor allem aus der historischen Entwicklung der vergangenen rund 150 Jahre erklärt, verlangt nach differenzierten, sensibel auf die hier vorhandenen städtischen Realitäten abgestimmten Planungsprozessen. 2008 fand in der Kölner Stadtplanung ein bedeutungsvoller Paradigmenwechsel statt. Das Frankfurter Büro Albert Speer & Partner (AS & P) legte den städtebaulichen *Masterplan Innenstadt* vor, der für die nächsten rund 20 Jahre der Kölner Stadtentwicklung und -planung zu einem städtebaulichen Leitbild und unverzichtbaren Orientierungsinstrument werden soll.

Der Masterplan greift mit einem der sieben Interventionsräume auch auf die rechtsrheinische Innenstadtseite. Die Aussagen konzentrieren sich rechtsrheinisch auf die wichtigen Bereiche Mülheimer und Deutzer Hafen, die unmittelbar an die Messe angrenzenden Flächen und auf das die Fachhochschule umgebende Areal. Speer konstatiert grundsätzlich, dass in diesen Bereichen die Insellagen aufgelöst und die räumliche Vernetzung heute noch isolierter Quartiere und Funktionen sowie die Bezüge zum Rhein gefördert werden müssen. Der Betrachtungsraum des Masterplans ist aber auf die Innenstadt, im Rechtsrheinischen also nur auf Deutz beschränkt. Eine umfassende rechtsrheinische Planungsperspektive wäre allerdings wünschenswert. Es braucht daher ein abgestimmtes Nebeneinander von strategischen und strukturellen Entwicklungskonzepten sowie kleinräumlichen Planungen mit dem Ziel, die Entwicklungspotenziale zugunsten der Gesamtstadt und der Region zu nutzen. Dass dabei eine möglichst aufeinander abgestimmte Synthese der Planungsprozesse über den Rhein hinweg erfolgen sollte, steht außer Frage, da seit langer Zeit das erklärte Ziel der Kölner Stadtentwicklung lautet, ein gleichwertiges und gleichgewichtetes Köln beiderseits des Rheins zu realisieren.

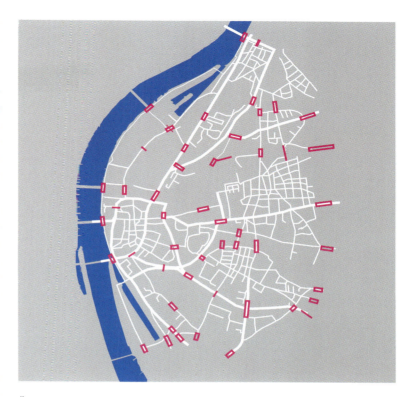

Über 50 Brücken und Unterführungen liegen innerhalb des Betrachtungsraums.

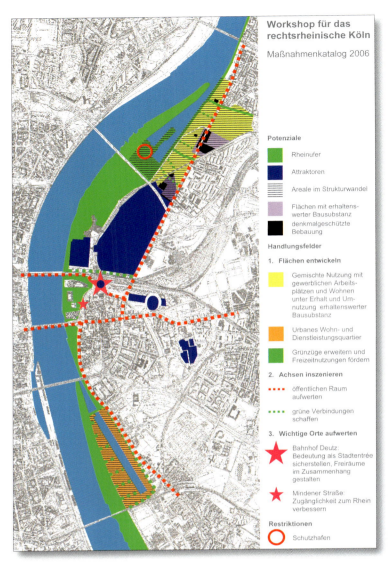

Maßnahmenkatalog für den Workshop 2006.

Der erweiterte methodische Ansatz: Bearbeitung unterschiedlicher Teilbereiche

Die stadtplanerische Auseinandersetzung mit dem Rechtsrheinischen Kernbereich blickt inzwischen auf einen mehrjährigen Zeitraum zurück (vgl. Seite 18 ff.). Standen im Workshop von 2004 und in der zweiten Phase der Ideenfindung 2006 übergreifende städtebauliche Visionen im Vordergrund, so wurde der stadträumliche Bearbeitungsmaßstab für die einzelnen Teams 2010 deutlich verkleinert und zugleich der Gesamtbetrachtungsraum entschieden erweitert. Allerdings konnte nicht die gesamte Fläche des rechtsrheinischen Köln in die Bearbeitung einbezogen werden. Der Workshop 2010 beschränkte sich sehr bewusst auf den rechtsrheinischen Kernraum. Dieser entspricht der Fläche des *Rechtsrheinischen Entwicklungskonzepts* (REK).

Die beabsichtigte Bearbeitungstiefe und die Größe des Betrachtungsraums legten nahe, dass vier der beteiligten Teams einzelne, ausgewählte Bereiche und ihre Randzonen innerhalb des Gesamtgebiets bearbeiteten. Eine Ausnahme bildete das fünfte Thema, das sich – den Gesamtraum übergreifend – mit der Verkehrsinfrastruktur und den mit ihr zusammenhängenden Aspekten und Fragen befasste. Trotz dieser zunächst als Einschränkung erscheinenden Reduzierung des Betrachtungsmaßstabs für die beteiligten Büros blieb es das Ziel des Workshops, Planungsgrundlagen, -ideen und -konzepte für den gesamten Betrachtungsraum zu entwickeln. Die methodische Ausrichtung der Aufgabenstellung war deshalb darauf angelegt, trotz eventuell heterogener Methoden und Ergebnisse eine abschließende, den Gesamtraum fokussierende Synthese der Workshopergebnisse zu gewährleisten.

Die vier unterschiedlichen Aufgabenbereiche stellten sicher, dass kleinere Stadträume methodisch und inhaltlich mit ihren konkreten Fragestellungen erfasst und bearbeitet wurden, ohne dass dabei der gesamte Betrachtungsraum des rechtsrheinischen Köln außer Acht gelassen wurde. Dabei entsprechen die einzelnen Planungsbereiche nur bedingt vorhandenen Stadtteilen. Sie wurden so ausgewählt, dass sie jeweils für sich genommen wichtige, exemplarische Teilbereiche mit ihren grundlegenden Fragestellungen erfassten. Die Teilräume überlappten sich oder waren durch Übergangszonen miteinander verwoben. Hierdurch sollten eine spätere Zusammenschau und eine bessere Vergleichbarkeit der Methoden und Ergebnisse sichergestellt werden. Einer nachvollziehbaren Synthese dienten auch zwei übergreifende, den Gesamtbetrachtungsraum verklammernde Themen (»Rheinraum« und »Trassen, Straßen, Wege«).

Jeder der definierten Teilbereiche weist bestimmte Bedingungen und Parameter auf und ist durch funktionale und typologische Heterogenität gekennzeichnet. Auf diese Weise war jedes Team trotz der Betrachtung eines Teilraums mit der spezifischen Heterogenität des rechtsrheinischen Köln konfrontiert und musste hierfür Lösungsstrategien entwickeln. Entsprechend der Unterschiedlichkeit der einzelnen Teilbereiche und auch den unterschiedlichen Arbeitsweisen der ausgewählten Büros war beim aktuellen Workshop beabsichtigterweise mit differenzierten methodischen und inhaltlichen Ansätzen und Ergebnissen zu rechnen.

Um eine abschließende räumliche Verbindung der Teilbereiche zu gewährleisten, sollten neben der intensiven Bearbeitung der ausgewählten Bereiche und ihrer Kernräume auch deren Randbereiche und die Übergangszonen zu den unmittelbar benachbarten Teilräumen miteinbezogen werden. Funktional, infrastrukturell und stadträumlich steht jeder Bereich in Beziehungen und Wechselwirkungen zu benachbarten städtischen Zonen und Quartieren. Die Qualität und die Bedeutung dieser Beziehungen sind höchst differenziert. Es bestehen Übergänge, Abhängigkeiten, Ausschließungen, Barrieren etc. Um das Zusammenspiel der einzelnen Bereiche zu verstehen und zu verbessern, musste deshalb den Übergangszonen besondere Aufmerksamkeit gewidmet werden.

Im Idealfall lassen sich durch diese methodische Herangehensweise funktionale, soziale und ökonomische Synergien identifizieren und qualifizieren. Spezifische funktionale Charakteristika einzelner Quartiere können auf diese Weise künftig gestärkt und innerhalb des Gesamtbetrachtungsraums wirksam werden. Die besonderen Qualitäten der einzelnen städtischen Räume und Quartiere werden respektiert und zum Ausgangspunkt der intendierten Gesamtentwicklung des Rechtsrheinischen.

Diese zukünftige Entwicklung sollte weiterhin dem Paradigma einer weitergehenden stadträumlichen Vereinheitlichung des rechtsrheinischen Köln verpflichtet bleiben. Der Prozess der städtebaulichen Leitbildentwicklung muss die spezifischen Identitäten der rechtsrheinischen Quartiere respektieren, sie stärken und mit der Gesamtentwicklung in Einklang bringen. Hierfür war die für den Workshop gewählte Methode ein wichtiger Baustein. Die im Workshop von den Teams vorgelegten Ergebnisse bestätigten die Richtigkeit des gewählten Ansatzes. Um eine qualifizierte Annäherung der Teams an ihren jeweiligen Bearbeitungsraum zu ermöglichen, wurden ihnen umfangreiche Basisinformationen zur Verfügung gestellt. Diese umfassten unter anderem bisherige Konzepte und Planungen, statistische Materialien und Literatur. Dieses Material ist im Anhang dieses Katalogs auf der CD-ROM zu finden und dort im Detail nachzulesen.

Exkursionen der anderen Art

Die speziell für diesen Zweck von Boris Sieverts vom Büro für Städtereisen entwickelten Exkursionen in die jeweiligen Teilräume trugen dazu bei, dass sich die beteiligten Planerteams intensiv mit den Raumerfahrungen und dem direkten Ortsbezug auseinandersetzen konnten. Die Exkursionen würdigten die spezifischen Eigenarten des rechtsrheinischen Raums und versuchten, durch einen behutsamen und zugleich wachen Blick Erkenntnisgewinn und Erfahrungen der anderen Art zu generieren.

Stadtführung der besonderen Art: Boris Sieverts führt durch die postindustrielle Brachenlandschaft – nachzulesen im *Architekturführer Rechtsrheinisches Köln*.

Die Planungsgebiete mit ihren spezifischen Aufgabenstellungen

Exklusive Wassergrundstücke:
Kraftfahrzeugwerkstatt im Mülheimer Hafen.

Mülheim-Süd

Der Teilbereich Mülheim-Süd ist geprägt durch seine Nähe zum Rhein, ohne dass dieser jedoch qualitätvoll mit den vom Ufer abgerückten Zonen und Quartieren des Stadtteils verbunden wäre. Von besonderer Prägnanz sind die großen, nur noch in geringen Teilen genutzten Industrieareale, von denen besonders diejenigen beiderseits der Deutz-Mülheimer Straße hervorgehoben werden müssen. Sie sind architektonisch und industriehistorisch von großem Wert. Außer einem bleiverarbeitenden Unternehmen sowie Teilen der Produktion der Deutz AG sind in diesen Arealen kaum noch Nutzungen im industriellen Maßstab zu finden. Stattdessen haben sich auf einigen Teilflächen kleinere Betriebe angesiedelt. Einen städtebaulichen und funktionalen Gegenpol zu den Industrieflächen bildet die homogene und durchgrünte *Stegerwaldsiedlung* mit ihrer mehrgeschossigen Zeilenbebauung.

Die zentrale Aufgabe im Teilbereich Mülheim-Süd dürfte in der Nachnutzung der brachliegenden Industrieflächen, Hallen und Gebäude liegen. Viele der Bauten stehen unter Denkmalschutz und prägen durch ihren besonderen architektonischen Charakter die städtebauliche Identität des Gebiets. Unter Berücksichtigung dieser Vorgaben galt es zu prüfen, inwieweit die Entwicklung einer entsprechenden Nutzungs- und Verdichtungsstruktur erreicht werden könnte. Hierbei sollten Teilflächen für dringend benötigte Grün- und Freiflächen generiert und die Durchlässigkeit zum nahen Rhein ausgebaut werden. Es galt zu klären, welche Flächen und Wegeverbindungen sich in diesem Zusammenhang als »Grünzüge« entwickeln lassen, um dieses Ziel zu unterstützen.

Nach Möglichkeit sollten weitere Flächen einer Wohnnutzung zugeführt werden, um das Wohnen in Mülheim-Süd zu stärken – jedoch keinesfalls, ohne nicht auch eine gezielte funktionale und strukturelle Gliederung des Gebiets (Industrie/Gewerbe/Dienstleistungen/Wohnen/Hafen) zu beachten, um die einzelnen Nutzungen und Funktionen in ein ausgewogenes Verhältnis zu bringen. Aufgrund ihrer Lage und ihres Charakters dürfte die Deutz-Mülheimer Straße zur wichtigsten Verbindungsachse und zum Rückgrat der zukünftigen Entwicklung im Teilbereich werden. Der gezielte Ausbau und die Attraktivierung dieser Achse sind die wesentlichen Aufgaben. Von ihr ausgehend müssen die angrenzenden Flächen geöffnet und für neue Nutzungen erschlossen werden. Neue Wege- und Raumbeziehungen könnten so in verschiedene Richtungen entwickelt werden. Neben anderen Verkehrstrassen bilden die Auffahrtrampen zur Zoobrücke östlich der Messe eine extreme Zäsur des Teilbereichs zu den südlich angrenzenden Zonen. Ihre momentane Nutzung als Messeparkplätze stellt eine Mindernutzung dar. Diese Flächen sollten auf ihre Potenziale hin überprüft werden. Neben der städtebaulichen und infrastrukturellen Binnenentwicklung des Teilbereichs Mülheim-Süd steht die dringend erforderliche Öffnung zu den angrenzenden Stadtteilen und Quartieren im Vordergrund.

Kalk-Süd

Im großen Teilbereich Kalk-Süd treffen heterogene Stadträume, Strukturen, Funktionen und Typologien aufeinander: Geschlossene Wohnquartiere finden sich unmittelbar neben Industrie- und Brachflächen. Als zentrale, lebendige Versorgungsachse fungiert die Kalker Hauptstraße, die zugleich eine wichtige Durchgangsverbindung von Deutz über Kalk bis Höhenberg und Vingst ist. Wie eng die städtebauliche Entwicklung Kalks mit der Industrialisierung verbunden war, verdeutlicht besonders der schmale Streifen mit Wohn- und Geschäftsbebauung südlich der Kalker Hauptstraße. Mit nur geringem Abstand zur Kalker Hauptstraße folgen die großen, teilweise historischen Industriehallen und -areale beiderseits der Dillenburger Straße. Im Kalker Westen und südlich der Kalker Hauptstraße erstrecken sich große Industrie- und Gewerbeareale. In den vergangenen Jahren wurden in Kalk einige bedeutende gesamtstädtische Institutionen angesiedelt, zum Beispiel Polizeipräsidium, Halle Kalk, *Kalk-Karree*, *Odysseum*.

Eine besondere, weitgehend isolierte städtebauliche Situation bilden die Stadtteile Humboldt-Gremberg und Gremberg aus. Vor allem Humboldt-Gremberg ist geprägt durch eine relativ dichte, homogene und kleinteilige Bebauung, die früher infrastrukturell die Aufgabe eines kleinen Subzentrums wahrnahm. Die heutige

Blick vom Parkhaus des Stadthauses über das Deutzer Feld auf den Monte Kalk.

Nachfolgende Seite:
Gleisbrücken am Güterbahnhof Kalk.

Zukunft des Rechtsrheinischen

Die Aufgabenstellung für die fünf Planungsbüros

Ampelfrei durch die Innenstadt: Blick vom ehemaligen KHD-Hochhaus über den Messekreisel in Richtung Osten.

Abschottung dieser Stadtteile in Richtung Kalk durch die S-Bahn-Trasse sollte, wenn möglich, durch entsprechende bauliche Maßnahmen gemindert werden. Trotz seiner Größe wirkt der Teilbereich Kalk-Süd durch Verkehrsstrassen, Brachen und Bahnflächen weitgehend inselartig isoliert. Signifikant ist beispielsweise der Übergang zum benachbarten Deutz, der nur durch eine schmale, stark befahrene Bahnunterführung am westlichen Auftakt der Kalker Hauptstraße gewährleistet wird. Von den vielen städtebaulichen Fragen und Problemen, die sich in diesem Teilbereich stellen und bearbeitet werden müssen, können hier nur einige wenige angesprochen werden.

Im Zentrum aller weiteren Bemühungen muss die Revitalisierung der erheblichen Brachen und der teilweise nicht mehr genutzten Industrieflächen und -hallen stehen. Hier eröffnen sich für Kalk wichtige Potenziale, um städtebauliche Lücken zu schließen und stadträumliche Gelenkfunktionen und Übergangszonen zu entwickeln. Bezogen auf die Neunutzung alter Industriebauten wurden mit der Halle Kalk und dem *Kalk-Karree* erste wichtige Impulse realisiert. Die Entwicklung weiterer Neunutzungspotenziale historischer Industriehallen ist zukünftig eine zentrale Aufgabe. Eng mit diesen Fragen ist die Gestaltung des städtebaulichen Übergangs zwischen der Kalker Hauptstraße und der südlich angrenzenden ehemaligen Industriezone an der Dillenburger Straße verbunden. Hier gilt es eine qualitätvolle Zwischenzone zu schaffen. Ein Ausbau der Wohnnutzung in diesem Bereich wäre dabei zu bevorzugen, um das unmittelbare Einzugsgebiet der Kalker Hauptstraße zu stärken. Für den gesamten Teilbereich ist es dringend notwendig, neue, öffentlich nutzbare Grünflächen zu entwickeln, die als Ruhe- oder Übergangsräume fungieren können. Diese sind bisher in Kalk nur in geringem Maße vorhanden. Ein besonders Potenzial für die weitere städtebauliche Entwicklung Kalks in westlicher Richtung dürfte mit den großen Flächen des ehemaligen CFK-Geländes gegeben sein – vor allem vor dem Hintergrund, dass hier eine attraktive Gelenkfunktion in Richtung Deutz gestaltet werden kann, die, auf die Frage einer weitergehenden Vereinheitlichung des rechtsrheinischen Stadtraums bezogen, hohe Priorität genießen müsste. Die bisherige Bebauung mit isolierten, städtebaulich wenig eingebundenen Solitären leistet diese Aufgabe nicht.

Deutz

Das Planungsgebiet Deutz hat für das rechtsrheinische Köln und den Gesamtbetrachtungsraum des Workshops eine Zentrumsfunktion. Seit den Fünfzigerjahren gehört der Stadtteil Deutz zum Bezirk der Kölner Innenstadt und besitzt sicherlich nicht nur aufgrund dieser administrativen Zuordnung eine wichtige Brückenkopffunktion vom linksrheinischen in das rechtsrheinische Köln. Diese Brückenkopffunktion wird vor allem durch die Rheinbrücken und den Deutzer Bahnhof ausgefüllt. Problematisch ist allerdings die Tatsache, dass auch Deutz städtebaulich durch seine Transitfunktion für das linksrheinische Köln erheblich beeinträchtigt wird. Da nach heutigen Maßstäben Deutz verkehrlich übererschlossen ist, gilt es zu prüfen, an welchen Stellen zur Verbesserung der städtebaulichen Qualität Verkehrswege reduziert oder aufgelassen werden können. Wie bei den beiden zuvor beschriebenen Teilbereichen ist auch Deutz von heterogenen städtischen Räumen, Typologien und stadträumlichen Qualitäten geprägt. Neben dem historischen Kernbereich, der sich links und rechts der Deutzer Freiheit erstreckt und sich durch eine dichte Wohnbebauung auszeichnet, finden sich verschiedene Großstrukturen. Wichtige gesamtstädtische und überregionale Funktionen und Aufgaben nehmen, neben anderen wichtigen Institutionen, beispielsweise die *Koelnmesse*, die *Rheinhallen*, das Stadthaus Deutz, die *Lanxess Arena* und die Fachhochschule wahr.

Trotz der unmittelbaren Nähe zu den attraktiven Rheinuferzonen ist der städtebauliche Kern von Deutz durch Verkehrstrassen weitgehend von diesen abgeschottet. Der Rhein kann als städtischer Raum kaum eine weitergehende Wirkung im Stadtteil Deutz entfalten. Zu den zentralen Aufgaben innerhalb des Workshops gehörte es denn auch, die Anbindung an den Rhein beziehungsweise an den projektierten Rheinboulevard zu verbessern, um diese Bereiche deutlicher in die Tiefe des Deutzer Stadtraums wirken zu lassen. Das Rheinufer und seine Attraktivität sollten zur Verbesserung der Wohn- und Lebensqualität in den angrenzenden Stadtteilen genutzt werden. Insgesamt dürfte dies zu einer Qualitäts- und Wertsteigerung der hinter der Rheinuferzone liegenden Quartiere führen. Deutz wird seit einiger Zeit als zentrumsnaher, attraktiver Wohnort »wiederentdeckt«. Im Zuge dieser Entwicklung wäre eine Ausdehnung des Wohnanteils im Verhältnis zu anderen Funktionen im Viertel dringend wünschenswert.

Um die Insellage des Kerns von Deutz zu mildern und die wichtigen Brückenköpfe der Hohenzollernbrücke und insbesondere der Deutzer Brücke besser an diesen Kern heranzuführen, muss vorrangig die verkehrliche und städtebauliche Situation am Ottoplatz beziehungsweise an der Verbindung Deutzer Freiheit/Deutzer Brücke geklärt werden. Beide Orte besitzen wichtige Gelenkfunktionen sowohl als Brückenkopf als auch als »Stadttor« von der linken Rheinseite aus; ersterer um von der Innenstadt her Deutz und die Messe zu erschließen. Hierdurch käme es zudem zu einer Verbesserung des Bezugs der Messe zum Stadtteil Deutz beziehungsweise des Stadtteils hin zur linken Rheinseite.

Für Deutz bietet das Areal um den Deutzer Hafen ein immenses Entwicklungspotenzial für die langfristige Zukunft. Eine höherwertige Entwicklung der heute minderwertig genutzten Flächen in diesem Bereich dürfte ein wichtiger Impuls für die weitere Stadtentwicklung von Deutz sein. Fasst man diese mit den übrigen in der Uferzone geplanten Maßnahmen zusammen, ergibt sich eine enorme Aufwertung des Stadtteils Deutz. Städtebaulich sollten die weiteren Maßnahmen allerdings so entwickelt werden, dass sie auch in die Tiefe des Stadtraums Wirkung entfalten und die Insellage des Kernbereichs von Deutz auflösen oder zumindest abmildern.

Begrabene Stadtgeschichte: Acht Fahrspuren treffen an einem Platz ohne Namen auf die Deutzer Altstadt.

Nachfolgende Seite:
Reserve-Parkplätze unter den Auffahrten zur Zoobrücke.

den Rheinraum in seiner beeindruckenden Tiefe erfahren lassen. Als ein spezieller Fall innerhalb des Teilbereichs muss der Deutzer Hafen gesehen werden. Die hoch attraktiven Flächen des Hafengeländes werden momentan mindergenutzt, sollten jedoch mittel- bis langfristig für höherwertige Nutzungen entwickelt werden. Mit dem gegenüberliegenden Rheinauhafen besitzt das Deutzer Hafenareal ein wichtiges, attraktives Visavis.

Trassen, Straßen, Wege – die Verkehrsinfrastruktur

Neben den bereits vorgestellten Themen, die sich mit Teilbereichen des Betrachtungsraums befassten, war das abschließende Thema einem übergeordneten, den Gesamtraum umfassenden Aspekt gewidmet. Die Verkehrsstruktur, die infrastrukturelle Vernetzung und die Hierarchisierung der Wege entscheiden innerhalb des Betrachtungsraums über die Erreichbarkeit und Nichterreichbarkeit von Flächen, Arealen und Quartieren. Eine abgestimmte Hierarchisierung der Verkehrsarten und der von diesen genutzten Wege und Trassen dürfte zu einer deutlichen Steigerung der Qualität des Gesamtbetrachtungsraums führen. Wenig belastende Verkehrsarten sind hierbei zu fördern. Große Bereiche und Areale im rechtsrheinischen Köln sind durch massive Trassen geprägt. Diese wirken verbindend und trennend. Zugleich fungieren sie als Transitachsen, die von teilweise breiten, heute kaum nutzbaren Flächen begleitet werden. Inwieweit diese genutzt oder umgenutzt werden können, dürfte eine wesentliche Frage für die weitere Stadtentwicklung im Betrachtungsraum sein. Besonders diese Flächen können künftig als neue Fuß-, Rad- und Grünverbindungen gestaltet werden. Die notwendige detaillierte Klärung emissionsrechtlicher Aspekte ist hierfür eine Grundvoraussetzung.

Weiterhin galt es zu überprüfen, inwieweit die Durchlässigkeit und die Überbrückung der als Zäsuren wirkenden Trassen verbessert werden können, um einer gewünschten Öffnung und Verbindung städtischer Räume oder Quartiere zu dienen. Eine gezielte Analyse der heute bestehenden Brücken, Tunnel und Unterführungen auf ihre diesbezüglichen Potenziale hin wäre eine wichtige Voraussetzung. In Einzelfällen dürften zur Verbesserung schon gestalterische Maßnahmen beitragen, die »Stadteingänge« und Identitäten schaffen. Insgesamt gesehen muss im Rechtsrheinischen verstärkt nach Möglichkeiten gesucht werden, die eklatante Überfrachtung des Stadtkörpers mit Verkehrsinfrastruktur durch geeignete, realistische Rückbaumaßnahmen zu reduzieren.

In vielen Bereichen des rechtsrheinischen Köln dürfte ein reflektierterer Umgang mit den Flächen des ruhenden Verkehrs neue Reserven und Potenziale freisetzen. Gleiches gilt für die Nutzung unterhalb aufgeständerter Trassen. Die Verkehrsinfrastruktur bildete eine Klammer für die Bereiche, die in den Teilaufgaben bearbeitet wurden. Neben der inhaltlichen Klammer – Rheinfront mit Nord-Süd-Ausrichtung und der Innenstadtbindung des Betrachtungsraums – bot das Thema Verkehr die Möglichkeit, den Betrachtungsraum insgesamt in den Blick zu nehmen.

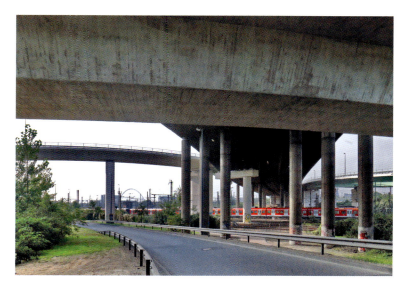

Betonskulptur auf dem Deutzer Feld: grau-grüner Landschaftsraum in den unwirtlichen Ausläufern der Zoobrücke.

Nachfolgende Seite
Blick von der Alfred-Schütte-Allee über die Poller Wiesen auf die Kranhäuser des Rheinauhafens.

Zukunft des Rechtsrheinischen
Perspektiven für Kalk-Süd

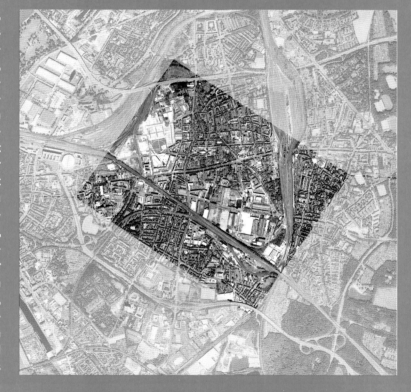

Ziel für dieses 460 Hektar große Areal, das Teile von Deutz, Kalk und Humboldt-Gremberg umfasst, ist die Bildung eines übergeordneten stadträumlichen Zusammenhangs. Dies gelingt durch die Schaffung differenzierter Freiraumtypologien, die sich auf den Resträumen an der Peripherie des Siedlungskörpers zum Grüngürtel Kalk zusammenfügen lassen. Zusätzlich können hier die Verknüpfungen zu den übergeordneten Freiräumen wie Mülheim im Norden, Poll im Süden, das Bergische Land im Osten sowie dem Rheinpark und der Innenstadt im Westen geschaffen werden. Wichtige Achsen wie die Kalker Hauptstraße in Ost-West-Richtung und die Rolshofer Straße mit der Deutz-Mülheimer Straße als Nord-Süd-Verbindung sollen als Grünes Kreuz aufgewertet und gestärkt werden. Eingebettet in den Grüngürtel sind drei unterschiedliche Parktypologien, die sich aus den vorhandenen Strukturen entwickeln. Hier entstehen neue Parkflächen wie der Stylepark, der Kalk-Berg, der Grüne Rücken Kalk und der Sportpark Humboldt-Gremberg. Im Kontrast dazu stehen die Kreativen Keime: kleine Innenhöfe, Plätze und Wohnumfelder der bestehenden dichten Stadtstruktur. Durch das hohe Defizit an öffentlichen Grünanlagen und den durch parkende Pkws vollgestellten Straßenraum sind die kleinen Freiräume für das soziale Miteinander besonders wichtig. Diese Flächen müssen aufgewertet werden.

Zukunft des Rechtsrheinischen
Perspektiven für Kalk-Süd

Rübsamen + Partner Architekten BDA Ingenieure/
club L94 Landschaftsarchitekten

Perspektiven für Kalk-Süd

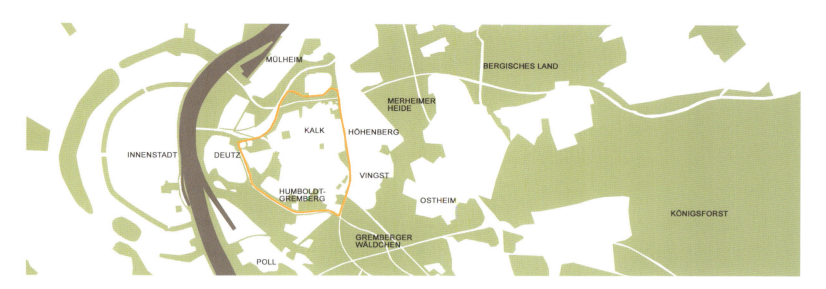

Mit dem *Workshop für das Rechtsrheinische Köln* wurde bereits 2004 der ehrgeizige Anspruch benannt, einen Stadtraum von wenigstens 610 Hektar umfassend zu betrachten und in ein Gesamtbild einzuordnen. Die Frage nach einem städtebaulichen Leitbild stand im Raum, gefordert war das »übergreifende Gesamtkonzept«. Liegt aber nicht gerade schon hier ein Missverständnis vor? Kann es das eine städtebauliche Leitbild überhaupt geben oder ist es vielmehr nicht so zu deuten, dass die Ausrichtung sich an der vorgefundenen Heterogenität orientieren muss?

Im rechtsrheinischen Köln ist das Abbild der römischen, mittelalterlichen oder klassizistischen Stadt nicht gegeben, sondern ein Bild von Brüchen und Gegensätzen, begründet durch die städtebauliche Entwicklung der ehedem eigenständigen Stadtteile Deutz, Mülheim, Kalk usw. sowie durch die Entwicklung der Industrieareale, durchschnitten von den Verkehrsstrassen des 19. und 20. Jahrhunderts. Bestenfalls ist das Leitbild im Kern als eine Analogie zu historischen Beispielen der europäischen Stadt zu verstehen. Und zudem als ein Leitbild, das sich auf Identität begründet – jener des Ortes und damit jener des Menschen, denn: Identität wird nur dann empfunden, wenn sich eine lokale, eine besondere Stimmung einstellt, also jene des spezifischen Ortes, der durch den ihm eigenen Charakter definiert wird und der sich durch eine besondere figurale Qualität auszeichnet.

In diesem Sinne erfolgte die vertiefende Beschäftigung mit einem Teilareal von immerhin 460 Hektar: mit Teilen des Stadtgebiets von Deutz, Kalk und Humboldt-Gremberg. Wesentliches Ziel ist der übergeordnete Zusammenhang der Stadträume.

Die großräumliche Vernetzung gelingt durch die Schaffung differenzierter Freiraumtypologien, die sich auf den Resträumen an der Peripherie des Siedlungskörpers zum *Grüngürtel Kalk* zusammenfügen lassen. Zusätzlich können hier die Verknüpfungen zu den

Oben:
Im Vergleich zu den übergeordneten Freiraumarealen zeigt sich die mangelnde Freiraumquantität in den Gebieten rund um Kalk sehr deutlich.

Linke Seite:
Neue Stadträume schaffen:
Aufwertung der Autobahnunterführung.

Die Fragmentierung des Rechtsrheinischen ist gekennzeichnet durch Barrieren, die Isolierung einzelner Quartiere und einen hohen Flächenverbrauch.

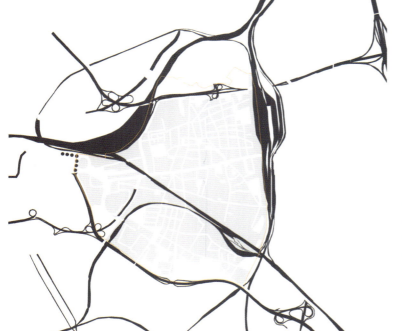

Oben:
Die sehr breiten Gleisanlagen und das an das überregionale Verkehrsnetz angeschlossene Straßensystem haben eine starke Barrierewirkung innerhalb Kalks entstehen lassen.

Rechte Seite:
Vision für einen Stylepark unter einer Brückenkonstruktion der Bundesstraße 55a.

übergeordneten Freiräumen wie Mülheim im Norden, Poll im Süden, dem Bergischen Land im Osten sowie dem Rheinpark und der Innenstadt im Westen geschaffen werden. Die bedeutenden Achsen, wie die Kalker Hauptstraße in Ost-West-Richtung und die Rolshover Straße mit der Deutz-Mülheimer Straße als wichtige Nord-Süd-Verbindung, sollen als *Grünes Kreuz* aufgewertet und in der Hierarchie der Stadtadern gestärkt werden.

Eingebettet in den Grüngürtel sind drei unterschiedliche Parktypologien, die sich aus den vorhandenen Strukturen – Flächen unter Autobahntrassen, Teile der Bahnanlagen des Containerbahnhofs Kalk sowie Restflächen des Schrottplatzes im Übergang zu Gremberg – entwickeln. Hier entstehen neue Parkflächen, wie etwa der *Stylepark* (er besetzt den Raum unter den Autobahnbrücken sowie Auf- und Abfahrtsrampen als artifiziellen Ort), der Monte Kalk (Aussichtspunkt mit Domblick), der *Grüne Rücken Kalk* (lineares Parkband mit Lauf- und Fitnessparcours) sowie der *Sportpark Humboldt-Gremberg*, der mit Flächen für Streetball und anderen jugendaffinen Themen die vorhandenen Sportanlagen im Gremberger Umfeld ergänzt.

Im Kontrast zu den zusammenhängenden Grünsystemen des Kalker Grüngürtels stehen die *Kreativen Keime*: kleine Innenhöfe, Plätze und Wohnumfelder der bestehenden dichten Stadtstruktur von Kalk. Durch das hohe Defizit an öffentlichen Grünanlagen und den durch parkende Pkws vollgestellten Straßenraum sind diese kleinen Freiräume innerhalb des Quartiers für das soziale Miteinander besonders wichtig. Diese Flächen müssen aufgewertet werden, um den Bewohnern Raum für Kommunikation und Miteinander zu geben. Damit einher geht die Beschäftigung mit solchen Stadtbezirken bis hin zu Stadtbausteinen, die in der Lage sind, durch Umbauten oder Ergänzungen in Wert gesetzt zu werden oder aber als Stabilisatoren des öffentlichen Raums zu dienen, um in der Folge weitere Maßnahmen zu initiieren.

Der Monte Kalk erhält durch eine dauerhafte Installation eine Aussichtsplattform.

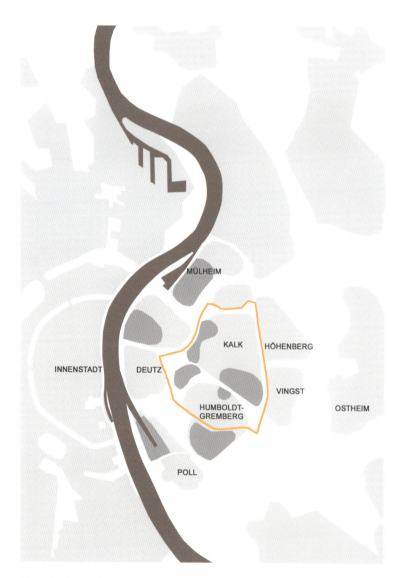

Ehemalige Industrieareale innerhalb der Stadtteile stehen für Konversionsprozesse zur Verfügung.

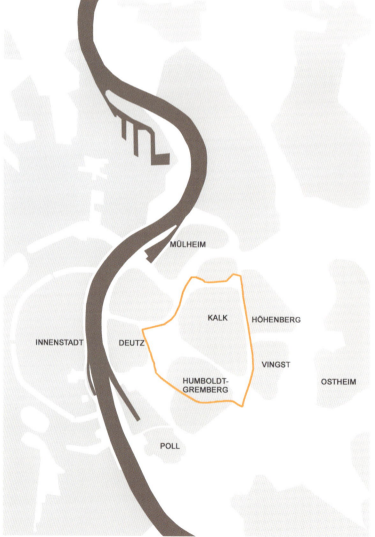

Die städtebauliche Struktur zeigt das Zusammenwachsen der ehemaligen Dorfkerne zu einem gemeinsamen Siedlungsverband.

Perspektiven für Kalk-Süd

Die Beschriftungen auf den Stahltafeln zeigen dem Besucher die Highlights in der Umgebung.

Das Vertiefungsgebiet 1 umfasst die Stadtteile Deutz (mit dem arrondierungsbedürftigen Areal der Fachhochschule), Kalk (mit einer im Kern intakten und dichten innerstädtischen Struktur, der Kalker Hauptstraße) und Humboldt-Gremberg (mit einem strukturell schönen Wohnquartier der Fünfziger-/Sechzigerjahre). Die heutige Situation zeigt drei wenig vernetzte, separierte, eingegrenzte Stadtteile. Wesentlicher Grund dafür sind die Infrastrukturbarrieren Deutzer Ring, Gleiskurve Richtung Volksgarten und die Gleisanlagen Richtung Hauptbahnhof. Die wenigen vorhandenen Querungen und Unterführungen der Infrastrukturbarrieren sind räumlich undefiniert, unattraktiv und begünstigen eher die Separierung, als dass sie verbinden. Die Schwäche der bestehenden Querungen und Unterführungen liegt vor allem in einem Mangel an baulich definierten Raumgrenzen. Ein Verdichten der Bebauung im Bereich von Querungen und ein Heranführen der Bebauung bis an die Unterführungen würde die Situationen aufwerten und attraktivieren. Um der Separierung entgegenzuwirken und das gewünschte Zusammenwachsen zu fördern, sind fragmentierte, heterogene Stadträume aufzugeben und städtische, verdichtete Räume mit vielfältigen, räumlich gefassten Verbindungen zu schaffen. Ausgehend von vorhandenen Vorschlägen und Ansätzen (AS & P für den Bereich der Fachhochschule, ASTOC für den Bereich des Deutzer Feldes sowie B-Plan-Festsetzungen im Bereich der Kalker Hauptstraße) entwickelt sich am Deutzer Ring eine neue Bebauungsstruktur für Büros, Gewerbe und Dienstleistungen mit neuen Verbindungen zwischen der Fachhochschule und Humboldt-Gremberg. Der derzeit unbefriedigende Kreuzungspunkt Deutzer Ring/Gleis/Kalker Hauptstraße wird räumlich neu definiert und markiert mit einem moderaten Hochpunkt den Auftakt zur Kalker Hauptstraße. Weiter östlich des Deutzer Rings entsteht durch bauliche Interventionen und Lückenschlüsse neuer Wohnraum, die vorhandenen Unterführungen werden räumlich gestärkt. Baulich neu gefasst wird zwischen der Taunusstraße und An der Pulvermühle eine neue Nord-Süd-Verbindung zur Kalker Hauptstraße vorgeschlagen.

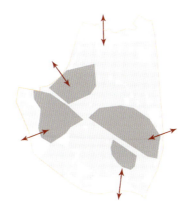

Durch die Konversion ehemaliger Industrieareale entstehen Wunden in der Stadt – Chance ist eine Neustrukturierung des gesamten Gebiets.

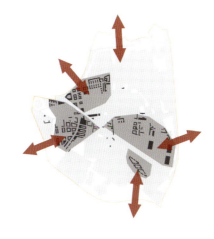

Die einzelnen Teilareale sollen in Zukunft durch stärkere Verbindungen miteinander verknüpft werden.

Bisher herrscht in Kalk ein großes Defizit an attraktiven und vor allem an verknüpften Freiräumen.

Ziele sind eine verstärkte Verknüpfung der Freiflächen mit dem übergeordneten Freiraumsystem sowie eine dichteren Abfolge von Aufenthaltsorten.

Vertiefungsgebiet 2 umfasst Kalk-Süd und Teile von Humboldt-Gremberg: Südlich der Kalker Hauptstraße, am Übergang zur Dillenburger Straße, soll die Vermischung der Funktionen Wohnen und Industrie beziehungsweise Gewerbe bereinigt werden. Die Kaiserin-Theophanu-Schule wird nach einer Studie des Architekten Angelis erweitert. Soziale Einrichtungen der *AbenteuerHallenKalk* werden ausgebaut und damit gestärkt, als nicht schützenswert erachtete Hallenabschnitte zugunsten des Außenraums aufgegeben. Die ehemalige Kantine der Deutz AG wird erhalten und zur Stärkung der kreativen Kräfte dem Markt preisgünstig zur Verfügung gestellt. Langfristig wird der Betrieb von Cologne Engineering an einen anderen Standort verlagert; die Gebäude werden ebenfalls aufgegeben, um Raum für einen neuen Dienstleistungscampus zwischen der Halle Kalk (kulturelle Veranstaltungen) und den *AbenteuerHallenKalk* (Jugendarbeit) zu schaffen. Die Verkehrserschließung zwischen Kalker Hauptstraße und Dillenburger Straße erfolgt durch die Neuerburg- und die Wiersbergstraße. Der durch diese Maßnahmen entstehende Außenraum vernetzt ein attraktives Kreativquartier mit der umliegenden Wohnbebauung. Letztere wird durch eine Lückenschließung an der Heinrich-Bützler- und Kapellenstraße ergänzt und stärkt den Außenraum des Johanniter-Stiftes. Für den ruhenden Verkehr wird zwischen Heinrich-Bützler-Straße und Dillenburger Straße eine weitere Hochgarage errichtet. Die Gewerbefläche südlich der Dillenburger Straße wird nach Osten erweitert und durch eine zusätzliche Stichstraße erschlossen. Kleinstflächen werden zugunsten von attraktiven Grundstücksgrößen aufgegeben, ebenso die Schrottplätze an der Odenwaldstraße. Das Areal südlich der Gleisharfe und nördlich der Odenwaldstraße wird zu einem weiteren Wohngebiet entwickelt und arrondiert die bestehende Wohnbebauung. Das durch Aufgabe des Bahnhofs Köln-Kalk zur Verfügung stehende Areal wird in Zusammenhang mit dem ehemaligen Schrottplatzgelände nördlich der Gleisharfe im Rahmen des *Grünen Rückens Kalk* entwickelt; die noch vorhandene und derzeit verschlossene Bahnunterquerung wird wieder geöffnet.

Drei verschiedene Parktypologien passen sich der Diversität des Gebiets an und offerieren unterschiedlichste Aufenthaltsqualitäten.

Pier 3: Die Gegebenheiten unterhalb der Autobahnen können für Sportaktivitäten wie Skaten, Fußball etc. genutzt werden.

Grüner Rücken Kalk: ein Ort zum Entspannen und Verweilen.

Blick auf das gesamte Planungsgebiet mit übergeordnetem Zusammenhang der einzelnen Stadträume.

Perspektiven für Kalk-Süd

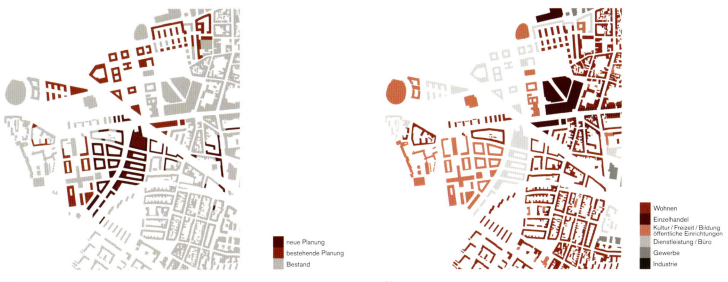

Bebauung

Nutzungen

Vertiefungsgebiet 1: das »Dreiländereck« Deutz/Kalk/Humboldt-Gremberg.

Bebauung — Nutzungen

Vertiefungsgebiet 2: Stylepark, Monte Kalk und *Grüner Rücken Kalk*.

Perspektiven für Kalk-Süd

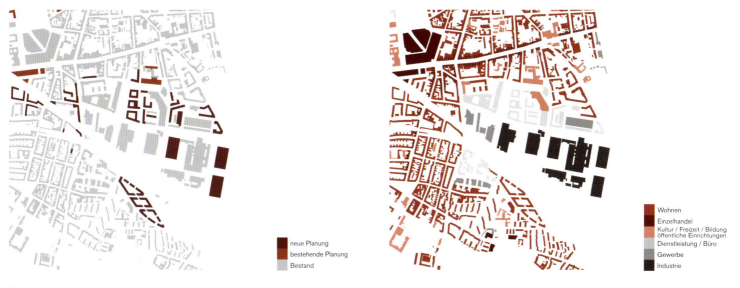

Bebauung

Nutzungen

Vertiefungsgebiet 3: zwischen Kalker Hauptstraße und Dillenburger Straße.

Zukunft des Rechtsrheinischen
Perspektiven für den Rheinraum

Die Rheinräume werden durch gezielte landschaftsplanerische Eingriffe zur kontinuierlichen Rheinfront verbunden, in Nord-Süd-Richtung durch eine neue, durchgehende Uferpromenade vernetzt. Zweites verbindendes Element ist der Rheinboulevard, der die Identitätskerne Mülheim, MesseCity, Deutz und Poll miteinander verknüpft. Uferpromenade und Rheinboulevard bilden ein räumliches System. Zwei neue Fußgängerbrücken verbinden die Trittsteine Rheinpark und Poller Wiesen mit dem linksrheinischen Ringsystem. Durch ein feinmaschiges Wegenetz werden die Identitätskerne mit der Rheinuferzone verknüpft. Mittelfristig werden bestehende U- und S-Bahn-Linien von den Brücken in einen U-Bahn-Tunnel verlegt und gebündelt, der im Bereich der Deutzer Brücke unter dem Rhein geführt wird und an das linksrheinische U-Bahn-Netz anschließt. Der Individualverkehr über die Deutzer Brücke wird auf Anliegerverkehr und Fahrzeuge mit umweltschonendem Antrieb begrenzt. Brachliegende Grünflächen nördlich und südlich des Brückenkopfs der Severinsbrücke können so neu geordnet und angemessen bebaut werden. Freiflächen unter dem Brückenkörper werden aufgewertet, neue Nutzungen sind möglich. Es entsteht der durch neue Bebauung gefasste Severinsbrückenplatz mit S-Bahn-Haltestelle. Die Hafennutzung wird nicht aufgegeben, hier werden städtebauliche, landschaftsplanerische und nutzungsorientierte Szenarien mit temporärem Charakter entwickelt. Langfristig können die Häfen in durchgrünte Rheinräume, in die neue Nutzungen und bestehende Industriebauten integriert werden, transformiert werden. Die Rheinfront mit Uferpromenade, Trittsteinen und Rheinboulevard wird so zu einer Lebensader entlang des Flusses. Von dort kann eine behutsame Transformation gestartet und zugleich auf Entwicklungen aus den Quartieren reagiert werden.

Zukunft des Rechtsrheinischen
Perspektiven für den Rheinraum

Jo Coenen & Co Architects/
Agence Ter Landschaftsarchitekten

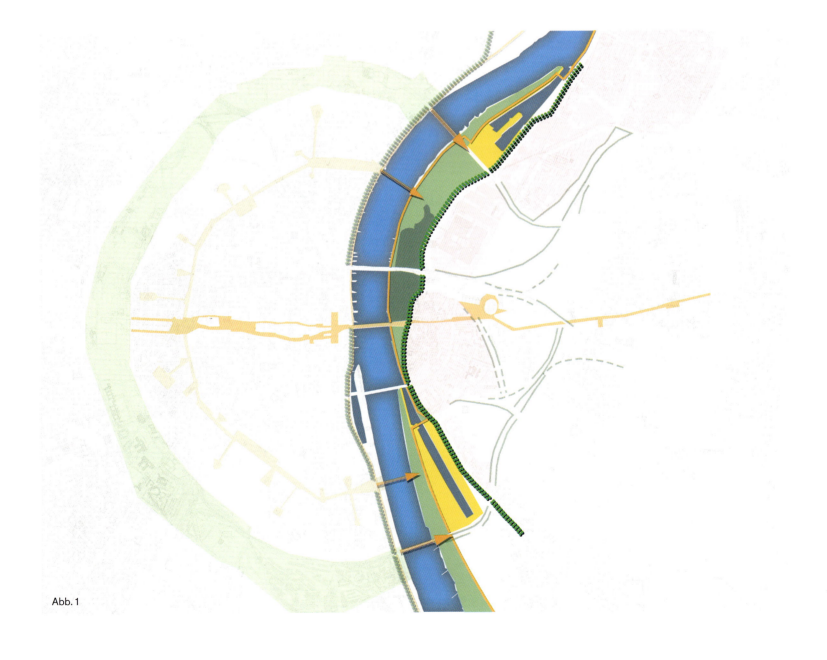

Abb. 1

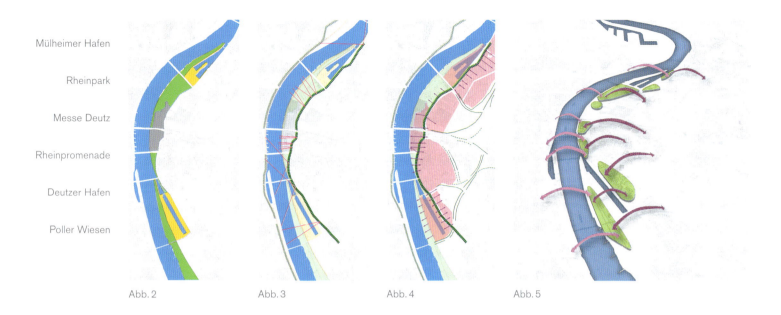

Abb. 1
Intensivierung der Ost-West-Achse.

Abb. 2
Lokalisierung der Rheinräume.

Abb. 3
Rheinboulevard verknüpft Rheinräume.

Abb. 4
Anbindung und Vernetzung von Uferzonen mit den Identitätskernen.

Abb. 5
Naherholungsfunktion der Grünzonen für die benachbarten Quartiere.

Der Rhein ist Kölns zentrales Rückgrat. Im Laufe der Jahrhunderte haben sich beide Rheinseiten auf sehr unterschiedliche Weise entwickelt: Das Linksrheinische mit seiner gewachsenen konzentrischen Ringstruktur und seinen radialen Achsen steht im Kontrast zur polyzentrischen Struktur des Rechtsrheinischen. So ist auch das rechtsrheinische Ufer heute durch eine sehr heterogene Struktur geprägt. In unserer städtebaulichen und landschaftsplanerischen Strategie werden die spezifischen Potenziale und Atmosphären herausgearbeitet und die Rheinräume durch gezielte landschaftsplanerische Eingriffe zu einer kontinuierlichen Rheinfront verbunden.

Vernetzt werden die einzelnen Rheinräume in Nord-Süd-Richtung durch eine neue, durchgehende Uferpromenade. Dadurch wird das Rheinufer zwischen Mülheimer und Deutzer Hafen beständig erlebbar gemacht. Zweites verbindendes Element ist der Rheinboulevard. Seine Lage orientiert sich entlang der rechtsrheinischen Hochwasserschutzlinie. Er verknüpft die Identitätskerne Mülheim, *MesseCity*, Deutz und Poll miteinander. Uferpromenade und Rheinboulevard, zwischen denen sich die Rheinräume lokalisieren lassen, bilden zusammen ein räumliches System. Diese Räume, wie beispielsweise die Poller Wiesen, weisen heute schon hohe Naherholungsqualitäten auf. Direkt am Ufer gelegen, sind sie bei Hochwasser teilweise auch überschwemmt.

Die Rheinräume dienen als Trittsteine im städtebaulichen Gesamtgefüge und haben eine wichtige Vermittlerfunktion für beide Rheinseiten. Diese Trittsteine formen einerseits die Orte, von denen aus Verknüpfungen mit dem linksrheinischen Ufer stattfinden können, andererseits schaffen sie Zugänge zu den rechtsrheinischen Identitätskernen. So verbinden zwei neue Fußgängerbrücken über den Rhein die Trittsteine Rheinpark und Poller Wiesen mit dem linksrheinischen Ringsystem. Des Weiteren werden die Identitätskerne durch ein feinmaschiges informelles Wegenetz mit der Rheinuferzone verknüpft. Daneben werden bestehende Fuß- und Radwege

Die Freiflächen an den Rheinräumen haben eine Vermittlerfunktion für beide Rheinseiten.
Sie sind Trittsteine im städtebaulichen Gefüge.

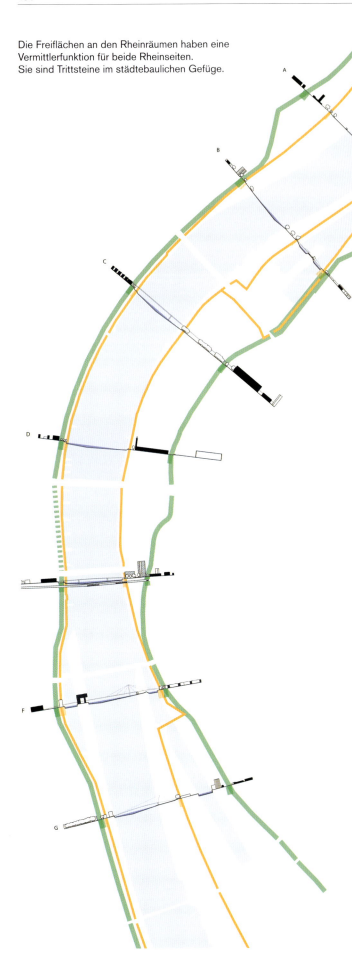

entlang der Bahntrassen und Haupteinfallstraßen intensiviert oder neu angelegt, so dass beispielsweise auch Kalk an die neue, grüne Wegenetzstruktur gekoppelt wird. Angestrebt wird eine hohe Durchlässigkeit der öffentlichen Räume und Strukturen, ausgehend von den Identitätskernen und den informellen Grünzonen entlang der Verkehrsadern.

Eine übergeordnete zukunftsweisende Maßnahme zur Neuordnung der Verkehrsströme zwischen der Deutzer und der Severinsbrücke und im Bereich des Gotenrings sowie eine Reduzierung des Verkehrs in diesen Abschnitten sind erforderlich, um eine attraktive stadträumliche und funktionale Vernetzung zu ermöglichen. Ausgangspunkt dieser verkehrlichen Neuordnung ist die mittelfristige Verlegung und Bündelung der bestehenden U- und S-Bahn-Linien von den Brücken in einen U-Bahn-Tunnel. Dieser Tunnel soll im Bereich der Deutzer Brücke unter dem Rhein geführt werden und an das linksrheinische U-Bahn-Netz anschließen.

Des Weiteren wird der Individualverkehr über die Deutzer Brücke mittelfristig auf Anliegerverkehr und Fahrzeuge, die einen umweltschonenden Antrieb besitzen, begrenzt. Auf diese Weise können die Verkehrsflächen im Bereich der Deutzer Freiheit auf die minimalen Erfordernisse reduziert werden, was die oberirdische Fußgängerquerung der Mindener und Siegburger Straße ermöglicht. Potenziale werden frei für eine einladende Fußgänger- und Radfahrverbindung über den Rhein. Die Deutzer Brücke könnte zu einem lebendigen städtischen Freiraum mit hoher Aufenthaltsqualität ausgebaut werden, mit Ausblicken auf das links- und rechtsrheinische Köln. Nutzungen wie ein Ausstellungsforum, vergleichbar mit der Galerie auf der Pariser Pont des Arts, sind hier denkbar.

Durch den Abbau der Barrierewirkung dieser Verkehrsflächen und die damit einhergehende stärkere Verknüpfung von Deutz mit dem Rheinufer wird die historisch gewachsene Ost-West-Verbindung

Perspektiven für den Rheinraum

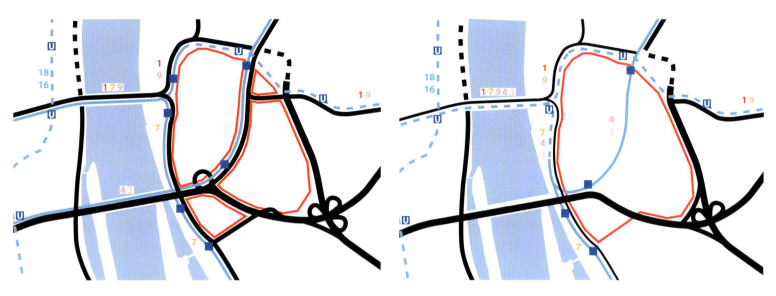

Ein Blick auf die aktuelle Verkehrssituation zeigt die enorme Barrierewirkung und die dadurch entstehenden Probleme.

Durch eine Neuordnung der Verkehrsströme können die einzelnen Stadtteile von inselartigen Gebilden zu einem einheitlichen Quartier zusammenwachsen.

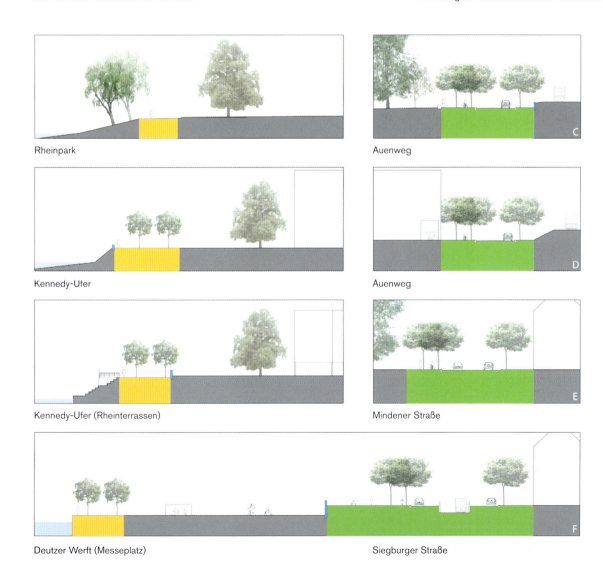

Rheinpark

Auenweg

Kennedy-Ufer

Auenweg

Kennedy-Ufer (Rheinterrassen)

Mindener Straße

Deutzer Werft (Messeplatz)

Siegburger Straße

Schnittansicht der Uferpromenade und des Straßenraums.

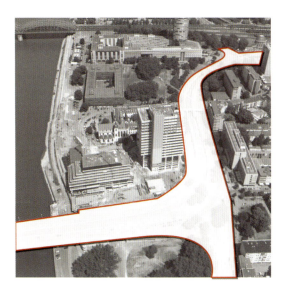
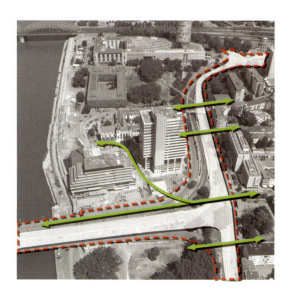

Die Verkehrsflächen der Deutzer Brücke bilden eine Barriere innerhalb des städtebaulichen Gefüges.

Eine Verminderung der Verkehrsflächen verbessert Querungsmöglichkeiten und den Zugang zum Rheinufer.

zwischen Neumarkt, Heumarkt und Deutzer Freiheit intensiviert. Diese Achse kann als Impulsgeber weiter nach Osten über die *Lanxess Arena* bis nach Kalk gedacht werden.

Im Bereich der Severinsbrücke wird, neben der Verlegung der S-Bahn-Linien, der Straßenanschluss an den Gotenring für Pkws und Lkws herausgenommen, die Verkehrsführung erfolgt in Zukunft ausschließlich über den Deutzer Ring. Die Trennung des Deutzer Siedlungskerns wird so aufgehoben und der Gotenring kann zur lebendigen Quartiersstraße entwickelt werden, die Deutz im Süden an den Rhein anbindet. Brachliegende Grünflächen nördlich und südlich des Brückenkopfs der Severinsbrücke können im Rahmen dieser städtebaulichen Entwicklung neu geordnet und angemessen bebaut werden. Die Freiflächen unter dem Brückenkörper werden aufgewertet. Neue Nutzungen wie Galerien und Künstlerateliers halten Einzug in leichte, transparente Bauvolumen, die sowohl eine visuelle wie auch fußläufige Verbindung zwischen den Stadträumen nördlich und südlich des Brückenkörpers zulassen.

Zwischen dem Gotenring und der Nahtstelle von Rheinboulevard und Uferpromenade entsteht der durch die neue Bebauung gefasste Severinsbrückenplatz. Mit der räumlichen Öffnung des Platzes zum Rhein bietet sich eine einmalige Chance für die Transformation und Aufwertung der Deutzer Rheinfront. Die bestehende S-Bahn-Linie führt vom Gotenring ausgehend über den Platz; hier wird auch eine Haltestelle eingerichtet. Im weiteren Verlauf werden die Linien in der Siegburger Straße unterirdisch geführt und erhalten somit Anschluss an den bereits erwähnten U-Bahn-Tunnel.

Im Zuge dieser Strategien können von den Maßnahmen im Bereich der Deutzer Brücke und der Severinsbrücke Impulse ausgehen für Szenarien und Entwicklungen der im Norden und Süden anschließenden Stadträume und Identitätskerne wie der *MesseCity*, dem Mülheimer Hafen und dem Deutzer Hafen.

Die Rheinfront wird im Norden und Süden durch die beiden Häfen charakterisiert, die die historische, städtebauliche und ökonomische Entwicklung Kölns und der rechtsrheinischen Identitätskerne geprägt haben. Sie waren und sind ein wesentlicher Bestandteil einer Stadt am Fluss. Wir plädieren deshalb dafür, die Hafennutzung mittel- bis langfristig nicht aufzugeben und städtebauliche, landschaftsplanerische und nutzungsorientierte Szenarien mit temporärem Charakter zu konzipieren, die sich auf Basis des ständigen Transformationsprozesses dieser Identitätskerne weiterentwickeln. Aus der Hafennutzung und den hier angesiedelten Industriebetrieben ergeben sich Emissionszonen, die Wohnen mittelfristig nicht oder nur sehr begrenzt ermöglichen. Industriedenkmäler und -bauten sind das Bild dieser Zonen, prägende Identitätsträger, für die spezifische Transformationsszenarien entwickelt werden müssen, um sie sowohl auf funktionaler als auch auf stadträumlicher Ebene in ein lebendiges Stadtgefüge zu integrieren.

Funktionale Bausteine für den Mülheimer Hafen können Nutzungen im Bereich Kunst und Kultur, Wissenschaft und Bildung sowie an die *MesseCity* gekoppelte Dienstleistungen sein. Nutzungen im Deutzer Hafen können beispielsweise ein Bürocampus, ergänzt durch Funktionen im Bereich Forschung, Bildung und Wissenschaft, sowie allen Bevölkerungsgruppen zugängliche Sozial- und Sporteinrichtungen sein. In beiden Häfen sollte Wohnen als wichtige Funktion für lebendige Stadträume in die langfristige Perspektive miteinbezogen werden. Die Ausgangspunkte für die Entwicklungen in den Häfen sind sehr vielschichtig; der Faktor ist das Verknüpfen dieser Gebiete mit dem städtebaulichen Netz – historische, soziale, ökonomische, zukunftsweisende, aber auch ökologische Aspekte berücksichtigend.

Auf der Zeitschiene sollten Zwischenszenarien entwickelt werden, die bewusst einen temporären, nicht fixierenden Charakter aufweisen. Ein Ansatzpunkt kann die Umwandlung von Brachflächen in

Eine geringe Durchlässigkeit verhindert attraktive Wegebeziehungen zwischen dem Rheinufer und dem Hinterland.

Ziel ist eine stärkere Vernetzung von Wegen und die Neuordnung der Infrastruktur durch oberirdische Fußgängerquerungen.

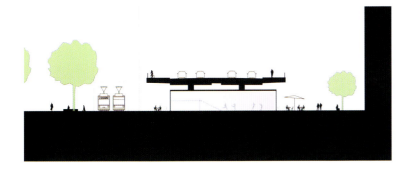

Bei der Severinsbrücke hingegen wird die Unterseite genutzt – für Atelierräume.

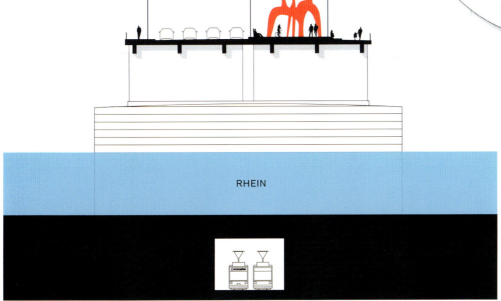

Durch die Verlegung der Straßenbahntrasse unterhalb des Rheins bietet die Deutzer Brücke genug Platz für Fußgängerverkehr und für Ausstellungen.

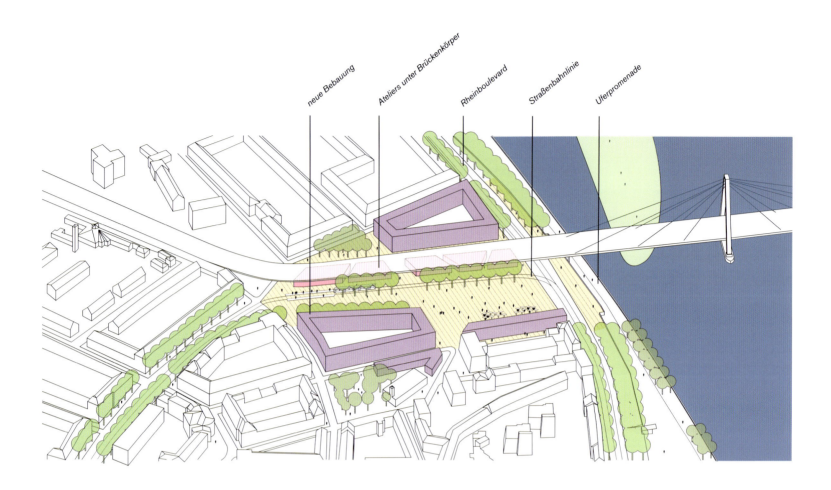

neue Bebauung | Ateliers unter Brückenkörper | Rheinboulevard | Straßenbahnlinie | Uferpromenade

Oben:
Durch die Neuordnung der Verkehrsströme ergeben sich große Entwicklungspotenziale für den Bereich des Brückenkopfes der Severinsbrücke.

Rechte Seite:
Städtebauliche und landschaftsplanerische Strategie.

öffentliche Landschaftsräume, Parks und Plätze sein, die durch die Uferpromenade und den Rheinboulevard verknüpft werden. Diese Landschaftsräume können teilweise einen permanenten Charakter haben. Sie können aber auch temporär sein, bis zu dem Zeitpunkt, an dem sie einer anderen Nutzung zugeführt werden können.

Auf dieser Basis kann unter anderem ein langfristiges Szenario entwickelt werden, das von der Transformation der Häfen in durchgrünte Rheinräume ausgeht, in die neue Nutzungen genauso wie bestehende Industriedenkmäler und -bauten integriert werden. Ziel ist die Entwicklung einer städtebaulichen Vorgehensweise für die rechtsrheinische Rheinfront als Ganzes und für die einzelnen Rheinräume im Spezifischen. Im Rahmen dieser Strategie werden unterschiedliche Szenarien entwickelt, die sich den kontextuellen Erfordernissen und Gegebenheiten auf einer Entwicklungszeitschiene anpassen können. Eine solche Strategie geht davon aus, dass städtische Räume einen kontinuierlichen Wandlungsprozess durchlaufen. Hierfür sind Anpassungsfähigkeit und die Möglichkeit zur Modifikation eine Kernvoraussetzung.

Die Rheinfront mit der Uferpromenade, Trittsteinen und dem Rheinboulevard wird zu einer Lebensader entlang des Rheins. Von dort aus kann eine behutsame Transformation in den Identitätskernen gestartet werden und zugleich auf Entwicklungen aus den Quartieren reagiert werden.

Perspektiven für den Rheinraum

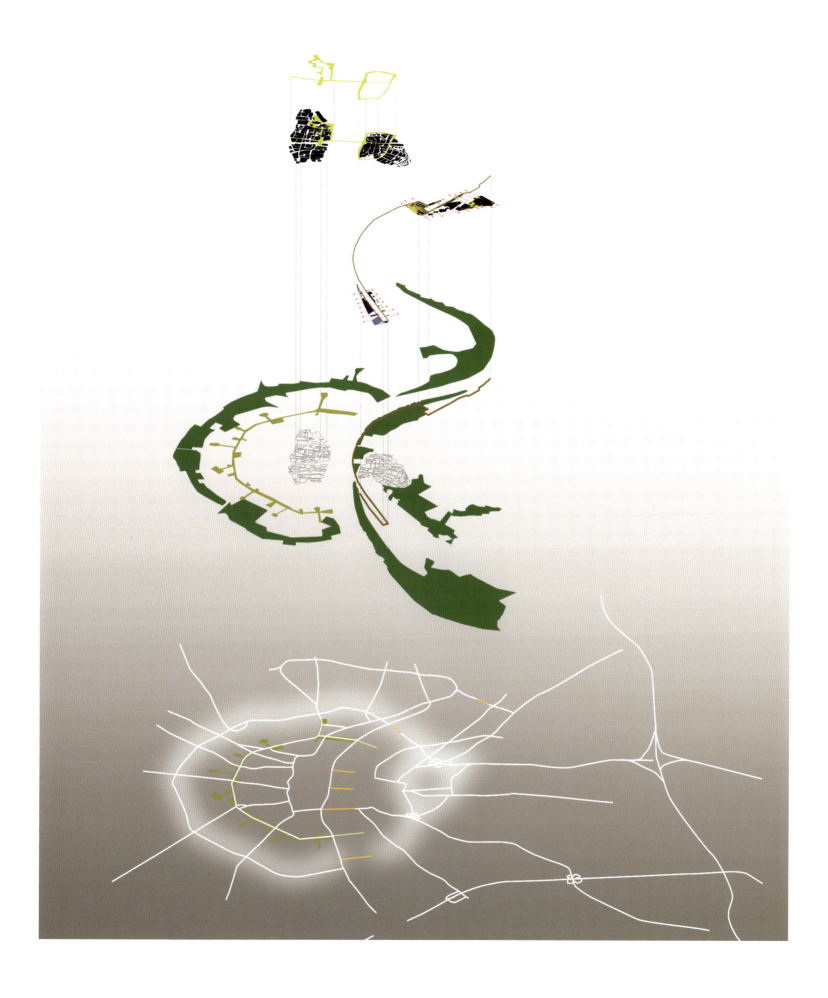

Abb. 1

Abb. 2

Perspektiven für den Rheinraum

Abb. 3

Abb. 4

Abb. 1 und 2
Deutzer Hafen, vor und nach dem Transformationsszenario.

Abb. 3 und 4
Mülheimer Hafen, vor und nach dem Transformationsszenario.

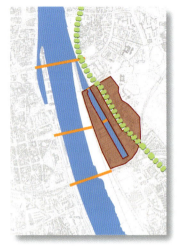
Identitätskern

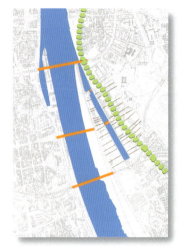
Städtebauliche Struktur

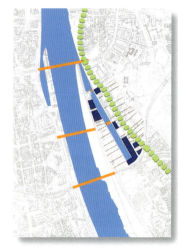
Mögliche Interventionsräume

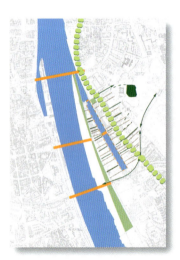
Neue grüne Vernetzungen

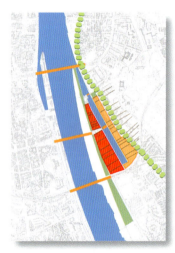
Langfristiges städtebauliches Szenario

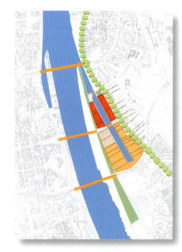
Alternatives Szenario

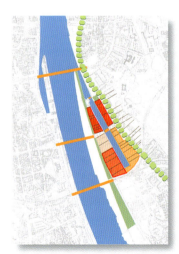
Alternatives Szenario

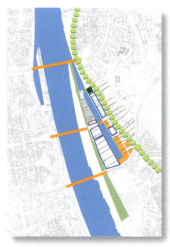
Städtebauliches Szenario für eine Zwischennutzung

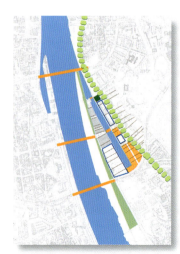
Alternatives städtebauliches Szenario für eine Zwischennutzung

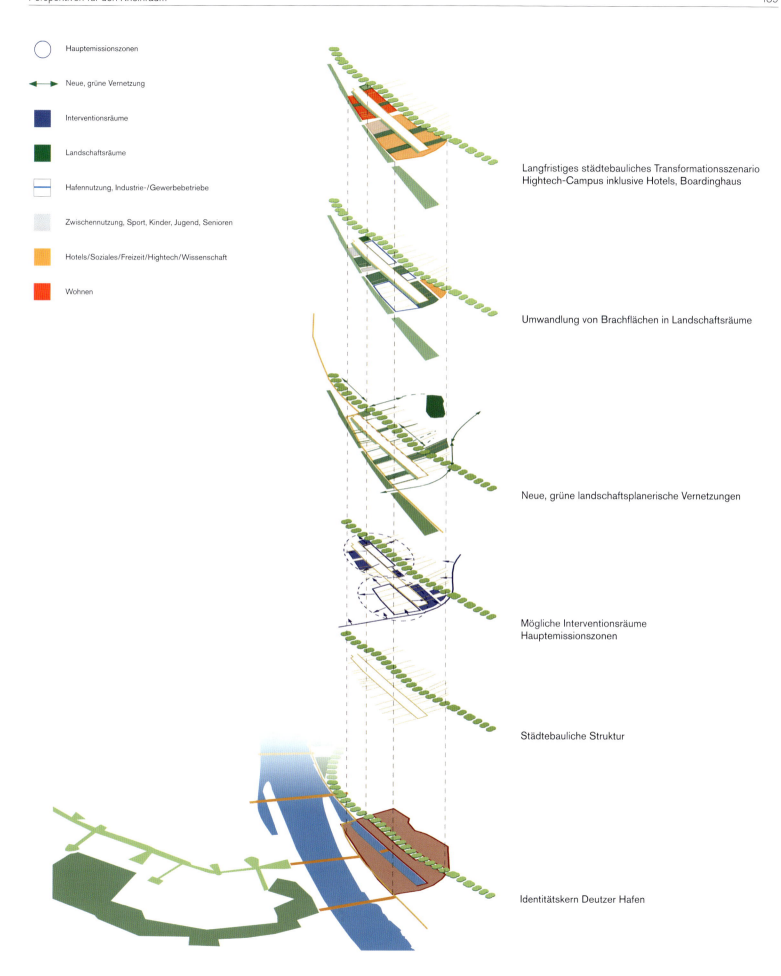

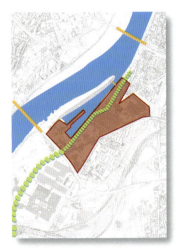
Identitätskern

Städtebauliche Struktur

Hauptemissionszonen

Mögliche Interventionsräume

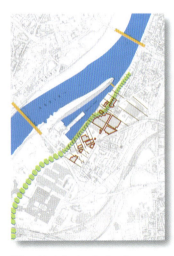
Charakteristische denkmalgeschützte Industriebauten

Vernetzung im Bereich des S-Bahndamms und der Zoobrücke

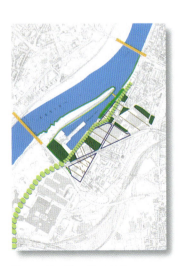
Neue grüne Vernetzungen

Langfristiges städtebauliches Szenario

Städtebauliches Szenario für eine Zwischennutzung

Perspektiven für den Rheinraum

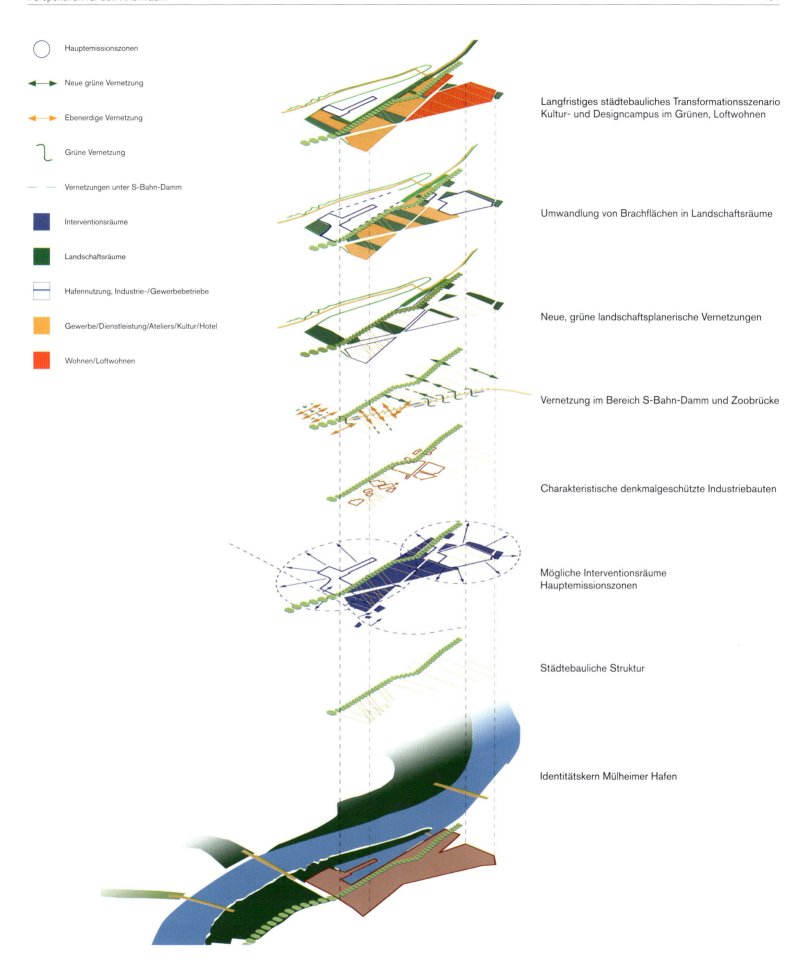

Zukunft des Rechtsrheinischen
Perspektiven für den Verkehr

Mit ihren Begleiträumen (Kleingärten, Schrottplätze, Brachflächen) können die Trassenkörper zwischen beiden Rheinseiten als Verbindungsräume fungieren, da sie nicht nur die Stadtquartiere umfließen, sondern zudem über die Rheinbrücken sehr gut an das Linksrheinische angebunden sind. Diese trennenden Räume sind also als Verbindungselemente nutzbar zu machen und für Fußgänger und Radfahrer zu erschließen. Dies beinhaltet auch eine besondere erstmalige Fürsorge für die Begleiträume. Bewusste freiraumästhetische Formulierungen der Flächen unter den Trassen müssen noch gefunden werden. Durch alternative Verkehrsangebote entstehen Spielräume für die Gestaltung der Trassen und Verbindungen zwischen Quartieren, Stadtteilen und auf gesamtstädtischer Ebene. Entlang der heutigen Trassen entsteht ein Rundweg, der durch direkte Anschlüsse in alle Himmelsrichtungen die linksrheinische Kernstadt über zwei neue Fußgängerbrücken mit den rechtsrheinischen Quartieren und dem weiter östlich gelegenen Landschaftsraum verbindet. Außerdem werden die historischen Achsen in das Radwegenetz integriert. Die Umgestaltung und Rückstufung einiger Verkehrswege vermindert zudem die Barrierewirkung der Trassen. Eine auf Planungen der Zwanzigerjahre beruhende Tramlinie ergänzt die Überlegungen zur Einrichtung einer Ringbahn für das rechtsrheinische Köln. Die Gestaltung der Trassen als verbindende Stadtelemente qualifiziert die Stadtstruktur des Rechtsrheinischen. Alternative Verkehrsmittel, landschaftlich gestaltete Verbindungen und lebendige Stadtquartiere machen das Rechtsrheinische zu einem wertvollen Pendant zur linksrheinischen Innenstadt, beide Seiten ergänzen sich auf gesamtstädtischer Ebene in ihren Funktionen.

Zukunft des Rechtsrheinischen
Perspektiven für den Verkehr

Machleidt + Partner Büro für Städtebau/
sinai. Freiraumplanung + Projektsteuerung/
GRI Gesellschaft für Gesamtverkehrsplanung,
Regionalisierung und Infrastrukturplanung

Erhöhte Bahntrassen, ebenerdige Kfz-Trassen und zahllose Brücken
beziehungsweise Tunnelbauten queren das rechtsrheinische Köln.

Zukunft des Rechtsrheinischen
Perspektiven für den Verkehr

Mit ihren Begleiträumen (Kleingärten, Schrottplätze, Brachflächen) können die Trassenkörper zwischen beiden Rheinseiten als Verbindungsräume fungieren, da sie nicht nur die Stadtquartiere umfließen, sondern zudem über die Rheinbrücken sehr gut an das Linksrheinische angebunden sind. Diese trennenden Räume sind also als Verbindungselemente nutzbar zu machen und für Fußgänger und Radfahrer zu erschließen. Dies beinhaltet auch eine besondere erstmalige Fürsorge für die Begleiträume. Bewusste freiraumästhetische Formulierungen der Flächen unter den Trassen müssen noch gefunden werden. Durch alternative Verkehrsangebote entstehen Spielräume für die Gestaltung der Trassen und Verbindungen zwischen Quartieren, Stadtteilen und auf gesamtstädtischer Ebene. Entlang der heutigen Trassen entsteht ein Rundweg, der durch direkte Anschlüsse in alle Himmelsrichtungen die linksrheinische Kernstadt über zwei neue Fußgängerbrücken mit den rechtsrheinischen Quartieren und dem weiter östlich gelegenen Landschaftsraum verbindet. Außerdem werden die historischen Achsen in das Radwegenetz integriert. Die Umgestaltung und Rückstufung einiger Verkehrswege vermindert zudem die Barrierewirkung der Trassen. Eine auf Planungen der Zwanzigerjahre beruhende Tramlinie ergänzt die Überlegungen zur Einrichtung einer Ringbahn für das rechtsrheinische Köln. Die Gestaltung der Trassen als verbindende Stadtelemente qualifiziert die Stadtstruktur des Rechtsrheinischen. Alternative Verkehrsmittel, landschaftlich gestaltete Verbindungen und lebendige Stadtquartiere machen das Rechtsrheinische zu einem wertvollen Pendant zur linksrheinischen Innenstadt, beide Seiten ergänzen sich auf gesamtstädtischer Ebene in ihren Funktionen.

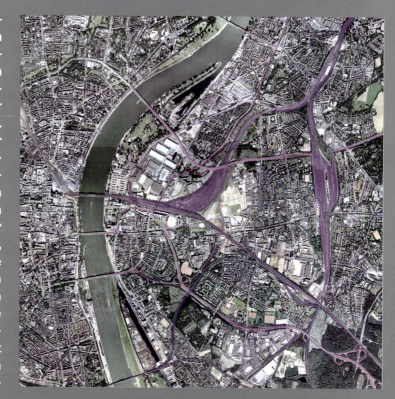

Zukunft des Rechtsrheinischen
Perspektiven für den Verkehr

Machleidt + Partner Büro für Städtebau/
sinai. Freiraumplanung + Projektsteuerung/
GRI Gesellschaft für Gesamtverkehrsplanung,
Regionalisierung und Infrastrukturplanung

Erhöhte Bahntrassen, ebenerdige Kfz-Trassen und zahllose Brücken beziehungsweise Tunnelbauten queren das rechtsrheinische Köln.

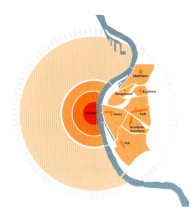 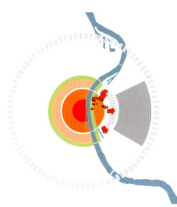 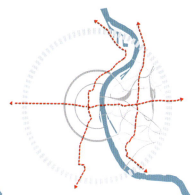 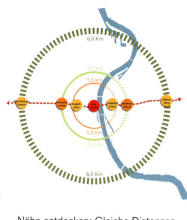

Die asymmetrische Stadt: monozentrisches Ringsystem im Linksrheinischen und polyzentrisches Radialsystem im Rechtsrheinischen.

Das Rechtsrheinische ist der Reserveraum für die Innenstadt: Flächenknappheit führt zu Verlagerungen gesamtstädtischer Funktionen.

Verbindungen nutzen: Das Links- und das Rechtsrheinische verfügen jeweils über alte Handelsstraßen, die sich in beiden Zentren kreuzen.

Nähe entdecken: Gleiche Distanzen werden im Links- und Rechtsrheinischen sehr unterschiedlich wahrgenommen.

Gesamtstädtische Betrachtung

Das rechtsrheinische Köln ist von verkehrlichen Infrastrukturen geprägt. Bahn-, Autobahn- und autobahnähnliche Trassen gliedern das Gebiet in verschiedene Quartiere. Mühlheim, Buchforst, Kalk, Humboldt-Gremberg und Poll finden sich schollenähnlich in klar definierten Abgrenzungen wieder, umflossen von Verkehrstrassen. Nicht verwunderlich, waren die landschaftlichen Zwischenräume doch zur Entstehungszeit frei für die Einordnung der Verkehrsinfrastrukturen gewesen. Insofern bedingen Siedlungsstruktur und Verkehrstrassen einander: Die Trassen liegen – sozusagen – nicht verkehrt. Lediglich der Stadtteil Deutz wird zusätzlich von mehreren Trassen durchkreuzt und in drei Teile zerschnitten.

Auf gesamtstädtischer Ebene wird wohl niemand verkennen, dass der Rhein selbst die mächtigste Barriere ist, die das Linksrheinische vom Rechtsrheinischen trennt. Hinzu kommen großflächige Nutzungen auf gesamtstädtischer Ebene, die sich wie die Messe direkt an den Rhein angliedern und die rechtsrheinischen Quartiere zusätzlich von der linksrheinischen Kernstadt abschotten. Bisherige Pläne einer engeren Vernetzung der beiden Rheinseiten sahen zumeist die Fortführung des linksrheinischen Grüngürtels auf dem rechtsrheinischen Gebiet vor. Diesen idealisierten Schluss legt die heutige gewachsene Situation nicht mehr nahe. Die bestehenden Trassenkörper bieten hingegen im Zusammenhang mit ihren Begleiträumen wie Kleingärten, Schrottplätzen und Brachflächen die Möglichkeit, diese Verbindungsfunktion in einer neuen Interpretation zu erfüllen. Sie umfließen nicht nur die bestehenden Stadtquartiere, sondern sind zudem über die Rheinbrücken auch sehr gut an das Linksrheinische angebunden. Herausforderung ist, diese trennenden Räume als lineare Verbindungselemente sicht- und nutzbar zu machen und für Fußgänger und Radfahrer zu erschließen. Dies beinhaltet auch eine besondere, erstmalige Fürsorge für die Begleiträume.

Ausbildung von klaren Siedlungskanten, Neubelebung und Transformation der Industriegelände.

Abb. 1

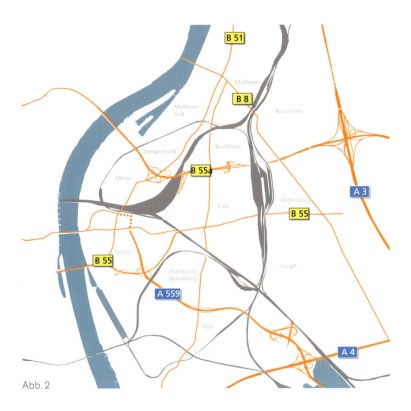

Abb. 2

Zerschnitten, verlärmt und weitgehend vernachlässigt, werden die Trassen oft als Resträume behandelt und genutzt. Dabei bergen sie mit einer Größe von rund 160 Hektar ein enormes Flächenpotenzial für die Arrondierung der bestehenden Quartiere und eine Freiraumnutzung im Sinne der Erlebbarkeit und positiven Wahrnehmung der Trassen als Verbindungsräume. Sie sind Werträume.

Stellt man sich die Trassenräume beispielsweise als Wasserflächen wie in Venedig vor, so wird kaum jemand in erster Linie auf die trennende Wirkung hinweisen, sondern vor allem auf die besondere Schönheit solcher Elemente in der Stadt. Die Betrachtung der Trassen als Stadtelemente – nicht als Transiträume, sondern als Verbindungsräume – eröffnet neue Chancen der Entwicklung des rechtsrheinischen Raums.

Dabei kann nicht jede Trasse gleich behandelt werden. Es gibt zum Beispiel viele dammgeführte Trassen und Rangierbahnhöfe, die sich als großflächige Verkehrskörper an den Quartiersgrenzen darstellen und nur durch kleine Unter- und Überführungen zu queren sind. Mit der Aufgabe von Anlagen wie am Rangierbahnhof Kalk werden aber Flächenpotenziale frei, die in der Vernetzung mit den Begleit- und Trassenräumen neue Qualitäten entfalten können. Ein weitaus kleinerer Teil der Trassen wurde in aufgeständerter Bauweise ausgeführt – sie schweben in teils faszinierender Form über das Rechtsrheinische hinweg. Bewusste freiraumästhetische Formulierungen der Flächen unter den Trassen müssen noch gefunden werden.

Perspektiven für den Verkehr

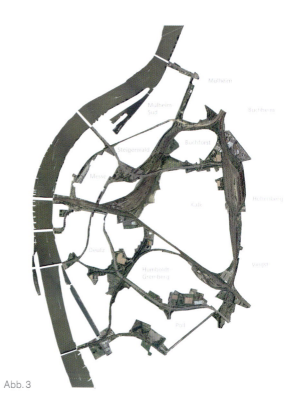

Abb. 3

Abb. 1
Siedlungs- und Verkehrsbrachen, versiegelte Flächen und Verkehrsflächen, gedeckte Flächen.

Abb. 2
Ein komplexes Trassengeflecht durchzieht mit mehreren Autobahnen, Bundesstraßen und Bahntrassen das Rechtsrheinische.

Abb. 3
480 Hektar Trassenraum bilden ein verzweigtes Netzwerk mit dominanten Radialen. Der Trassenraum wirkt für jedes Quartier als Grenze und Kulisse zugleich.

Abb. 4
Wäre diese Fläche Wasser, würde sie als eine Bereicherung wahrgenommen werden und vielleicht sogar verbindend wirken.

Abb. 5
Wäre diese Fläche Wald, würde sie zweifelsohne als eine Bereicherung wahrgenommen werden.

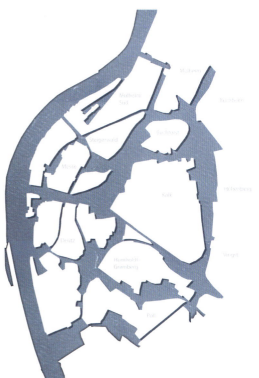

Abb. 4

Abb. 5

Abb. 6

Abb. 7

Abb. 8

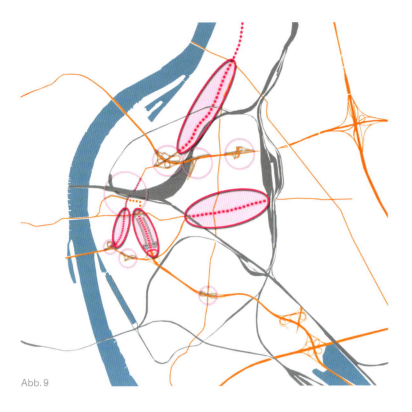

Abb. 9

Abb. 6
Ergänzung des Radwegenetzes, Vernetzung der einzelnen Ortszentren untereinander.

Abb. 7
Schlechte Verbindungen zwischen den Quartieren schaffen Inselsituationen.

Abb. 8
Verlagerung der Marathonstrecke zu einem Teil ins Rechtsrheinische.

Abb. 9
Rückstufung der Hauptstraßen, gestalterische Aufwertung, Optimierung von Knotenpunkten.

Neben der Gestaltung der Trassenräume ist insbesondere ihre Erschließung durch neue Mobilitätsangebote sicherzustellen. Trotz der verkehrsdominierten Lage des Rechtsrheinischen sind die einzelnen Quartiere relativ schlecht erschlossen. Durch alternative Verkehrsangebote entstehen Spielräume für die Gestaltung der Trassen und Verbindungen zwischen Quartieren, Stadtteilen und auf gesamtstädtischer Ebene. Für eine Veränderung des Modal Splits zugunsten von ÖPNV und Radverkehr muss das Radwegenetz auch über aktuelle Planungen hinaus ergänzt werden. Entlang der heutigen Trassen entsteht ein Rundweg, der zudem durch direkte Anschlüsse in alle Himmelsrichtungen die linksrheinische Kernstadt über zwei neue Fußgängerbrücken mit den rechtsrheinischen Quartieren und dem weiter östlich gelegenen Landschaftsraum verbindet. Außerdem werden die historischen Achsen, heute Kalker Hauptstraße und Walter-Pauli-Ring, in das Radwegenetz integriert. Die Umgestaltung und die Rückstufung einiger Verkehrswege (zum Beispiel Kalker Hauptstraße, Pfälzischer Ring) vermindern zudem die Barrierewirkung dieser Trassen. Eine auf Planungen der Zwanzigerjahre beruhende Tramlinie, von der Severinsbrücke über die Fachhochschule zum Gremberger Wäldchen, ergänzt die Überlegungen zur Einrichtung einer Ringbahn für das rechtsrheinische Köln.

Die Begleiträume sind in verschiedene Freiraumtypen mit unterschiedlichen Nutzungsmöglichkeiten unterteilt: Siedlungs- und Verkehrsbrachen, versiegelte Verkehrsflächen, gedeckte Flächen, Abstandsflächen sowie extensive Parks und Kleingärten umgeben patchworkartig die Trassen. Adäquate und dem jeweiligen Standort

Rangierbahnhof in Kalk.

Unter der *B 55 a*.

Skate- und Kletterpark unter der Stadtautobahn.

Auf dem Monte Kalk.

Parkplatz am Messekreuz.

Kleingärten am Gremberger Wäldchen.

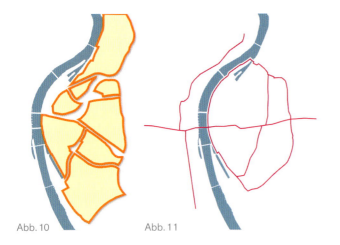

Abb. 10 Abb. 11

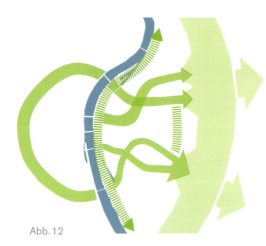

Abb. 12

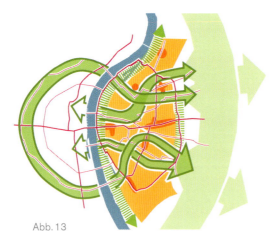

Abb. 13

angepasste Freiraumentwicklungen sollen in Zukunft ein Verbindungsmotiv aus Freiraumbändern für das Rechtsrheinische generieren. Sie bilden eine zusammenhängende urbane Landschaft aus, die den angrenzenden Quartieren als Rückgrat zukünftiger Stadtentwicklung dient sowie diese miteinander und zur linksrheinischen Innenstadt Kölns hin vernetzt.

Dabei sind – von der Schaffung erster neuer Blickbeziehungen und grüner Raumkulissen über die Weiterentwicklung vorhandener Nutzungspotenziale bis hin zu einer neuen Art der »Stadtnatur« – viele Einzelbausteine unter einem verbindenden Leitmotiv zu kombinieren. Die Aspekte einer nachhaltigen Erneuerung der Stadt im sozialen und ökologischen Sinn finden ihren selbstbewussten Ausdruck im Leitmotiv der neuen Trassenparks.

Zu dieser mittel- bis langfristigen Vision sind bereits zeitnah Aktivitäten erforderlich, die Aufmerksamkeit und somit einen neuen Blick auf die Trassen und auf das Rechtsrheinische ziehen. Eine Abänderung der Marathonstrecke zugunsten eines längeren Streckenteils auf einer Trassenlage, die »Verlosung« von Brachflächen für innovative kurzfristige Zwischennutzungen oder Initiativpartys unter Hochtrassen sind nur einige Beispiele, wie ein kreativer Umgang mit diesen Orten neue Eindrücke an einem scheinbar bekannten Raum entstehen lassen kann.

Die integrierte Betrachtung der stadträumlichen, landschaftlichen und verkehrlichen Aspekte führt zu einem neuen Leitbild für das rechtsrheinische Köln. Die Gestaltung der Trassen als verbindende Stadtelemente ermöglicht eine Qualifizierung der Stadtstruktur des Rechtsrheinischen, die eine eigenständige Identität aufweist. Das Hervorheben der Qualitäten Kölns als asymmetrische Stadt mit ihren klar abgegrenzten Quartieren auf rechtsrheinischer Seite und die Betrachtung der Fugen zwischen diesen Quartieren als Landschaftsbänder in Verbindung mit dem linksrheinischen Grüngürtel bereichern das Bild der Gesamtstadt. Das Rechtsrheinische ist in der besonderen Lage, seine großen Flächenpotenziale entlang der Trassen als eigenständiges, verbindendes Element gegenüber der linksrheinischen Kernstadt zu entwickeln. Alternative Verkehrsmittel, landschaftlich gestaltete Verbindungen und lebendige Stadtquartiere machen das Rechtsrheinische zu einem wertvollen Pendant zur linksrheinischen Innenstadt, beide Seiten ergänzen sich auf gesamtstädtischer Ebene in ihren Funktionen.

Perspektiven für den Verkehr

Abb. 14

Abb. 15

Abb. 16

Abb. 10
Quartiere werden von Trassen durchschnitten. Besonders stark ist die Abgrenzung zum Rheinufer.

Abb. 11
Fugen sind neu interpretiert als urbane Landschaftsbänder, in die die Trassen eingebettet sind.

Abb. 12
Die Landschaftsbänder durchdringen das Rechtsrheinische und verknüpfen es mit dem Linksrheinischen und dem Landschaftsraum.

Abb. 13
Köln ist eine asymetrische Stadt, die Eigenart des Rechtsrheinischen ist als Qualität zu verstehen.

Abb. 14
Kategorisierung der einzelnen Nutzungstypen.

Abb. 15
Stadtnatur und Stadtökologie als verbindendes Erlebnis- und Lernmotiv.

Abb. 16
Arrondierungsräume: Einzelne Trassenflächen bergen Potenzial zur Siedlungsentwicklung.

Zukunft des Rechtsrheinischen
Perspektiven für Deutz

Die Transformation der Stadt ist ein permanenter Prozess, der Zellregeneration eines Lebewesens vergleichbar. Zwei Begriffe sind wichtig: die Verankerung und die Übergänge zu anderen Stadtteilen als »Membran« sowie die Identität des Stadtteils als »Kern«. Deutz ist umgeben von stadträumlich untereinander isolierten Großbauten. Es wird vorgeschlagen, die Qualität der öffentlichen Räume zwischen diesen Bauten anzuheben und einen Ring von der Deutzer Brücke über das Fachhochschulgebäude zum Deutzer Hafen auszubilden. Die Aktivierung des Membranraums als fußläufige Verbindung mit räumlichen Qualitäten ist nicht nur für Deutz ein Gewinn, sondern auch Anknüpfungspunkt für Vernetzungen zu Gremberg, Kalk und Porz. Sie ist zudem Sammlungsraum, der für die Bewohner des rechtsrheinischen Köln einen attraktiven Zugang zum oder über den Rhein beziehungsweise zu den Poller Wiesen ermöglicht. Der Parkraum wird eingeschränkt und verlegt. Alle senkrecht zum Rhein führenden Gassen sollen mit ihren Bürgersteigflächen neu bewirtschaftet werden. Die Severinsbrücke wird mit einem Parkhaus unterbaut (Quartierparkhaus Deutz), außerdem wird eine ringförmige Shuttlebuslinie eingerichtet. Beide Funktionen tragen sich selbst. Freiräume sind zu »belichten« (Freiräumen von Flächen, Freilegen von Strukturen). Straßenbegleitendes Grün, Baumalleen und breitere Bürgersteigzonen werden geplant. Durch die Verringerung überbreiter Straßenräume verlieren diese ihre trennende Wirkung. Öffentlichkeitswirksame Inszenierungen wie *City Gardening* lenken den Fokus auf diese Maßnahmen. Da in Deutz ein hoher Bedarf an Wohnraum besteht, wird eine bauliche Nachverdichtung mittels Aufstockung vorgeschlagen – im Einklang mit einer erhöhten Durchlässigkeit und Verfügbarkeit des öffentlichen Raums.

Zukunft des Rechtsrheinischen
Perspektiven für Deutz

Kister Scheithauer Gross Architekten und Stadtplaner/
KLA kiparlandschaftsarchitekten

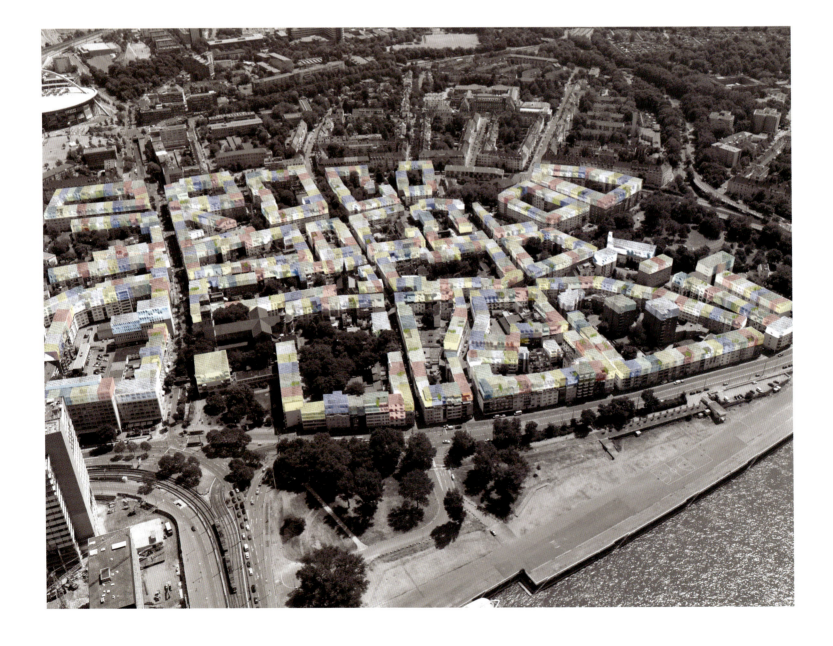

Perspektiven für Deutz

In der derzeitigen Situation des globalen Wandels treffen besonders in Europa zwei Phänomene aufeinander, die anregen, über die Zukunft unserer Städte und der dazugehörigen Freiräume nachzudenken: einerseits die wachsenden und sich weiterentwickelnden Städte und andererseits die schrumpfenden Regionen und Städte. Oft treffen diese Entwicklungen in einer Stadt zusammen – so auch in Köln-Deutz: ein Stadtteil, geprägt durch unterschiedlichste historische Städtebaustrukturen.

Vor diesem Hintergrund ist zu fragen: Wie kann Architektur heute noch dazu beitragen, die Welt zu verbessern? Welche Möglichkeit hat der Architekt, zu einer Qualifizierung unseres Lebens-Raums beizutragen? Neues zu bauen, noch mehr Bauvolumen einer übersiedelten Stadtlandschaft hinzufügen? Noch mehr Lücken füllen? Gibt es wirklich noch dieses große Bedürfnis, neue und bessere Häuser, Bürogebäude, Museen, Bibliotheken oder gar Einkaufszentren und Industrieanlagen zu bauen? Liegt die Möglichkeit, unsere Umgebung zu verbessern, nicht vielmehr und besonders in der Planung von Freiräumen, die sich zwischen und um die gebaute Welt fügen? Ist dies nicht eines der Hauptthemen, mit denen sich die Architektur der Zukunft beschäftigen sollte? Ist dies nicht genau das Merkmal, das in Zukunft die europäische Stadt von den anderen Städten der Welt differenzieren sollte?

Hinschauen – das tun wir schon oft gar nicht mehr. Stadtplanung, Verkehrsplanung, Soziologie – sind es nicht Schreibtischwissenschaften? Die Spaziergangswissenschaft sucht den Ort und das Lebendige auf, versucht sich darin, das Betrachten wiederzuentdecken. – Landschaft wahrzunehmen muss gelernt sein. Dies gilt sowohl historisch wie individuell. Unser Kulturkreis wurde befähigt, Landschaft wahrzunehmen, weil die römischen Dichter, weil die Maler der Spätrenaissance, weil die englischen Landschaftsgärtner Landschaft darzustellen verstanden. Landschaft ist also ein kollektives Bildungsgut. (...) Aber natürlich sieht nur jeder, was er zu

Deutz wird zum Penthouse-Paradies:
Konzept für eine zweigeschossige Nachverdichtung
auf den Dächern der vorhandenen Bebauung.

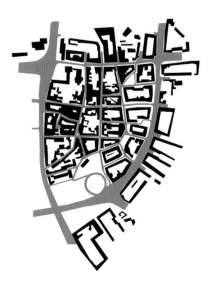

Die Deutzer Altstadt ist eines der wenigen Gebiete im Rechtsrheinischen mit einer klassischen Blockrandbebauung und oft gewerblich genutzten Innenhöfen.

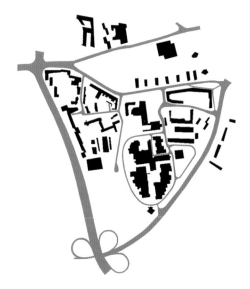

Ein Maßstabssprung und eine weithin sichtbare autogerechte Infrastruktur stellen den zweiten, zerklüfteten Deutzer Raum dar.

sehen gelernt hat. Die Grundregel lautet also: Die Landschaft ist ein Konstrukt. Und mit diesem schrecklichen Wort soll nichts anderes gesagt werden, als dass die Landschaft nicht in den Erscheinungen der Umwelt zu suchen ist, sondern in den Köpfen der Betrachter.
Lucius Burckhardt

Die Spaziergangswissenschaft zeigt eine Methodik auf, mit der Aufmerksamkeitsbereiche innerhalb des Stadtgebiets herauszukristallisieren sind. In einer gewachsenen und vielseitig geprägten Stadt wie Köln ist dies ein bedeutendes Thema. Für die zukünftige Entwicklung von Köln-Deutz gilt es die eigene Identität beizubehalten, einzigartige Potenziale zu erkennen und diese nachhaltig zu stärken. Hierfür müssen jedoch zunächst die Ansätze und Vorzüge des eigenständigen Stadtbilds gesehen und erkannt werden.

Deutz war über mehrere Jahrhunderte ein kleines Dorf mit einigen Hundert Einwohnern. 1888 folgte die Eingemeindung in die Stadt Köln. Heute umschreibt Köln-Deutz einen bedeutenden Teil des rechtsrheinischen Köln. Die historischen Entwicklungen von Köln-Deutz spiegeln sich in der heutigen StadtLandschaft deutlich wider: Es ist ein Mosaik unterschiedlicher städtebaulicher Strukturen:

Die Altstadt – Stadtteil mit klassischer Blockrandbebauung

Der historische Kern weist eine klassische Blockrandbebauung mit teilweise Gewerbehöfen auf. Die Struktur zeichnet sich durch die klare Trennung von öffentlichem und privatem Raum aus.

Das Stadtquartier – die moderne Stadt

Das heutige Deutz ist im Kern ein Altstadtquartier mit überwiegender Wohnnutzung. Angrenzend finden sich Großnutzungen wie die Messe, das Stadthaus, die Arena, die Fachhochschule, der Bahnhof und der Deutzer Hafen – Einrichtungen, die für die Gesamtstadt von großer Bedeutung sind. Die übermaßstäblichen Infrastrukturen nach dem Leitbild der autogerechten Stadt Köln-Deutz werden von großzügigen Verkehrsinfrastrukturen durchzogen, die eine Trennung einzelner Flächen und Gebiete mit sich ziehen. Diese Infrastrukturen stellen heute eine besondere Herausforderung dar.

Köln-Deutz heute

Die Stadtlandschaft des rechtsrheinischen Köln ist bildlich ein Atoll aus Schollen verschiedener Strukturen, die durch ihre industrielle Geschichte geprägt sind. Wir sind heute dabei, unsere Städte zu schleifen: Aus Wallanlagen werden Parkanlagen, Barrieren werden aufgehoben, die Stadt wird wieder »flüssig«. Es gilt nicht mehr, irgendwelche Lücken zu füllen, sondern es müssen neue Lebensadern für den Organismus Stadt geschaffen werden. Durch diese Entwicklung entsteht eine symbiotische Beziehung zwischen Kultur und Natur.

Die Infrastrukturqualität der Zukunft wird die Landschaft sein (...). Nicht irgendwie Landschaft, sondern eine ökologisch intakte und ästhetisch befriedigende.
Karl Ganser

Das heutige Deutz kann und soll nicht mehr radikal verändert werden; man kann aber, wie der Philosoph und Psychologe James Hillman meint, die Wahrnehmung ändern und neue Strategien und Prozesse produzieren: *Die Städte der Nachmoderne dürsten danach, nicht so sehr der neuen Form der Projektierung wegen, sondern wegen der neuen Formen der Wahrnehmung entdeckt zu werden.*

Zur Entwicklung eines Konzepts für eine nachhaltige Stadtentwicklung ist ein tragfähiger Aktionskatalog unabdingbar. Mit einer schrittweisen Umsetzung von Maßnahmen wird ein dauerhafter Motor zur Stadtentwicklung geschaffen. Neue Perspektiven für die bebaute Umwelt sind aufzuzeigen. Die Schärfung des Blickwinkels und das Abrücken von gewohnten Sichtweisen lässt einen Gedankenaustausch und damit ein »In-den-Dialog-Treten« entstehen. Es soll gezeigt werden, dass mit einer nicht koeffizienten Interpretations- und Planungsmethode neue rechtsrheinische Perspektiven für die Zukunft Kölns entstehen.

Einzelne Quartiere bilden ein Stadtgefüge. Diese Quartiere sind typologisch durch eine wesentliche und vorherrschende Charakteristik geprägt. Alle Monaden bilden gleichberechtigt die Stadt und sind nicht hierarchisiert in »gute« und »böse« Orte. Zwischen Stadt und »nicht Stadt« (was auch »nicht Landschaft« bedeutet) lässt sich nicht unterscheiden, weil jede Monade einen wesentlichen Baustein zur Geschichte und zur Zukunft der Stadt beiträgt.

Die Keimzellen der rechtsrheinischen Entwicklung Deutz/Mülheim/Kalk sind auch heute die typologisch differenzierten Monaden – und durch ihre »24 Stunden«-Nutzung sind es lebendige Zellen in einem wachsenden Organismus. Gebiete im Umbruch/Monaden im Wechselstadium ihrer funktionalen oder strukturellen Identität werden als Chance für den Stadtkörper verstanden (Bahnareale/Industriestandorte).

Der Umbau, die Neubestimmung, ist kein Prozess, der durch stadtraumgestalterische Eingriffe mit einer Geste oder einer Intervention oder mit dem Masterplan gelöst werden kann. Vergleichbar mit der Zellregeneration eines Lebewesens ist die Transformation der Stadt ein »vielartiger«, permanenter Prozess und durch die marktwirtschaftlichen Strukturen auch eine »vielmotorische« Entwicklung.

Flexibilität und Offenheit für die Integration funktionaler neuer Aufgaben sind für das rechtsrheinische Köln eine Stärke besonderer Art, die aus dem Verlust vorhandener Produktionsstätten ein Zukunftspotenzial schafft. Es muss nicht als »Morgen« bebaut sein, denn Monadenqualitäten als ruhende Fläche sind die Bodenwerte für übermorgen (Gleisflächen, Mülheimer Hafen etc.).

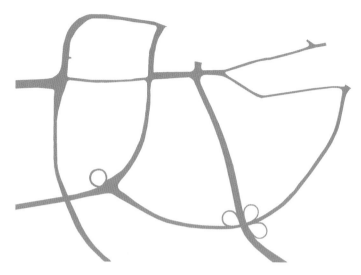

Die moderne Stadt mit ihren Schnellstraßen und Autobahnen gliedert Deutz in eine Ansammlung stark voneinander getrennter Inseln.

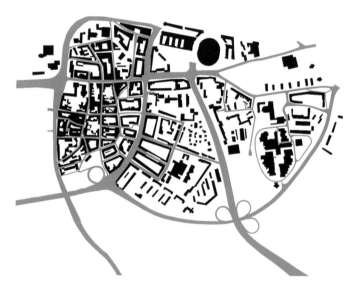

Von einer geschlossenen und dichten Blockstruktur entwickelt sich Deutz nach Osten hin zu einer offenen, in Großbauweise gesetzten Stadtlandschaft.

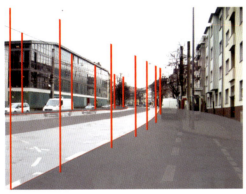

Die Straße wird als ein öffentlicher Begegnungs- und Kommunikationsraum wiederentdeckt. Die Folge ist die Reduzierung des Straßenquerschnitts zugunsten der Fußgänger.

Bereits im Workshop 2006 hatte das Leitbild der »Monaden«, abgeleitet vom Philosophen Gottfried Leibniz, die Wahrnehmung der komplexen Stadtlandschaft geprägt. Die Vorstellung einer Ansammlung von Monaden, die als Zellen mit individuellem Kern definiert sind, ist hilfreich im Verständnis der Defizite und Potenziale des rechtsrheinischen Köln. Dabei sind zwei Begriffe wichtig: die Zellmembran und der Kern. Das bedeutet: die Verankerung und die Übergänge zu anderen Stadtteilen als »Membran« und die Identität des Stadtteils als »Kern«, der Anziehungskraft und Wahrnehmbarkeit ausstrahlt.

Deutz ist umgeben von im Wesentlichen gebauten und aktiven Großfunktionen. Die Frage neu aufzufüllender Transformationspunkte stellt sich bis auf den Deutzer Hafen als eine besondere Aufgabe nicht. Dennoch ist die Perlenkette der großen Bauten stadträumlich untereinander isoliert.

Im Sinne einer erfahrbaren, das heißt stadträumlich wahrnehmbaren Zellmembran Deutz wird vorgeschlagen, die Qualität der öffentlichen Räume zwischen den Bauten anzuheben und eine Durchlässigkeit in Form eines Rings von der Deutzer Brücke über das Gebäude der Fachhochschule zum Deutzer Hafen auszubilden. Die Aktivierung des Membranraums als fußläufige Verbindung mit räumlichen Qualitäten ist nicht nur für Deutz ein Gewinn, sondern auch Anknüpfungspunkt für Abzweige und Vernetzungen zu Gremberg beziehungsweise Kalk oder Porz. Die ringförmige Durchlässigkeit ist zudem Sammlungsraum, um für die Bewohner des rechtsrheinischen Köln einen attraktiven Zugang zum oder über den Rhein beziehungsweise zu den Poller Wiesen zu ermöglichen.

Basierend auf der Grundidee der Zellstruktur, die bereits 2004 im Werkstattverfahren *RegioGrün* durch Andreas Kipar und im Workshop 2006 durch Prof. Johannes Kister thematisiert wurde, wird heute der Fokus zusätzlich auf das zukünftig für die Stadtentwicklung immer bedeutender werdende Thema der Vernetzung gelegt. Ein Fluidum in Hinblick auf die Gesamtwirkung hebt nicht nur die Besonderheit einzelner Bausteine hervor, sondern sichert durch das »Übereinandergreifen« von Strukturen ein tragfähiges und zukunftsorientiertes Netzwerk.

Zur Entwicklung eines gesamtstädtischen Konzepts in Hinblick auf eine nachhaltige Stadtentwicklung ist ein tragfähiger Aktionskatalog unabdingbar. Mit einer schrittweisen Umsetzung von Maßnahmen wird ein dauerhafter Motor zur Stadtentwicklung geschaffen.

Neues Straßenraummanagement

Die Straße ist nicht nur zum Parken da. Auch wenn dieser Eindruck in Deutz vorherrscht, ist die Erkenntnis einer Trendwende unumgänglich, soll das Lebenswerte des Stadtquartiers nicht erstickt werden. Das Konzept wagt den Versuch eines neuen Wegs.

Sechs Thesen für die Zukunft von Deutz:

1. These
Die Straße ist nicht nur zum Parken da. Der Parkraum wird eingeschränkt und verlegt.

2. These
Alle senkrecht zum Rhein führenden Gassen sollen mit ihren Bürgersteigflächen neu bewirtschaftet werden, das heißt diese Flächen können von den Eigentümern beziehungsweise Mietern gepachtet werden. Der Belag des Bürgersteigs bleibt erhalten, aber aufgesetzte Konstruktionen erlauben neue, private Vorgartennutzungen, vom grünen Beet bis hin zum Sitzplatz auf der sprichwörtlichen Bank vor der Tür.

3. These
Die Severinsbrücke – hier steht großflächig städtische Grundfläche zur Verfügung – soll mit einem Parkhaus unterbaut werden. Das Parkhaus ist als Quartierparkhaus Deutz ausgelegt. Die Bewohner erhalten hier Stellplatz zu günstigen Konditionen.

4. These
Es wird ein Shuttlebus eingerichtet, der ringförmig durch Deutz fährt und eine Zubringerfunktion für das Parkhaus erfüllt. Aber auch der interne Ringverkehr, der die Einkaufsstraße optimal – gerade für alte Menschen – erreichbar werden lässt, wird genutzt werden können. Mobilität im Quartier, die stadtraumverträglich ist.

5. These
Die Verpachtung der Bürgersteigfläche von maximal 50.000 Quadratmetern, die Fahrpreise für das Shuttle von etwa 50 Cent für die Fahrt und eine monatliche Gebühr von 30 bis 50 Euro pro Stellplatz lassen es wirtschaftlich zu, dass sowohl das Parkhaus als auch der Shuttlebetrieb sich selbst tragende Einrichtungen sind. Wichtig ist, dass Geld generiert werden kann durch eine Straßenraumbewirtschaftung, die hilft, neue Stellplatzlösungen zu entwickeln. Die Stadt Köln kann handlungsfähig werden ohne Haushaltsvorbehalte.

6. These
Das Ziel der Maßnahmen ist eine neue Lebendigkeit in Deutz, die neue Altersschichten und Bewohnerszenen anzieht. Die Straßen von Deutz sind »hip«.

Durch neu zu pflanzende Baumalleen und durch die Reduzierung der Fahrstreifen soll die trennende Wirkung des Straßenraums auf der Siegburger Straße verringert werden.

Prinzessinnengärten in Berlin-Kreuzberg als Beispiel für *City Gardening*.

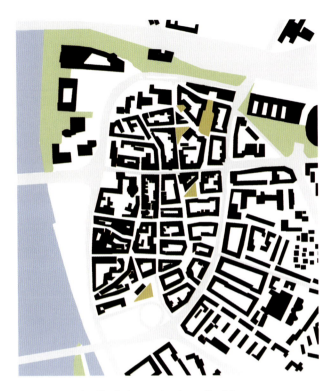

Renaissance des Stadtplatzes als urbane Qualität:
In Deutz finden sich nur wenige öffentliche Plätze.
Doch auch diese bieten Platz für neue Inszenierungen.

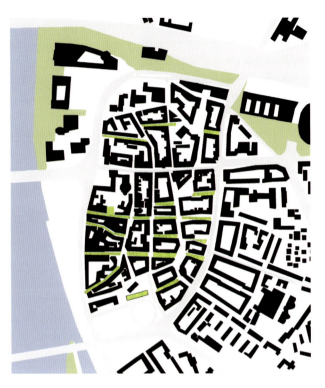

Parkplätze weichen neuen Nutzungen:
Durch private Vorgartennutzung entsteht eine
individuelle Gestaltung der Straßenzüge.

Alternative zum Reihenhaus am Stadtrand: Die Deutzer
Dachlandschaft bietet ein Flächenpotenzial mit bereits
vorhandener Infrastruktur.

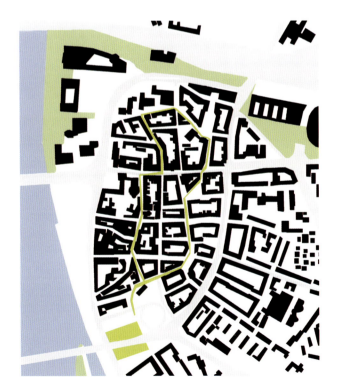

Neues Mobilitätsverständnis: Der historische Kern
von Deutz wird vom Verkehr freigehalten. Eine Shuttlebuslinie durchzieht ringförmig das Gebiet.

Perspektiven für Deutz

Durch die Entschärfung der breiten Stadtstraßen, das *City Gardening*, die neu gestaltete Infrastruktur und die gesamte Neu-Inszenierung entsteht ein dichtes und ökologisch wertvolles Innenstadtgebiet.

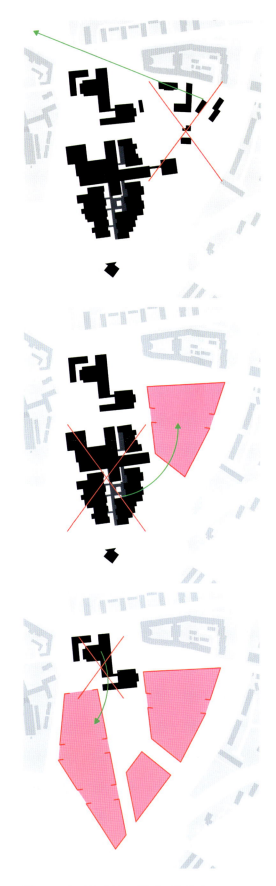

Phasenweise Entwicklung für das Gelände der Fachhochschule.

Inszenierung einer Straßenecke: Individuell bepflanzte
Hochbeete sollen eine neue Aufenthaltsqualität schaffen.

Belichtung: Öffentlicher Raum und Freiraum

In einem Netzwerk sind es gerade die öffentlichen Räume, die besonderer Aufmerksamkeit bedürfen. Der städtische Raum wird bisher vor allem als Verkehrsnetz wahrgenommen. Es gilt jedoch, den städtischen Raum und die Freiräume als Orte der sozialen Interaktion zu verstehen und zu fördern. Neue Bilder und Erfahrungshorizonte schaffen die Grundlage für den Freiraum als die zukunftsorientierte Infrastruktur einer dynamischen Stadt(-entwicklung). Stadtentwicklungen, wie sie das Büro Albert Speer & Partner für Köln und Norman Foster für Duisburg prophezeien, haben damit zu tun, zielbewusst den öffentlichen Raum umzubauen, ein Schleifen der Ecken und Kanten.

Die Freiräume sind zu »belichten«. Durch einfache Aktionen, wie das bewusste Freiräumen von Flächen und das Freilegen von Strukturen, werden Aufmerksamkeitsbereiche geschaffen. Die Freiflächen sind wie »Bühnen« zu verstehen, die einen Raum für Inszenierungen bieten. Straßenbegleitendes Grün muss Stadtraumqualitäten herausstellen, der »Verbuschung« muss ein Ende gesetzt werden. Es ist notwendig, Baumalleen und breitere Bürgersteigzonen zu planen. Überbreite Straßenräume wie der Gotenring sind nachweislich zu verringern und können durch einen Boulevardcharakter ihre bislang trennende Wirkung verlieren. Das Gleiche gilt für die Rheinuferstraße, die mit Fahrspuren und Straßenbahngleisen sehr breit, zu breit für den Straßenraum ausfällt. Eine Überlagerung von Bahn und Auto ist denkbar und erlaubt einen adäquaten Bürgersteig vor den Häusern am Rheinufer.

Inszenierung: City Gardening

Um eine Anbindung an das Umfeld zu schaffen und den Planungsprozess in das öffentliche Bewusstsein zu rücken, gilt es Flächen zu inszenieren. Mit öffentlichkeitswirksamen Inszenierungen wird der Fokus auf die Maßnahmen gelenkt. Die neu entstandenen Flächenpotenziale werden aktiviert und genutzt. *City Gardening* ist eine solche Inszenierung. Ursprünglich entstanden in den USA, hat sich die Idee schnell in England und Spanien verbreitet. Heute wird das Konzept auch in Deutschland immer beliebter. Städte wie Berlin, Hamburg und München zeigen, wie es erfolgreich eingesetzt wird. *City Gardening* wird aus sozialen, ökologischen und politischen Motiven angewendet, aber auch ein künstlerisches Motiv kann der Antrieb sein. Der Begriff der »Grünen Stadt« ist zu einem Lifestyle geworden, man möchte sowohl städtisch als auch naturnah leben. Darüber hinaus ist das Konzept eine Möglichkeit zur gezielten Aneignung von Räumen. Engagierte Bürger nehmen sich öffentlicher Flächen an und »kümmern« sich um diese. *City Gardening* ist eine Strategie, wie eine Vitrine, eine Art Schaufenster, um auszudrücken, dass die Apfelsine nicht erst um die Erde geflogen werden muss, bevor man sie verzehren kann.

Projektierung: Aufstockung

Die dauerhafte Etablierung der Maßnahmen im Stadtbild erfolgt schließlich über das »Projektieren«. Eine hohe Freiraumqualität schafft Standortqualität. In Köln-Deutz besteht ein hoher Bedarf an Wohnraum. Um diesem Bedarf gerecht zu werden, wird eine bauliche Nachverdichtung mittels Aufstockung vorgeschlagen. Die Aufstockung ist die effizienteste und zugleich oft die einzige Möglichkeit zur Verdichtung urbaner Räume. Urbane Verdichtung kann jedoch nur im Einklang mit einer erhöhten Durchlässigkeit und Verfügbarkeit des öffentlichen Raums funktionieren.

Perspektiven für Deutz

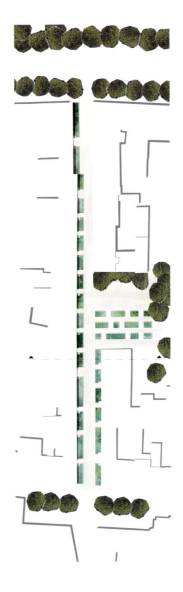

Deutzer Penthouse-Blick auf die Kölner Stadt-silhouette mit Anwohnergärten vor dem Haus.

Zukunft des Rechtsrheinischen
Perspektiven für Mülheim-Süd

Durch das Verschwinden der Industrie ist Spielraum entstanden. Dieser »Zwischenraum« sollte in die Planung miteinbezogen werden. Die Idee einer Schwebebahn liegt nahe, nicht nur als Ergänzung des lückenhaften Nahverkehrs zwischen Deutz und Mülheim, sondern auch als Metapher für die Wiedergeburt und Interpretation vergangener Ingenieurskunst. Die Rundbögen unter der ICE-Trasse bieten sich mit den Schwebebahnhallen als neues urbanes Zentrum an, das die Stegerwaldsiedlung mit dem Rheinufer verbindet. Hier liegt eine möglichst gemischte Nutzung nahe. Zweites wichtiges Element sind die Frei- und Grünflächen – der »Arkadische Spielraum« (Monte Kalk, Kleingärten, Brachflächen, Raum unter der Stadtautobahn). Sie werden in einen Park des 21. Jahrhunderts verwandelt. Die prägnanten Straßenzüge Deutz-Mülheimer Straße und Auenweg werden gestärkt. Die Deutz-Mülheimer Straße wird mit mehr öffentlichen und kommerziellen Nutzungen schrittweise in eine belebte Stadtstraße mit erkennbarem Profil verwandelt. Der Auenweg beinhaltet in großen Teilen die Schwebebahn und verwandelt sich entlang des Hafens in eine belebte Promenade. Entlang der ICE-Trasse führt ein Grünzug quer durch das Gebiet. Außerdem schlängeln sich informelle Wege durch die verschiedenen Entwicklungsfelder (Anschluss an die Hafenpromenade). Es sollte eine Balance gefunden werden zwischen dem Erhalt der Industriedenkmäler und den gegenwärtigen Wirtschaftsfaktoren.

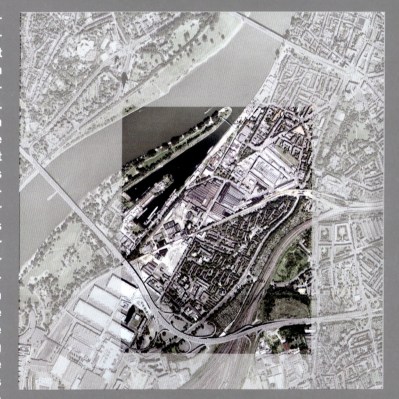

Zukunft des Rechtsrheinischen
Perspektiven für Mülheim-Süd

Claus en Kaan Architecten /
greenbox Landschaftsarchitekten

Perspektiven für Mülheim-Süd

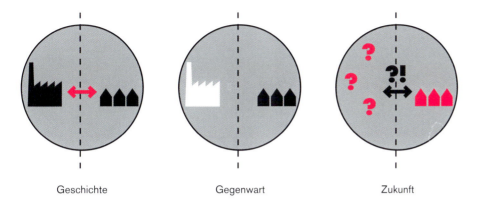

Geschichte　　　　　　Gegenwart　　　　　　Zukunft

Masterplan und Strategie

Im Jahr 2004 bekamen wir die Gelegenheit, am ersten Workshop *Rechtsrheinische Perspektiven* teilzunehmen. Unser Anliegen war, Köln mit seinen verschiedenen Stadtteilen innerhalb des regionalen Umfelds zu platzieren, anstatt die rechts- und linksrheinischen Gebiete unbedingt zusammenfassen zu wollen. Wir schlugen vor, den einzelnen Stadtteilen Raum für ihre eigene Entwicklung zu geben, abgestimmt auf die jeweiligen Umstände und mit dem Ziel, die eigenen Identitäten zu stärken und sie dann untereinander und mit der Region zu vernetzen.

Auf internationaler Ebene wird momentan stark nach geeigneten Instrumenten gesucht, die Entwicklung von Städten zu steuern. Kraftfelder werden untersucht und die von ihnen ausgehenden Dynamiken analysiert. Hierbei werden auch Bezugsfelder neu definiert und Maßstabssprünge vollzogen. Köln schließt sich mit den Workshops der vergangenen Jahre dieser Suche an.

Wir beobachten zurzeit verstärkt, dass der klassische Masterplan der sogenannten Vision Platz zu machen scheint. Der Unterschied liegt in der Vermittlung von Ambitionen. Die Vision, kommuniziert vor allem durch die Städte selbst, lässt der Politik viel mehr Spielraum, ebenso den entwickelnden Parteien. Wir merken allerdings, dass die Vision nicht selten missverstanden wird. Oft wird sie als Rezept interpretiert und somit eindimensional aufgefasst. Unserem Verständnis zufolge bietet sie jedoch keine Lösung an, sondern vielmehr eine Möglichkeit der Wahrnehmung, und in der Folge eine Strategie, die auf vielfältige Weise umgesetzt werden kann. Der Masterplan ist für die Innenstadt von Köln als kohärente Einheit ein sehr gutes Entwicklungsinstrument, auf der rechtsrheinischen Seite greift er jedoch nicht. Hier sollte ein dynamischer und strategischer Plan zum Einsatz kommen, dessen Bilder, Ideen und Ausformulierungen als Animator dienen und nicht als fertiges Bild.

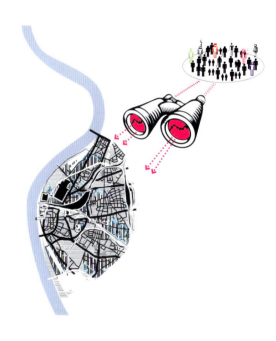

Oben:
Perspektivwechsel bei der Betrachtung des Rechtsrheinischen.

Linke Seite:
Neues Modell der *Sustainable City*:
Naturalisieren der Leere für das ökologische Gleichgewicht, zur Wasserrückhaltung, zur Nutzung als Erholungsgebiet, als grüne Lunge oder für Lebensmittelproduktion und als strategische Reserve für die Zukunft.

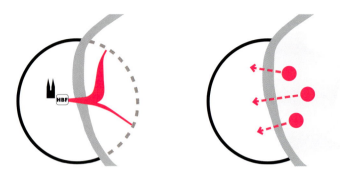

Infusion: kurze Wege von der Innenseite des Rheinbogens.

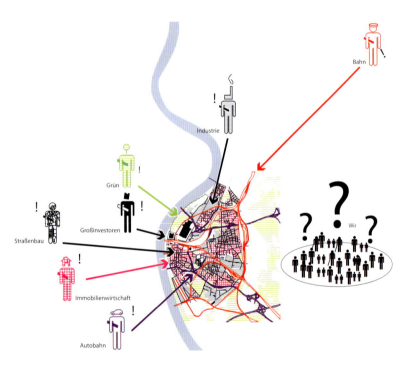

Überlagerung der Kraftfelder im Rechtsrheinischen.

Das rechtsrheinische Köln

Die Betrachtungsweise der rechtsrheinischen Seite sollte die eines eigenständigen Gebiets mit eigener Logik und eigenem Maßstab sein, das sich am Umfeld, am Rhein und an der vorhandenen Infrastruktur orientiert. Dieser Ansatz könnte noch ausgeweitet werden, indem näher auf die umgebenden Gebiete außerhalb von Köln eingegangen wird und diese in die angestrebte Vernetzung miteinbezogen werden. Dieser Maßstabssprung kann Auswirkungen auf alle betrachteten Interventionsräume haben. Das Miteinbeziehen der näheren und weiteren Umgebung kann zu einer logischen Fortführung und zu einer Aufwertung der Innenstadt und des gesamten städtischen Netzwerks führen. Die Betrachtung der Aufgabe sollte nicht nur aus der Perspektive der Kölner Innenstadt allein geschehen. Vielmehr sollte diese noch stärker als einer von mehreren charakteristischen Stadtteilen der Stadt wahrgenommen und an die Region und letztlich auch an das europäische Umfeld angebunden werden.

Spielraum

Die europäische Stadt entwickelt sich in Wachstumsschüben in Zeiten, in denen technische Innovationen, gesellschaftliche Veränderungen und wirtschaftlicher Druck zusammenspielen. Dieses Wachstum bringt wiederum Maßstabssprünge mit sich. Die Stadt dehnt sich nicht allein aus, vielmehr werden auch ihre Bestandteile stets umfangreicher. Die gebaute Fläche pro Kopf nimmt drastisch zu. Wohnungen, Büroräume, Schulen und Krankenhäuser, Sportanlagen und Einkaufsflächen werden größer. Die Mobilität nimmt zu. Die Stadt verschluckt die umliegenden Wohngebiete, Stadtteilkerne und Dörfer. Spielraum wird benötigt, um die für eine lebendige Stadt notwendigen großmaßstäblichen Einrichtungen zu beherbergen. Zwischenräume werden aufgefüllt mit Industrie, Hochschulen, Krankenhäusern, Messekomplexen, Sportparks und Infrastruktur. Im rechtsrheinischen Köln waren es zuerst die Industriekomplexe des vorletzten Jahrhunderts, die sich an die vorhandenen Dorfkerne anlagerten. Danach folgten die monumentalen

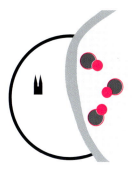 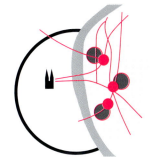 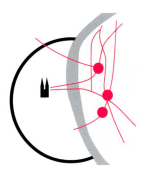

Ortskerne + Industrie	Infrastruktur	Kerne + Infrastruktur

Infrastrukturen und andere großmaßstäbliche Funktionen, die notwendigerweise nahe der Innenstadt liegen müssen, um diese zu »nähren«. Das rechtsrheinische Köln verwandelte sich in eine »logistische Plattform« für die gesamte Stadt.

Mittlerweile verschwindet die Industrie. Spielraum entsteht. Das ist fantastisch. Eine weitere Tatsache ist, den demografischen Prognosen zufolge, dass das Ausbreiten der Städte langsam zum Erliegen kommt. Das bedeutet, dass die Stadt innerhalb der bestehenden Grenzen neu organisiert, verdichtet oder ausgedünnt werden oder Landschaft hinzugefügt werden kann oder neue Programmierungen möglich gemacht werden können. Der Begriff »Spielraum« beinhaltet drei Bedeutungsebenen, die alle einer nachhaltigen Herangehensweise an Stadtentwicklung zuträglich sind. Wörtlich kann er Raum für Freizeitfunktionen in der Stadt bedeuten. Mentaler Spielraum hingegen generiert neue Gesichtspunkte, Einsichten und Innovationen. Spielraum kann auch strategisch interpretiert werden – als Raum für unvorhergesehene Entwicklungen innerhalb der Stadt. Wir heißen all diese Formen und Interpretationen des Spielraums willkommen.

Wie begreifen wir die vorliegende Aufgabenstellung?

Als Architekten sehen wir uns mit der Tatsache konfrontiert, dass Herangehensweisen an eine derartige städtebauliche Aufgabe nicht auf traditionelle Art und Weise geschehen können. Eine Antwort auf die Fragestellung kann nicht vollständig gegeben werden mit dem puren Formulieren städtebaulicher Entwicklungen, mit Typologien und ähnlichen Instrumenten. Diese reichen nicht aus, um das abgesteckte Feld zu bedienen. Zuerst müssen wir auf die Suche gehen nach Strategien, die Antwort bieten können auf komplexe Sachverhalte und auf sich schnell verändernde Entwicklungen auf sozialer, gesellschaftlicher und wirtschaftlicher Ebene.

Unsere Interpretation der heutigen Fragestellung lautet also: Welche Strategie ist die beste, um das rechtsrheinische Köln entwicklungsfähig zu machen? Welche Eingriffe kann die Stadt tätigen,

Heute: Orientierung der Stadtteile zur Innenstadt.

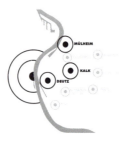
Gewichtung der rechtsrheinischen Stadtteile.

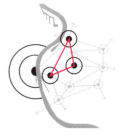
Rechtsrheinischer Verbund: Deutz / Mülheim / Kalk.

Wahrnehmung der eigenen Identität.

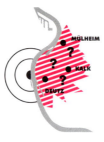
Heute: Kerne innerhalb eines undefinierten Zwischenraums.

Zusammenhang schaffen durch Verbindung der Kerne.

Perspektivwechsel und Wahrnehmung von bestehenden Qualitäten.

Analogie zu den Niederlanden: Randstad / Het Groene Hart.

Spielraum als Arkadien.

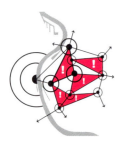
Auffinden der verschiedenen Spielräume im Rechtsrheinischen.

um die Chancen des Gebiets zu erhöhen? Wir haben uns bemüht, anwesende Qualitäten und Phänomene aufzuspüren und zu erkennen, wie man diese auf möglichst naheliegende Weise aktivieren kann. Welche Schalter kann man bedienen, so dass das Realisieren von Bauprogrammen und damit das Transformieren, das Wachsen und die Lebendigkeit von Mülheim-Süd auf lange Sicht stimuliert werden? Um diese Schalter zu finden, versuchten wir, uns in die verschiedenen Sicht- und Erlebensweisen des Rechtsrheinischen einzuleben, sowohl in die von Besuchern als auch in die von Bewohnern und Nutzern. Hierbei stießen wir auf folgende Fragen: Was sind aktuelle Identitätsträger im Rechtsrheinischen? Wie kann man das vorherrschende Gefühl einer losen Ansammlung von verschiedensten Gebieten aufheben?

Perspektivwechsel

Der Workshop 2004 brachte die übereinstimmende Schlussfolgerung, dass die Wahrnehmung des Gebiets als ein in einzelne Inseln aufgeteiltes Areal zu deren Isolierung geführt hat. Dies entsprach einer Wahrnehmung des Gebiets aus der Perspektive der einzelnen Stadtteilkerne, also aus der bebauten Umgebung, heraus. Eine neue Perspektive entsteht, wenn man das Gebiet aus dem Zwischenraum, dem Spielraum, heraus betrachtet und diesen als vollwertigen Raum miteinbezieht. Neben der »offiziellen« Sicht – das Rechtsrheinische als Gebiet, in dem vor allem Infrastrukturen, ungenutzte Industrieterrains und großmaßstäbliche Nutzungen vorherrschen, die die Stadtkerne isolieren – hat sich uns während unserer Safari durch das Plangebiet eine neue Sichtweise eröffnet.

Identität und die Idee des Rechtsrheinischen Verbundes

Identität ist kein maßstabsloser Begriff, vielmehr spielt sich Identität auf verschiedenen Ebenen ab. Vereinfacht ausgedrückt bedeutet das, dass während der WM jeder Mülheimer auch Deutscher ist. Innerhalb Nordrhein-Westfalens ist er Kölner, innerhalb Kölns ist er von der *Schäl Sick*. So gibt es viele Interessensgruppen, die nicht über einen Kamm geschoren werden sollten, um Entwicklung zu ermöglichen. Es gibt keine Gegenüberstellung von »Stadt« und »Bürger«. Es gibt aber sehr wohl die Interessensgruppen der Unternehmer, der Anwohner, der Stadt sowie die Fachhochschule, die Messe und eine lange Liste anderer Stakeholder. Alle diese Interessensgruppen haben spezifische Anliegen in verschiedenen Größenordnungen. Der Begriff »Bürgerbeteiligung« fächert sich auf, vervielfältigt sich und wird zur »Kooperation Beteiligter auf verschiedenen Ebenen«.

Um für das rechtsrheinische Köln eine Strategie entwickeln zu können, haben wir uns auf die Suche nach heutigen Identitätsträgern begeben. Wir fanden: die lebendige Romantik der Eisenbahnen und Rangieranlagen, die monumentale Ästhetik der Infrastrukturen, die Hafenatmosphäre mit Domblick, die morbide Romantik der verfallenden Industriehallen und nicht zuletzt ein rurales Freiheitsgefühl auf dem Monte Kalk. Diese identifizierten Identitäten können als Einheit wahrgenommen werden durch ihren Zusammenschluss – den *Rechtsrheinischen Verbund*. Dieser besteht auf konkreter Ebene auch aus den rechtsrheinischen Zentren, die nicht nur ins Linksrheinische vernetzt sind, sondern auch untereinander sowie mit den umliegenden Regionen. Der Verbund kann eigenständig in einer polyzentrischen Organisationsstruktur agieren mit dem Ziel der Umsetzung eines nachhaltigen Entwicklungskonzepts für das Rechtsrheinische. Dieser Verbund braucht eine Verbildlichung.

Schwebebahn und »Arkadischer Spielraum«

Wir sind zu der Schlussfolgerung gekommen, dass neben dem zu erwartenden Bauprogramm – das in weiten Teilen noch unbestimmt ist – vor allem zwei vorherrschende Instrumente bereits gegeben sind: die Infrastruktur sowie die Freiräume und Grüngebiete. Es bedarf einer gezielten Verstärkung dieser Elemente, um dem Gebiet andere Erlebens- und Entwicklungsmöglichkeiten zu beschaffen.

Spielenderweise liegt für uns die Idee einer Schwebebahn nahe. Nicht nur stellt sie die Ergänzung des lückenhaften Nahverkehrs zwischen Deutz und Mülheim (der Mülheim-Süd mit einbindet und an alle angrenzenden Gebiete anschließt) dar, vielmehr ist sie auch eine Metapher für die Wiedergeburt und Interpretation des Gedankenguts vergangener Ingenieurskunst im Rechtsrheinischen. Sie vermittelt ein Pioniergefühl, die Möglichkeit des Entdeckens, die Atmosphäre von Innovation. Sie ist ein Verkehrsmittel mit Attraktionspotenzial, ohne reine Attraktion zu sein. Sie verbindet das Niveau der Straße mit einer neuen, höher gelegenen Ebene und sucht die Verbindung zur anwesenden Infrastruktur und Topografie. Sie ermöglicht es, das Gebiet als Einheit zu betrachten und zu erfahren.

Das zweite wichtige Element, die Frei- und Grünflächen, nennen wir »Arkadischer Spielraum«. Hier werden die Freiflächen, die den Monte Kalk, die Kleingärten und Brachflächen und den Raum unter der Stadtautobahn beinhalten, in einen »Park des 21. Jahrhunderts« verwandelt. Dieser Park bietet neben der Gelegenheit des Zur-Ruhe-Kommens und Kontemplierens (wie der Rheinpark mit seiner Aussicht auf die Silhouette der Innenstadt) auch andere Möglichkeiten. Hier können größere Veranstaltungen organisiert werden und es kann eine Vielzahl an Ereignissen stattfinden. Vom Rücken des Monte Kalk aus entfaltet sich das rechtsrheinische Stadtbild dem Betrachter. Der »Arkadische Spielraum« ist Teil des weit verzweigten, rechtsrheinisch gelegenen und sich bis zum Bergischen Land ziehenden Netzes von Grünräumen und stellt somit das Gegenstück zum linksrheinischen Schumacher'schen Grüngürtel dar. Wie dieser den Gesetzen des freien Schussraums des Festungsrings folgt, so folgt der Erstgenannte der Logik des zerklüfteten, mit großen Bausteinen und Infrastrukturen versehenen rechtsrheinischen Gebiets.

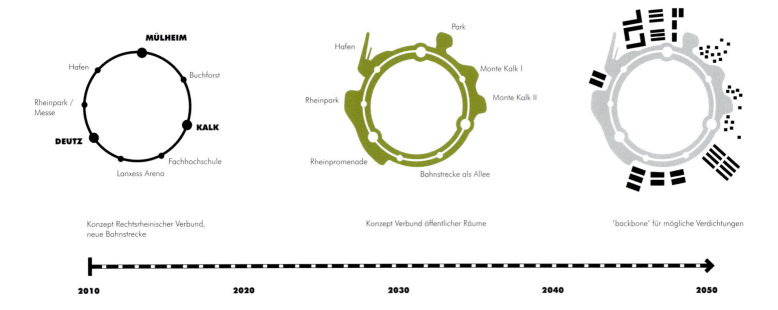

Konzept Rechtsrheinischer Verbund, neue Bahnstrecke

Konzept Verbund öffentlicher Räume

'backbone' für mögliche Verdichtungen

2010 — 2020 — 2030 — 2040 — 2050

Entwicklungsstrategien

Das Mittel der planologischen Neukodierung der vorhandenen Entwicklungsfelder – im Gegensatz zum städtebaulichen Entwurf – erscheint uns probat, um eine allmähliche Veränderung ohne bedeutende Brüche und eine andere Art des Schauens herbeizuführen. Entscheidend für die Entwicklung des Gebiets sind zudem die Qualität und die Einrichtung des öffentlichen Raums. In einer Reihe von Analysen und Maßnahmen, angefangen beim Identifizieren und Verstärken des öffentlichen Raums über die Aktivierung des Spielraums bis hin zu Entwicklungsstrategien für die einzelnen Felder, zeigen wir beispielhaft eine Herangehensweise auf.

Für das Teilgebiet Mülheim-Süd können wir zwei prägnante Straßenzüge ausmachen, deren Potenzial in der heutigen Situation nicht ausgeschöpft wird: die Deutz-Mülheimer Straße und den Auenweg. Für beide schlagen wir eine Stärkung vor, sowohl in programmatischer als auch in baulicher Hinsicht. Die Deutz-Mülheimer Straße wird mit mehr öffentlichen und kommerziellen Nutzungen schrittweise in eine belebte Stadtstraße mit erkennbarem, durchgängigem Profil verwandelt, die eine logische und attraktive Verbindung zwischen Mülheim und Deutz bildet. Der Auenweg beinhaltet in großen Teilen die Schwebebahn und verwandelt sich entlang des Hafens in eine belebte Promenade, die zum Schlendern und Verweilen einlädt. Entlang der ICE-Trasse führt ein Grünzug quer durch das Gebiet – entlang der Rundbögen, einiger denkmalgeschützter Hallen und Gebäude sowie des grünen Areals Stegerwaldsiedlung. Außerdem schlängeln sich informelle Wege durch die verschiedenen Entwicklungsfelder, um den Anschluss an die Hafenpromenade zu gewährleisten.

Aufgrund dieses Rückgrats an öffentlichem Raum entfalten sich neue Möglichkeiten, die einzelnen Baufelder entsprechend ihren Eigenheiten, Potenzialen und Chancen zu entwickeln. Ein wichtiges

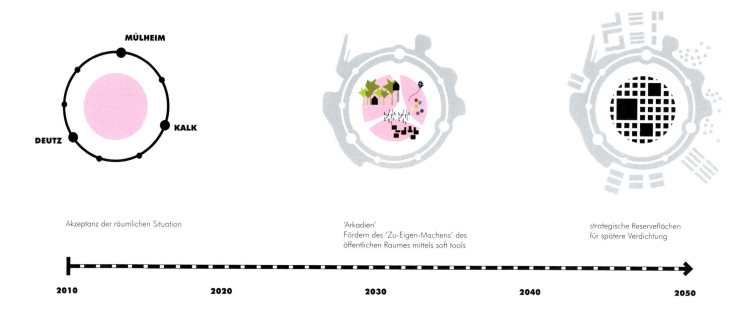

Thema sind die im Gebiet anwesenden, teilweise denkmalgeschützten, beeindruckenden Industriekomplexe. Unserer Ansicht nach sollte eine Balance gefunden werden zwischen dem Erhalt der Denkmäler und der erhaltenswerten Gebäude und den gegenwärtigen Wirtschaftsfaktoren. Die Industrie einzuschränken oder gar wegzudenken dient nicht der Stärkung des Gebiets. Vielmehr sollten die aktuellen Fragestellungen der heutigen Industrie in das Gebiet geholt werden. Hierbei kann der Vorrat der Industriegebäude nicht unantastbar sein. Es ist notwendig, deutliche Entscheidungen zu treffen. Eine große Hilfe kann sein, dass in erster Linie nicht die einzelnen Gebäude die Identität des Gebiets ausmachen, sondern dessen Maßstäblichkeit, die sich aus den historischen Notwendigkeiten und Tatsachen entwickelt hat. So können Geschichte und Identität auf einer viel breiteren Ebene weitergeführt werden, als es die Reduzierung von Identität auf einzelne Baukörper leisten kann.

Strategie Spielraum

Um den Spielraum greifbar zu machen, kann er in unterschiedliche Zonen eingeteilt werden: Angefangen mit der Dachlandschaft der Messe erstreckt er sich unter der Stadtautobahn, über die Brachflächen neben dem Rangierterrain, den Gleiskörper selbst, die Kleingärten bis hin zum Monte Kalk und zu seinem kleineren Bruder. Auch die Flächen zwischen *Köln Arcaden*, *Bauhaus* und der Kalk-Mülheimer Straße in Kalk und die Flächen um die *Lanxess Arena* und den Bahnhof in Deutz herum zählen dazu. Da viele der genannten Flächen zwar zugänglich, jedoch nicht öffentlich sind, ergeben sich unterschiedliche Szenarien der möglichen Nutzung, die der Mitarbeit verschiedener Interessensgruppen bedürfen. So ist ein Parcours durch den gesamten Spielraum denkbar, der an prägnanten Orten auf neue Initiativen trifft: Cocktailpartys mit Domblick auf dem Messedach, eine Fußgängerbrücke, die einen Überblick über die Welt des Rangierterrains verschafft, Bier und

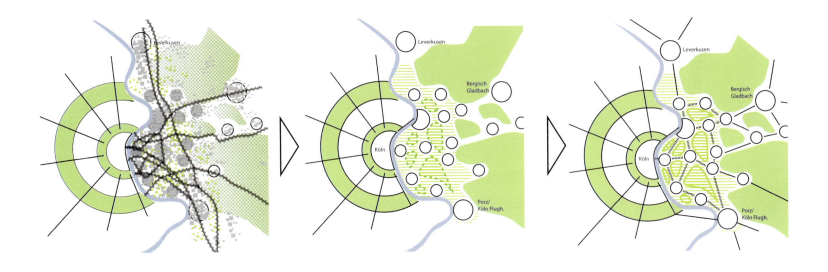

Wahrnehmung der Landschaft: heute – zukünftig.

Würstchen auf dem Monte Kalk, Skaten und Konzerte in der »Kathedrale« unter der Stadtautobahn … Konkrete Eingriffe wie etwa das Installieren von Zugang zur Elektrizität unter der Stadtautobahn eröffnen neue Spielfelder und vielfältige, spontane Möglichkeiten des Gebrauchs.

Strategie Entwicklungsfelder

Um uns dem Gebiet anzunähern, haben wir eine Einteilung in logische Entwicklungsfelder vorgenommen. Diese basiert auf gegebenen, logischen Einheiten sowie den Eigentumsverhältnissen. Das Entwicklungsfeld Stegerwaldsiedlung ist weitestgehend kohärent und bedarf allenfalls einer Aufwertung im Sinne einer kontinuierlichen Begleitung, um die vorhandenen Qualitäten (außerordentlich grünes Wohngebiet, gut angebunden an die Umgebung durch die U-Bahn) zu sichern. Die Entwicklungsfelder, die heute hauptsächlich industrielle und gewerbliche Nutzungen beinhalten (Deutz-Gelände, Lindgens & Söhne), sollten diese so weit wie nötig erhalten und pflegen und erfahren lediglich Unterstützung in der Entwicklung neuer Initiativen. Eine solche Initiative kann zum Beispiel die Umwandlung der denkmalgeschützten Halle an der Ecke Deutz-Mülheimer Straße/Auenweg zur Markthalle sein. Sie kann ein neues Nahversorgungszentrum für Mülheim werden, in dem Produkte aus der Region von Händlern aus der Umgebung angeboten werden. So gewinnt Mülheim-Süd einen enormen öffentlichen Innenraum dazu, der dem Gebiet eine neue Bedeutung innerhalb des Rechtsrheinischen gibt.

In ähnlicher Weise kann mit dem Areal »Mülheimer Hafen« verfahren werden. Da hier Faktoren wie mögliche Überschwemmungen und Hochwasserschutz sowie die Lärmbelastung durch die Stadtautobahn eine Rolle spielen, bieten sich neben den heutigen Erholungszonen entlang des Rheins vor allem gewerbliche und entlang der Schwebebahn zusätzlich Dienstleistungsnutzungen an.

Perspektiven für Mülheim-Süd

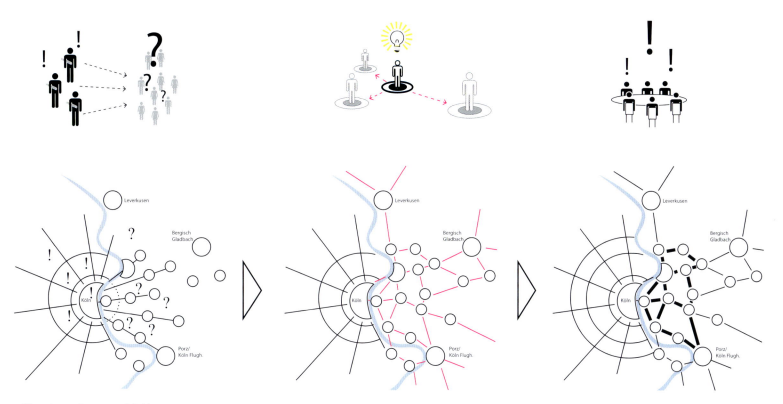

Vernetzung: heute – zukünftig.

Die enormen Freiflächen, die sich um die Gleise im Süden des Betrachtungsgebiets lagern, unter anderem der Monte Kalk und die Brachflächen unter und neben der Stadtautobahn sowie die Kleingärten, sind ein weiteres Entwicklungsfeld. Dieses Gebiet wird zuallererst erlebbar gemacht. Hier ist Platz für einen Stadtpark, der durch sogenannte soft tools, kleinmaßstäbliche Eingriffe, die mehr oder weniger temporäre Funktionen mit sich bringen, aktiviert wird und so den aktiven »Komplementärpark« zum Rheinpark auf der anderen Seite des Gebiets darstellt.

Das Gelände *Euroforum Nord/West* und das Gießerei-Gelände zwischen Deutz-Mülheimer Straße und Auenweg offerieren hingegen die Chance der gesteuerten Entwicklung, da dieses Gebiet bis auf einige Ausnahmen nahezu ungenutzt existiert und sich in der Hand einiger größerer Eigentümer befindet. Die vorhandenen Rundbögen unter der ICE-Trasse bieten sich mit den Schwebebahnhallen als neues urbanes Zentrum an, das die vorhandenen Wohnfunktionen der Stegerwaldsiedlung mit dem Rheinufer verbindet. Da das Feld auch Übergang ist zwischen Industrie- und Wohnnutzung, liegt hier eine möglichst gemischte Nutzung nahe, die der Lebendigkeit des Gebiets zuträglich ist. Mit vorhandenen Initiativen wie dem *Kunstwerk* und Baudenkmälern wie etwa der Möhring-Halle sowie neuen öffentlichen Räumen, die zur Akzentuierung und Vernetzung nötig und logisch sind, und der neuen ÖPNV-Erschließung durch die Schwebebahn entlang der Hafenpromenade kann hier ein deutlicher Schritt zur Entwicklung und Anbindung von Mülheim-Süd an die direkte Umgebung gemacht werden.

Der Mülheimer Hafen birgt ein doppeltes Attraktionspotenzial: Hafenpromenade mit Schwebebahn.

Blick vom ehemaligen KHD-Hochhaus entlang der B 55 a
in Richtung Osten mit Aktionsfläche unter den Brücken.

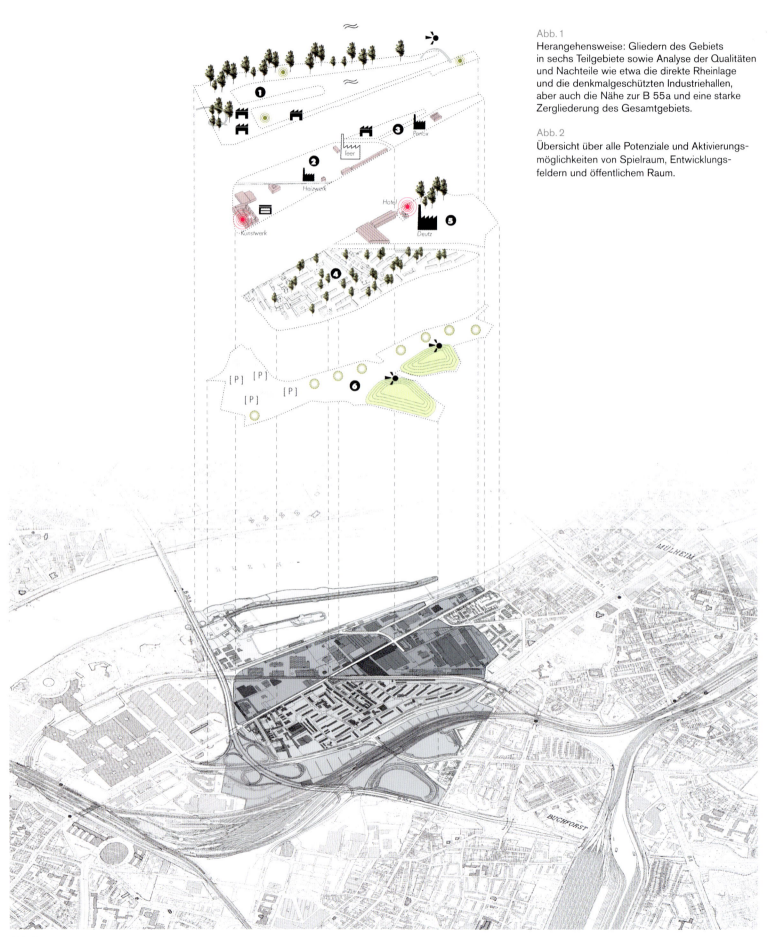

Abb. 1
Herangehensweise: Gliedern des Gebiets in sechs Teilgebiete sowie Analyse der Qualitäten und Nachteile wie etwa die direkte Rheinlage und die denkmalgeschützten Industriehallen, aber auch die Nähe zur B 55a und eine starke Zergliederung des Gesamtgebiets.

Abb. 2
Übersicht über alle Potenziale und Aktivierungsmöglichkeiten von Spielraum, Entwicklungsfeldern und öffentlichem Raum.

Perspektiven für Mülheim-Süd

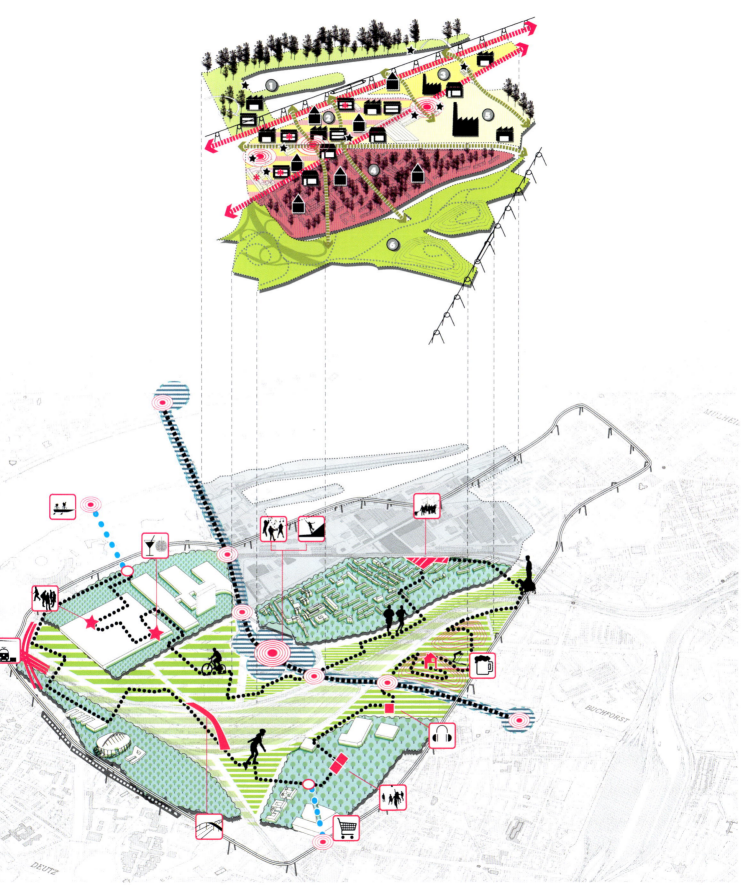

Abb. 2

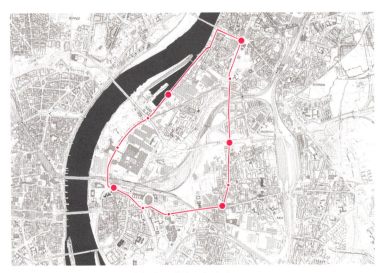

Positionierung der rechtsrheinischen Schwebebahn in den Bezirken Mülheim und Deutz.

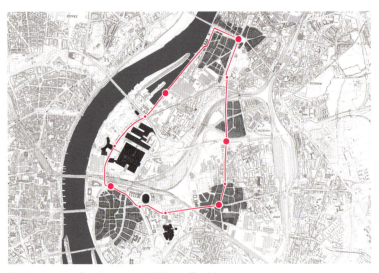

Verbindung der Stadtkerne von Mülheim, Buchforst, Deutz und Kalk.

Industrie verschwindet – Spielraum entsteht.

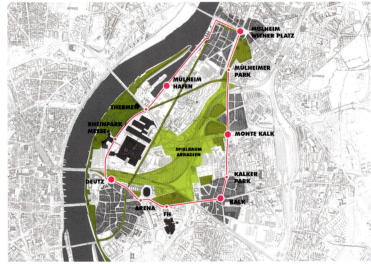

Zentraler Park des 21. Jahrhunderts – Spielraum Arkadien.

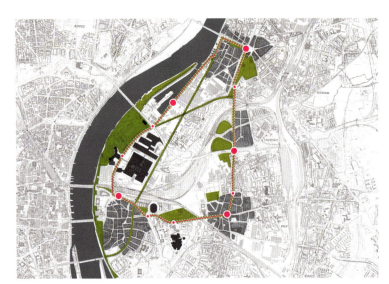

Verbindung und Ergänzung der vorhanden Grünstrukturen.

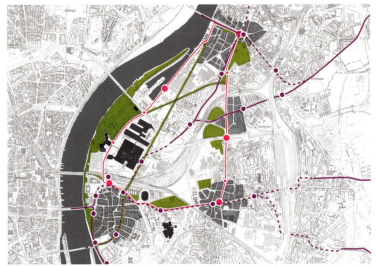

Ergänzung des vorhandenen ÖPNV-Systems durch die Schwebebahn.

Perspektiven für Mülheim-Süd

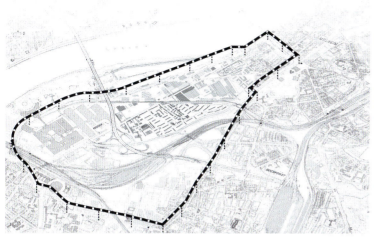

Die Schwebebahn verbindet das Niveau der Straße mit einer höher gelegenen Ebene und ermöglicht es, das Gebiet als Einheit zu betrachten.

Vorhandene öffentliche Räume werden gestärkt und Raumkanten werden gefasst.

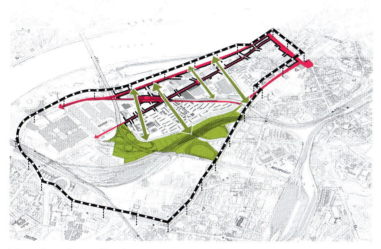

Informelle und grüne Durchwegungen schaffen Querverbindungen durch das Gebiet.

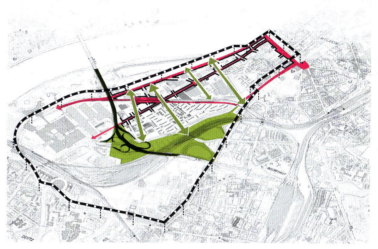

Die Kathedrale B 55a und ihre möglichen Funktionen werden definiert.

Ein Park des 21. Jahrhunderts: Monte Kalk, Kleingärten, Brachflächen und der Raum unter der Autobahn.

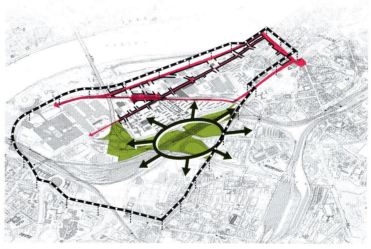

Vom Raum des Parks und besonders vom Monte Kalk aus kann das Mülheimer Stadtbild erlebt werden.

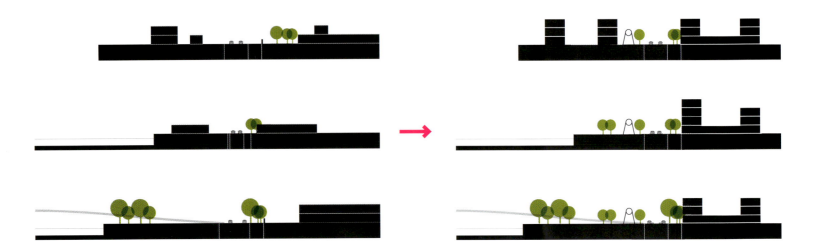

Profil Hafenpromenade. Der Auenweg verwandelt sich entlang des Hafens in eine belebte Promenade entlang einer Vielzahl von neuen denkbaren Nutzungen in Kombination mit bestehenden Bauten.

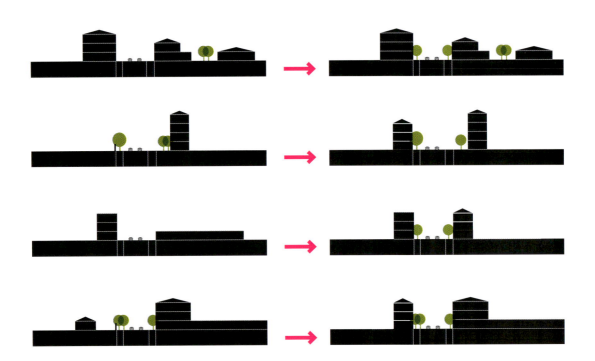

Die Deutz-Mülheimer Straße wird mit mehr öffentlichen und kommerziellen Nutzungen schrittweise in eine belebte Stadtstraße mit erkennbarem, durchgängigem und begrüntem Profil verwandelt.

Perspektiven für Mülheim-Süd

Verbindendes Element und Reverenz an die Geschichte von Mülheim: die Rechtsrheinische Schwebebahn.

ICE-Trasse

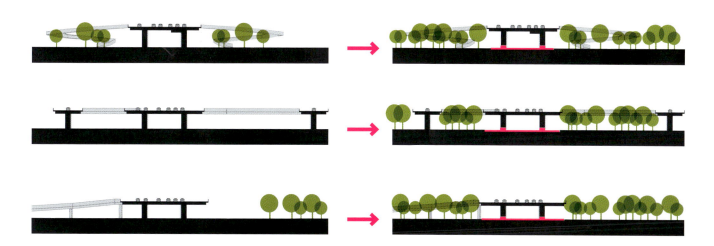

Raumbildung Kathedrale. Mittels der Fassung der Raumkanten durch dichte Baumbepflanzung verwandelt sich der Raum unter der Stadtautobahn von einer Restfläche in ein vielfältig bespielbares Aktionsfeld.

Die Mülheimer ICE-Bögen bilden das Rückgrat für ein neues urbanes Zentrum im Herzen des Gebiets.

Vom Restraum zur überdachten Sport- und Freizeitfläche: die *Kathedrale B 55a*.

Die leer stehende Halle entlang der Deutz-Mülheimer Straße bietet viel Platz, etwa für eine Markthalle für ökologische Produkte aus der Region.

Auftakt zum Diskurs
Perspektiven für die Stadtentwicklung im rechtsrheinischen Köln

Regina Stottrop / Georg Wilbertz

Neue Sichtweisen

Am 3. Dezember 2010 wurden die Ergebnisse des Workshops *Rechtsrheinische Perspektiven 2010* dem Fachpublikum, politischen Vertretern und der Öffentlichkeit präsentiert. Dabei zeigte sich, dass die dem Workshop zugrunde liegende Prämisse, für das rechtsrheinische Köln keine Vision(en) produzieren zu wollen, sich in einem positiven Sinn als richtig erwiesen hat, auch wenn die beteiligten Teams aus Stadtplanern, Landschaftsarchitekten und Verkehrsplanern selbst in ihren Präsentationen mehrfach von Visionen sprachen. Stadtplaner und Stadtentwickler lieben den Begriff, scheint er doch der Stadt und der Gesellschaft eine ideale Form zu geben und die Verhältnisse mittels Planung zu bessern. In der geladenen Expertenrunde, bestehend aus Christl Drey (Universität Kassel, Fachgebiet Städtebau), Reimar Molitor (*Regionale 2010*), Dieter Prinz (ehemalige Professur für Städtebau an der Fachhochschule Köln) und Bernd Streitberger (Dezernent für Planen und Bauen der Stadt Köln), herrschte trotz unterschiedlicher inhaltlicher Akzente Konsens in der Infragestellung einer übergreifenden stadtplanerischen Vision für das Rechtsrheinische.

Vital und überraschend erschienen in den präsentierten Workshopergebnissen die städtischen Räume und Quartiere, die bisher vor allem als städtebaulich schwierig zu handhabende Zonen gesehen worden waren. Einigkeit herrschte darüber, dass der rechtsrheinische Stadtraum aufgrund seines in vielerlei Hinsicht unkonventionellen Charakters nach unkonventionellen Lösungen verlangt. Die Verschiedenheit der Maßstäbe, Blickwinkel und Methoden, mit denen sich die Teams ihrer jeweiligen Aufgabe annäherten, führten zu einer bemerkenswerten Bandbreite der Lösungen: vom »klassischen« Städtebau, der mittels klarer architektonischer Strukturen und Blockbildungen den Stadt- und Straßenraum strukturiert und formt (Arge Rübsamen/Club L 94), bis zu äußerst fantasievollen städtebaulichen Interventionen, die die Stadt und ihre bisher

Ein abschließender Blick nach Westen: »Köln beiderseits des Rheins«.

unentdeckten »Spielräume« nutzt, um Attraktionen zu schaffen und Flächen und Räume neu zu definieren (Arge Claus en Kaan/greenbox). Vertraute Stadträume und ihre Funktionen wurden neu gedacht und neu besetzt. Für Deutz wurde eine massive Reduzierung des Verkehrsaufkommens vorgeschlagen. Die frei werdenden, beruhigten Straßenräume gewännen mittels *City Gardening* neue, lebenswerte Aufenthaltsqualitäten für die Bewohner (Kister Scheithauer Gross/KLA KiparLandschaftsarchitekten). Qualitäten der Rheinfront und deren Erschließung wurden in die Tiefe des städtischen Raums eingeschrieben (Arge Jo Coenen/Agence Ter). Die überragende Bedeutung des bewussten Umgangs mit Trassen und Wegen, Unter- und Überführungen für die Zukunft zeigte das Team, das sich mit der Verkehrsinfrastruktur auseinandergesetzt hatte (Arge Machleidt/sinai/GRI).

Diese unterschiedlichen, methodisch und inhaltlich fast unvereinbar erscheinenden Ansätze wurden in der abschließenden Gesamtschau miteinander verbunden. Die Offenheit des Workshopverfahrens bei gleichzeitig klarer, detaillierter Formulierung der Probleme und Fragen jedes der fünf Aufgabenfelder ermöglichte in vielen Bereichen die angestrebte Synthese der Ergebnisse. Ziel waren keine fertigen Pläne, sondern die Formulierung von Ideen, Annäherungen und ersten Vorschlägen. Es sollten Prozesse angestoßen, städtebauliche Möglichkeitsräume geschaffen und Ideen entwickelt werden, die auf die weiteren städtischen Transformationen flexibel und offen reagieren können.

Der hierfür notwendige stadtplanerische Paradigmenwechsel war längst überfällig. *Light Urbanism*, prozessorientierte Planung und anpassungsfähige Konzepte werden seit Längerem auch in Köln gefordert. Mit dem aktuellen Workshop sind die dringend notwendigen Ansätze, Methoden und Bilder geliefert worden, die nun zur Basis neuer stadtplanerischer Grundsätze und Leitbilder im Rechtsrheinischen werden können. All dies zeigt, dass sich das rechtsrheinische Köln auch hinsichtlich anwendbarer städtebaulicher Prinzipien deutlich von seinem linksrheinischen Gegenüber unterscheidet.

Nimmt man die Workshopmethoden und -ergebnisse ernst, wird der rechtsrheinische Stadtraum künftig eher zu einem städtebaulichen Laboratorium, ohne die dort Lebenden und Arbeitenden zu Versuchspersonen in städtebaulichen Versuchsanordnungen zu degradieren. Die sozialen, ökonomischen und kulturellen Realitäten und Identitäten der Menschen im rechtsrheinischen Köln müssen die Grundlage jeglicher planerischer Auseinandersetzung bleiben.

Neben allen fachlichen und theoretischen Erörterungen sind deshalb Wege und Möglichkeiten zu suchen und zu entwickeln, die es gestatten, die Bewohner des rechtsrheinischen Köln möglichst umfassend an den in Rede stehenden Prozessen zu beteiligen. Dies war eine Kernforderung der sich anschließenden Diskussion, die auch eine Kernforderung innerhalb der weiteren Entwicklung bleiben wird.

Perspektiven

Neben neuen methodischen Ansätzen und städtebaulichen Konzepten offenbarte der Workshop direkt und indirekt eine Vielzahl unterschiedlicher Fragen und Probleme – auch dies war von Beginn an intendiert. Längst sind nicht alle Fragen an die städtebauliche Entwicklung des rechtsrheinischen Köln gestellt. Die an die Präsentation der Workshopergebnisse anschließende Fachdiskussion formulierte aber einige grundlegende Wünsche und Forderungen, die bei der künftigen Auseinandersetzung mit dem rechtsrheinischen Köln zu beachten sind.

Eine wichtige Forderung betraf den Betrachtungsraum. Gegenüber dem Workshop von 2004 war 2010 der zu bearbeitende Gesamtbetrachtungsraum erheblich erweitert worden. Für eine qualifizierte Auseinandersetzung mit den städtebaulichen Fragen im Rechtsrheinischen sollte der Betrachtungsraum zukünftig noch weiter nach Osten, Süden und Norden ausgedehnt werden. Auf diese Weise wäre es möglich, die wichtigen Achsen und landschaftlichen Verbindungen vom Bergischen Land bis zum Rhein miteinzubeziehen. Die Potenziale für die Erschließung neuer Grünräume und Wegeachsen sind diesbezüglich noch längst nicht abschließend identifiziert. Nicht nur hinsichtlich der Grünräume, der Attraktivierung des Rheinverlaufs oder der Einbeziehung der ausgedehnten randstädtischen Siedlungszonen muss der regionale Blick entwickelt werden. Der Rheinverlauf selbst ist noch deutlicher als regionales Rückgrat, das eine Entwicklung über die Grenzen der einzelnen Kommunen hinaus ermöglicht, wahrzunehmen. Auch institutionell (zu denken ist hier vor allem an die Fachhochschule Köln und ihre neuen Standorte) und touristisch lassen sich hier entwicklungsfördernde Synergien generieren.

Die mit dem aktuellen Workshopverfahren gemachten positiven Erfahrungen sollten künftig weiter differenziert und verfeinert werden. So könnten beispielsweise mit einem vergleichbaren Instrumentarium wesentlich kleinere Interventionsräume und städtebauliche Fragestellungen bearbeitet werden. Eine noch weiter differenzierte, dezentralere Perspektive würde es ermöglichen, die Realitäten und Probleme einzelner Quartiere und städtischer Räume detaillierter zu analysieren, um passgenaue Lösungen zu formulieren. Auch eine Übertragung auf Planungsprozesse in anderen Stadtteilen ist denkbar und wünschenswert. Ein städtebauliches Leitbild wie der Masterplan von Albert Speer & Partner ist zunächst ein visionärer Rahmen für die Stadtentwicklung. Ergänzt werden kann er durch Prozesse, wie sie die *Rechtsrheinischen Perspektiven* initiieren. Sie können im Einzelfall auch bei der stadtplanerischen Bewältigung von Planungs- und Interventionsräumen im Linksrheinischen zur Anwendung kommen.

Neben einer möglichst breiten Öffentlichkeit sollten künftig weitere Akteure in den Prozess integriert werden. Dies kann zum Beispiel eine stärkere Beteiligung möglicher Investoren oder der Immobilienwirtschaft sein, um diese auf Potenziale und Qualitäten jenseits der Top-Lagen am Rhein aufmerksam zu machen – dies allerdings so behutsam, dass Gentrifizierungs- und Verdrängungsprozesse möglichst ausgeschlossen werden.

Der Workshop zeigte erneut, wie stark der rechtsrheinische Kernraum durch seine industrielle Vergangenheit geprägt ist. Bisher waren die durch den Strukturwandel frei gewordenen Bauten und Flächen vor allem als Entwicklungspotenzial für die Ansiedlung neuer Funktionen gesehen worden. Medien-, Dienstleistungs- und Wissenschaftsbranche standen neben der Schaffung neuer Wohnquartiere im Vordergrund. Der Workshop warf die Frage auf, inwieweit das rechtsrheinische Köln als Standort von Industrie beziehungsweise Produktion – seine wesentliche Identifikationsfaktoren – »revitalisiert« werden könnte, auch über reine denkmalpflegerische, retrospektive Fragestellungen hinaus. Eine tragfähige und nachhaltige städtische Entwicklung im rechtsrheinischen Kernraum müsste daher darauf abzielen, die verschiedenen Funktionen und Nutzungen in einem verträglichen Maß miteinander zu verbinden. Nahezu alle Workshopbeiträge wie auch die anschließende Diskussion zeigten die existenzielle Bedeutung von architektonischen und städtebaulichen Schlüsselprojekten für das rechtsrheinische Köln. Diese sollten allerdings stärker als bisher in ihren jeweiligen städtischen Kontext eingebunden werden. Die von Schlüsselprojekten ausgehende Strahlkraft soll künftig genutzt werden, um städtische Räume zu attraktivieren und Punkte zu schaffen, die über den jeweiligen Ort hinaus Anziehungskraft entwickeln.

Neben der weiteren Ansiedlung wichtiger zentraler Institutionen und Einrichtungen sowie dem Ausbau der öffentlichen Frei- und Grünflächen wurde im Workshop das Projekt einer identitätsstiftenden Ringbahn beziehungsweise Schwebebahn (Claus en Kaan/greenbox) angesprochen. Bedeutend wäre auch eine Aufwertung der vielen Brücken und Unterführungen, die heute meist noch eher trennenden als verbindenden Charakter haben. Das vielleicht wichtigste »Schlüsselprojekt« im rechtsrheinischen Stadtraum ist dagegen seit Langem existent. Einhellig sprachen sich die Beteiligten des Workshops gegen eine Verlagerung der Fachhochschule ins Linksrheinische aus. Die Folgen für das rechtsrheinische Kerngebiet und seine Zukunft wären gravierend. Stattdessen sollte die Fachhochschule als Kerninstitution genutzt werden, um ihre bisherige städtebauliche Isolation aufzuheben und eine wichtige Verbindungsfunktion zwischen den Deutz, Kalk und Humboldt-Gremberg herzustellen. Eine neue städtebauliche Einbindung der Fachhochschule und der sie begleitenden Flächen birgt herausragendes Entwicklungspotenzial im rechtsrheinischen Stadtgefüge.

Eines der zentralen, herausragenden Ergebnisse des Workshops ist die Benennung von Möglichkeiten der stadträumlichen Verflechtung und Vernetzung. Trotz der unterschiedlichen Herangehensweisen der Teams legten diese großen Wert auf die Erfassung und Gestaltung der Übergangszonen und der stadträumlichen Verbindungen. Hierbei wurden Räume, Trassen, Orte und Flächen entdeckt, bearbeitet und umgedeutet, die bisher gar nicht oder nur rudimentär das Interesse der Stadtplaner gefunden hatten. Die Ergebnisse zeigten, dass der rechtsrheinische Raum trotz aller Fragmentierung enorme Potenziale bietet, Quartiere, Subzentren und Funktionen zusammenzufügen. Die vorgestellten Ansätze, Konzepte und Vorschläge spiegeln nicht nur den heterogenen Stadtraum wider, sondern liefern auch ein qualitatives und effektives Instrumentarium, um mit diesem umzugehen. Dieses gilt es auszubauen und zu verfeinern. Darüber hinaus dürfte es zu den wichtigsten Aufgaben der näheren Zukunft gehören, Mittel und Wege zu finden, das, was erarbeitet wurde, in konkrete Planungsprozesse zu überführen. Alle am Prozess Beteiligten, vor allem aber die Stadt Köln selbst, stehen in der Verantwortung, sich auf das Abenteuer des durch die *Rechtsrheinischen Perspektiven* neu eingeschlagenen Weges einzulassen. Transformatorische, flexible Planungsprozesse mit einer hohen Beteiligung der Öffentlichkeit und einer entsprechenden Kommunikationskultur sollten für die städtebauliche Entwicklung des rechtsrheinischen Köln angemessen und zielführend sein. Der begonnene Weg wird komplex und aufwendig sein, die Ergebnisse dürften aber auf hohe Akzeptanz stoßen und eine nachhaltig positive Wirkung im rechtsrheinischen Köln entfalten.

Abschließend kann konstatiert werden, dass der Workshop 2010 methodisch ein Instrumentarium entwickelt hat, dass – bei allen noch zu beobachtenden »Kinderkrankheiten« – ideal auf eine komplexe städtebauliche Situation, wie sie im rechtsrheinischen Köln vorliegt, eingeht und reagiert. Das Verfahren geht andere Wege als der Masterplan von Speer & Partner für den Bereich der Kölner Innenstadt. Ein vergleichbarer Masterplan für das Rechtsrheinische wäre sicher zum Scheitern verurteilt. Auch darin zeigt sich, wie sehr Köln noch beiderseits des Rheins eine städtebaulich »zweigeteilte« Stadt ist. Die methodischen und inhaltlichen Lösungsvorschläge des Workshops 2010 besitzen allerdings auch hier das Potenzial, Brückenschläge über den Rhein zu gestalten und so dem erklärten Ziel eines »Köln beiderseits des Rheins« näher zu kommen.

Autoren und Akteure

Bernd Streitberger Beigeordneter der Stadt Köln im Dezernat Planen und Bauen (seit 2003). Jg. 1949, Studium der Raumplanung in Dortmund. 1984 Eintritt in den kommunalen Dienst. Nach einer ersten Station als Stadtplaner in Büren im Kreis Paderborn 1986–1991 Bauamtsleiter der Stadt Rüthen im Kreis Soest. 1991–1997 Technischer Beigeordneter der Stadt Oelde im Kreis Warendorf. Danach Umzug nach Hessen, 1997–1999 Stadtbaurat in Fulda und 1999–2003 Stadtbaurat in Kassel.

Anne Luise Müller Leiterin des Stadtplanungsamtes Köln (seit 2001). Architekturstudium in Berlin und Darmstadt. 1978–1988 als Architektin und Städtebauarchitektin in Hamburg und Nürnberg mit Bauten der öffentlichen Hand betraut (Deutsche Botschaft Moskau, Amtsgericht Uelzen). 1988–1993 Stadtplanungsamt Erlangen mit Übernahme der Geschäftsstelle für Stadtsanierung und Städtebauförderung. 1993–2001 Leiterin des Stadtplanungsamtes Ingolstadt mit den Aufgabenbereichen Bauleitplanung und Bodenordnung, Stadtsanierung und Städtebauförderung, Wohnungsbauförderung sowie der Unteren Denkmalschutzbehörde.

Reimar Molitor Geschäftsführer der *Regionale 2010* Agentur, der Standortmarketing Region Köln/Bonn GmbH und des Region Köln/Bonn e.V. Jg. 1968, Geografiestudium an der Westfälischen Wilhelms-Universität Münster. 1999 Promotion über Nachhaltige Regionalentwicklung. 1994 beriet und begleitete er über 30 europäische Regionen bei der Zukunftsgestaltung. 2001–2003 Regionalmanagement für die *Regionale 2006* Agentur.

Jens Grisar Projektmanager bei der *Regionale 2010* Agentur. Jg. 1975, Studium der Raumplanung, Stadtplaner AKNW mit Projekten in den Bereichen Stadtentwicklung, Transformationsprozesse in Stadt und Region, modellhafte Verfahren der Bürgerbeteiligung und Kommunikation. 2001–2004 Stadtplaner bei der Landeshauptstadt Düsseldorf.

Carolin Lüke Projektmanagerin in den Arbeitsbereichen *:stadt* und *:rhein* bei der *Regionale 2010* Agentur. Jg. 1978, Studium der Raumplanung. Als Stipendiatin der *Montag Stiftung Urbane Räume* bearbeitete sie 2005–2008 das Projekt *Stadträume am Rhein* und war parallel Lehrbeauftragte am Geographischen Institut der Universität Bonn. Zuvor Mitarbeit im Institut für Landes- und Stadtentwicklungsforschung des Landes Nordrhein-Westfalen und im Stadtplanungsamt Hamm/Westfalen.

Philipp Meuser Architekt BDA und Kurator der *Rechtsrheinischen Perspektiven* (Ausstellung und Katalog). Jg. 1969, Architekturstudium an der Technischen Universität Berlin und an der Eidgenössischen Technischen Hochschule Zürich mit den Schwerpunkten Geschichte und Theorie. Seit 1996 Architekturbüro in Berlin mit Projekten im In- und Ausland (u. a. Deutsche Botschaft Astana/Kasachstan). 1996–2001 Koordinator des *Stadtforum Berlin* und der öffentlichen Diskussionsreihe zum *Planwerk Innenstadt Berlin*. 2005 Gründung des Verlags *DOM publishers*.

Thomas Sieverts Architekt und Städteplaner. Jg. 1934, Studium Architektur und Städtebau in Stuttgart, Liverpool und Berlin. Mitbegründer der Freien Planungsgruppe Berlin (FPB). Ab 1967 Professuren für Architektur und Städtebau unter anderem an der Hochschule für Bildende Künste Berlin, an der Harvard University und an der Technischen Hochschule Darmstadt. 1978 Gründung des eigenen Planungsbüros, seit 2000 S.K.A.T. Architekten + Stadtplaner. Seit 2006 Kurator der *Carl Richard Montag Förderstiftung*. 2010 Ehrendoktorwürde der Technischen Universität Braunschweig.

Klaus Overmeyer *Urban Catalyst*. Co-Initiator des internationalen Forschungsprojekts *Urban Catalyst* über Potenziale temporärer Nutzungen (2001–2003). Jg. 1968, Gründer von *Studio UC* (2005), zahlreiche Projekte zu Gestaltung und Nutzung von urbanen Transformationsräumen, Prozessdesign und Strategieentwicklung, Städtebau und Stadtforschung, kreativen Milieus und nutzerbasierter Stadtentwicklung. Träger des Deutschen Landschaftsarchitekturpreises 2003. Professur für Landschaftsarchitektur an der Bergischen Universität Wuppertal.

Thomas Hotko Leiter der Brand Consulting Unit von Brainds, einer Brandingagentur in Österreich. Jg. 1959, Studium der Handelswissenschaften in Wien. Mehrere Marketingpositionen in internationalen Konzernen, 1990–1993 Produkt Management bei Bradford Exchange. 1993–1999 Marketingleiter der Compaq Computer GmbH Österreich. Seit 2000 Marketing- und Markenberater, seit 2003 bei Brainds.

Gerti Theis Seit 2006 Projektkoordinatorin bei der IBA Hamburg, zuständig für das Aufgabenfeld Kunst und Kultur sowie für die Weiterentwicklung des Formats IBA. Jg. 1953, Studium der Landschaftsplanung an der Universität Kassel. Danach Referentin des Oberbaudirektors der Freien und Hansestadt Hamburg, Schwerpunkt: Beteiligung an der Entwicklung des Vorhabens »Sprung über die Elbe«. Zuvor bei der Hamburger Umweltbehörde, später in der Behörde für Stadtentwicklung und Umwelt, unter anderem als Abteilungsleiterin, tätig.

Thomas Madreiter Leiter der Magistratsabteilung 18, Stadtentwicklung und Stadtplanung im Magistrat der Stadt Wien (seit 2005). Jg. 1967, Studium Raumplanung und Raumordnung an der Technischen Universität Wien. 1994 Assistent am Institut für Finanzwissenschaft und Infrastrukturpolitik der Technischen Universität Wien. 1995–2001 Stadtplaner im Bereich Stadtteilplanung im Magistrat der Stadt Wien. 2001–2005 Experte für Finanz-, Wirtschafts- und Technologiepolitik im Büro der Geschäftsgruppe Finanzen, Wirtschaftspolitik und Wiener Stadtwerke.

Alexander Tölle Wissenschaftlicher Mitarbeiter am Institut für Geografie und Raumplanung der Adam-Mickiewicz-Universität in Poznań/Polen. Jg. 1970, Studium der Stadt- und Regionalplanung in Berlin und Dublin sowie der Europäischen Urbanistik in Weimar. Tätigkeit als Sozialplaner in Berlin. Forschungsaufenthalte in Lyon und Gdańsk. Promotion an der Europa-Universität Viadrina Frankfurt/Oder. Forschungsbereiche: Stadterneuerung, städtebauliche Projektentwicklung, transnationale Zusammenarbeit.

Walter Buschmann Seit 2010 außerplanmäßiger Professor am Lehr- und Forschungsgebiet Denkmalpflege. Studium der Architektur mit Schwerpunkt Architektur- und Stadtbaugeschichte an der Universität Hannover. Seit 1980 beim Rheinischen Amt für Denkmalpflege zunächst Gebietsreferent für den Kreis Kleve-Nord und die Stadt Essen. Ab 1990 Referatsleiter Technik- und Industriedenkmale. Lehraufträge in Essen, Köln, Dortmund und Aachen. 1998 Habilitation mit dem Thema *Zechen und Kokereien im rheinischen Steinkohlenbergbau* an der RWTH Aachen.

Dieter Prinz Berater der *Regionale 2010*, Mitglied des Projekts *Leitbild Köln 2020*. Jg. 1937, Studium Architektur und Städtebau an der Technischen Hochschule München. Mitarbeit in verschiedenen Architektur- und Planungsbüros in München, Düsseldorf und im Stadtplanungsamt Rotterdam (1964–1975). 1975–2002 Professur für städtebauliches Entwerfen an der Fachhochschule Köln. Freischaffender Stadtplaner, Autor städtebaulicher Lehrbücher, Fachpreisrichter und Moderator.

Günter Wevering Sachgebietsleiter »Teilräumliche Stadtentwicklungsplanung« in Köln; u.a. Bearbeitung der rechtsrheinischen Stadtentwicklungskonzepte sowie 1994–2004 Erstellung, Fortschreibung und Koordination der Umsetzung des integrierten Handlungskonzeptes *Kalk-Programm* im Rahmen des Bund-Länder-Programms *Soziale Stadt*. Jg. 1952, Studium der Architektur mit Vertiefung Städtebau an der Fachhochschule Münster. Nach Tätigkeit in der Staatshochbauverwaltung Nordrhein-Westfalen seit 1979 im Amt für Stadtentwicklung und Statistik der Stadt Köln beschäftigt.

Regina Stottrop Im Rahmen der Veranstaltungsreihe *Rechtsrheinische Perspektiven* verantwortlich für die inhaltlichen Konzepte des Symposiums, des Workshops und des Begleitprogramms zur Ausstellung. Jg. 1962, Studium der Stadtplanung an der RWTH Aachen und an der Columbia University in New York City. Seit 1990 als Stadtplanerin in verschiedenen Planungsbüros und in der Lehre tätig, seit 2000 eigenes Büro für Stadtplanung in Köln mit den Schwerpunkten Organisation und Moderation von Planverfahren sowie Planungskonzepte für Wohnquartiere und Siedlungen.

Georg Wilbertz Lehrbeauftragter für Architekturtheorie an der Bergischen Universität Wuppertal. Jg. 1963, Studium der Kunstgeschichte, Archäologie und Geschichte in Köln und Wien. Wissenschaftlicher Mitarbeiter an der Universität zu Köln und an der RWTH Aachen. Lehraufträge an der Fachhochschule Köln. Derzeitige Arbeitsschwerpunkte: Wiener Architekturtheorie, Baugeschichte des 19. Jahrhunderts und der Moderne, Stadtbautheorie der Gegenwart. Mitwirkung an der Konzeption und Durchführung der *Rechtsrheinischen Perspektiven*.

Register

Personenregister

3pass 20, 21, 131

Abe, Hitoshi 86
Adenauer, Konrad 16
Agence Ter 26, 178–191, 242
Albert Speer & Partner 22, 43, 147, 169, 214, 242, 243
Andreae, Christoph 104, 105
ASTOC 169

Bohigas, Oriol 91
Burckardt, Lucius 208
BUSarchitektur 86

Claus en Kaan Architecten 26, 27, 39, 218–239, 242, 243
Club L94 Landschaftsarchitekten 26, 29, 164–175, 241
Coenen, Jo 26, 178–191, 242
Coop Himmelb(l)au 96, 97
Crab studio 86

Daimler, Gottlieb 111
Desvigne, Michel 92

Encke, Fritz 115

Fabricius und Hahn 114
Foster, Norman 214

Ganser, Karl 45, 209
Gatermann + Schossig 22
Gehry, Frank O. 63
Giedion, Sigfried 36, 37
greenbox Landschaftsarchitekten 26, 27, 39, 218–239, 242, 243
Grether, Francois 92
GRAFT Architekten 49
GRI 26, 194–203, 242
Grod, Caspar Maria 116

Hadid, Zaha 86, 87
Hentrich-Petschnigg & Partner 112, 131
Herzog & de Meuron 95, 96
Hillebrecht, Rudolf 33
Hillman, James 209
Hollein, Hans 87
Howard, Ebenezer 37

Kaspar Kraemer Architekten 20
Kennedy, John F. 63
Kister Scheithauer Gross Architekten 26, 206–215, 242
KLA kiparlandschaftsarchitekten 26, 206–215, 242
Klöckner, Peter 112
Krohn, Reinhold 111

Langen, Eugen 110, 111
Le Corbusier 32, 36, 37

Leibniz, Gottfried 210
Lévi-Strauss, Claude 47
Leydel, Johann Gottfried 105

MAB-Corio 96
Machleidt + Partner 26, 194–203, 242
Maybach, Wilhelm 111
Melot, Thierry 91
Mitscherlich, Alexander 38, 39
Möhring, Bruno 111
Mosbach, Catherine 91
Muthesius, Hermann 112

No.Mad Arquitectos 86
Nouvel, Jean 87

O III architecten 106
osa office for subversive architecture 59
Otto, Frei 47
Otto, Nicolaus August 111

Perrault, Dominique 84, 85
Pinós, Carme 86
Podrecca, Boris 86

Rasch, Bodo 47
Rehorst, Carl 115
Riphahn, Wilhelm 116
Rübsamen + Partner 26, 29, 164–175, 241

Scharoun, Hans 33, 34
Schlotthauer, Cornelius 86
Schumacher, Fritz 16, 37–39, 125
Schwarz, Rudolf 34, 37–39
sinai.Freiraumplanung 26, 194–203, 242
Skidmore, Owings & Merrill SOM 40
Staber, Johann 85
Studio UC 55, 56

Taut, Bruno 37, 38
Tovatt Architects & Planners 65, 66, 69

Ungers, O. M. 135
Utzon, Jørn 61

Verbeek, Hans 110

Wüst, Jean 112

Zörner, Richard 111

Begriffs- und Ortsregister

AbenteuerHallen Kalk 13, 133, 170
aspern Die Seestadt Wiens 63–69, 78, 87
Bahnhof Köln Messe/Deutz 13, 19, 21, 26, 106, 136, 139, 154, 208, 225
Blauer Hof 37, 102, 116
Böcking-Siedlung 116
Bürgerpark Kalk 20, 131–133, 136

Charta von Athen 32
Chemische Fabrik Kalk (CFK), ehem. 19–21, 102, 112, 128, 129, 131, 132, 154
CIAM 32, 36
City Branding 60–69
City Gardening 205, 211, 213, 214, 242

Design Post (ehem. Postbahnhof Deutz) 106
Deutz Gasmotorenfabrik, ehem. 107, 110–112
Deutzer Brücke 21, 59, 155, 177, 180, 182, 183, 205, 210
Deutzer Feld 20, 29, 151, 159, 169, 179
Deutzer Hafen 27, 110, 123, 128, 139–141, 147, 155, 158, 159, 182, 186, 189, 205, 208, 210
Donau City (Wien) 78, 82, 84, 85
Drehbrücke Deutz 110

Entwicklungskonzept erweiterter rechtsrheinischer Innenstadtbereich (EERI) 121, 122, 129, 135
Euroforum 135, 227

Fachhochschule Köln 22, 124, 139, 147, 155, 169, 199, 205, 208, 210, 213, 242, 243
Felten & Guilleaume, ehem. 112–115
Förderprogramm *Soziale Stadt* 129, 131, 132, 136

Germaniasiedlung 37, 102, 115, 116
Grüngürtel Kalk 163, 165
Grünzug *Charlier* 135, 136

Halle Kalk 147, 151, 154, 170
Hohenzollernbrücke 21, 34, 155
Horion-Haus 22
Hotel *The New Yorker* 13
Humboldt, ehem. Maschinenfabrik 111–115
Humboldt-Kolonie 114, 115
Humboldt-Park 115

IBA Hamburg 2013 72–77
Industrie- und Technologiepark Kalk-Süd 132

Kalk-Karree 132, 147, 151, 154
Kalk-Programm 133
KHD-Werke/Gelände 112, 113, 131, 132, 135, 136, 150, 170, 226
Koelnmesse 15, 19, 22, 135, 147, 151, 155, 158, 195, 208, 225
Köln Arcaden 20, 42, 112, 131, 225
KölnTriangle 22

Lanxess Arena 139, 155, 182, 208, 225
Leitbild Köln 2020 126, 127
Leitprojekt *Köln beiderseits des Rheins* 9, 10, 17, 126, 243
Leitprojekt *Sprung über die Elbe* (Hamburg) 72, 74
Light Urbanism 12, 44–49
Lyon Confluence 88–99

Masterplan Innenstadt Köln (2008) 18, 22, 23, 25, 43, 124, 126, 127, 139, 147, 242, 243
Medien- und TechnologieSpange Köln 122, 131

MesseCity 136, 177, 179, 182
Messeeingang Nord 21
Messekreisel 136, 154
Millennium Tower (Wien) 86
Mission Grether-Desvigne-RFR 91, 92, 96
Monte Kalk 29, 151, 168, 201, 217, 223, 225–227, 233
Mülheim 2020 136
Mülheimer Hafen 27, 110, 123, 147, 150, 158, 179, 182, 187, 191, 209, 226, 228
Mülheimer Sicherheitshafen 107, 111

Nutzungskonzept Kalk-Süd 132

Odysseum 20, 42, 131, 151

Polizeipräsidium 19, 131, 151
Poller Wiesen 140, 141, 160/161, 177, 179, 210

Rathaus Kalk 13
Rechtsrheinisches Entwicklungskonzept (REK) 119, 121, 122, 126, 127, 129, 130, 132–136, 138, 139, 148
Rechtsrheinisches Technologie- und Gründerzentrum (RTZ) 132, 133
RegioGrün 15–17, 124, 125, 210
Regionale 2010 9–11, 15, 17, 18, 25, 124, 241
Rheinboulevard 9, 10, 17, 25, 135, 136, 155, 158, 177, 179, 182, 184
Rheinhallen, ehem. 21, 155
Rheinpark 158, 163, 166, 177, 179, 181, 223, 227

Schwebebahn 27, 110, 217, 223, 224, 227, 228, 232, 233, 237, 243
Schwebebahnhallen Deutz 110, 111, 217, 227
Severinsbrücke 34, 38, 177, 180, 182–184, 199, 205, 211
St. Heribert 102, 103
Staatenhaus 34
Städtebaulicher Orientierungsrahmen für das rechtsrheinische Köln 123, 125, 126, 127
Stadtentwicklungsplan STEP 05 (Wien) 78, 80, 81
Stadthaus Deutz 19, 139, 147, 155, 208
Stegerwaldsiedlung 116, 135, 150, 217, 224, 226, 227

Technikhof Kalk 132, 133
TechnologiePark Hagen-Campus 132

van der Zypen & Charlier 110, 112, 115, 116

Wasserturm der CFK 19, 20, 112
Weiße Stadt 37, 102, 116
Westumgehung Kalk 131

Zoobrücke 34, 38, 42, 135, 151, 191

Straßenregister

Alfred-Schütte-Allee 160/161
An der Pulvermühle 169
Auenweg 181, 217, 224, 226, 227, 236

Berliner Straße 136
Buchheimer Straße 136

Christian-Sünner-Straße 113

Deutz-Mülheimer Straße 19, 21, 110–112, 116, 135, 136, 150, 163, 166, 217, 224, 226, 227, 236
Deutzer Freiheit 155, 158, 180, 182
Deutzer Ring 169, 182
Dillenburger Straße 111, 132, 151, 154, 170, 175

Gotenring 180, 182, 214

Frankfurter Straße 104, 136

Heinrich-Bützler-Straße 170
Heumarkt 182

Kalk-Mülheimer Straße 225
Kalker Hauptstraße 19, 25, 111, 112, 114, 132, 135, 151, 154, 163, 166, 169, 170, 175, 199
Kapellenstraße 170
Karlsruher Straße 116
Kennedy-Ufer 181

Mindener Straße 21, 158, 180, 181

Neuerburgstraße 170
Neumarkt 182

Odenwaldstraße 170
Östliche Zubringerstraße 38
Ottmar-Pohl-Platz 132
Ottoplatz 21, 155, 158

Pfälzischer Ring 199

Rheinuferstraße 214
Rolshover Straße 166

Schanzenstraße 112
Siegburger Straße 180–182, 211

Taunusstraße 114, 115, 169

Waldecker Straße 136
Wallstraße 104
Walter-Pauli-Straße 199
Wiener Platz 106, 136/137
Wiersbergstraße 170

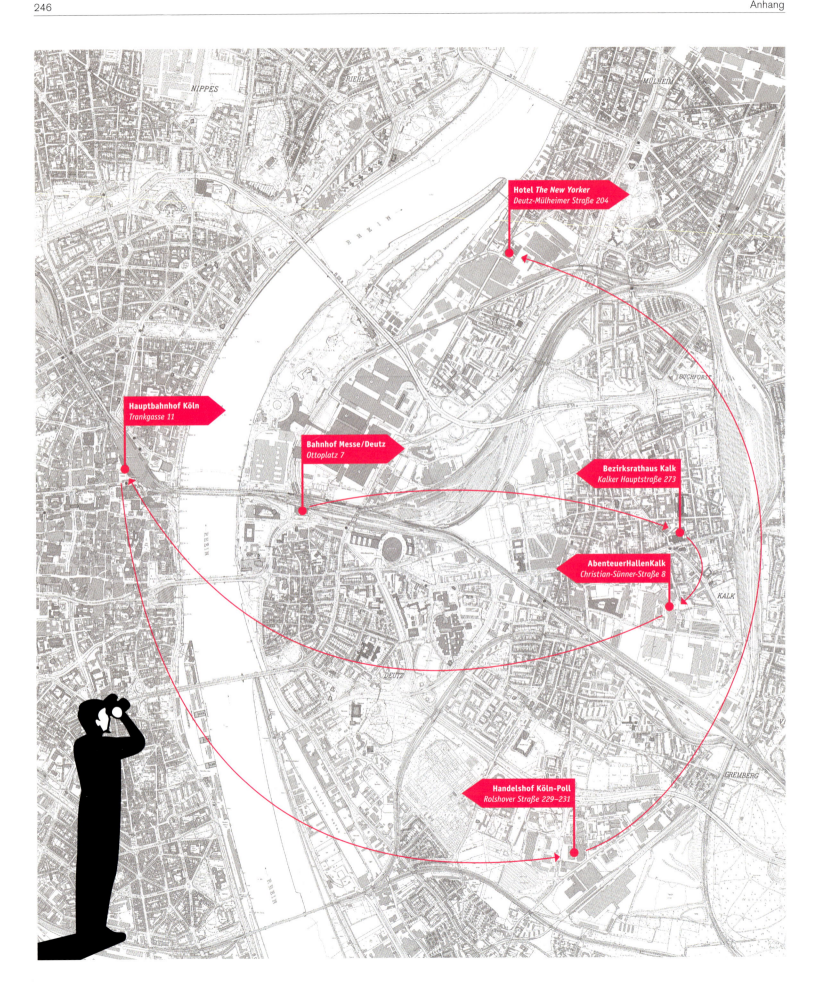

Rechtsrheinische Perspektiven
Stadtplanung und Städtebau im postindustriellen Köln
1990 bis 2030

Eine Ausstellung im Rahmen der *Regionale 2010*

Veranstalter
Stadt Köln – Der Oberbürgermeister
Bernd Streitberger, Beigeordneter der Stadt Köln für das Dezernat Planen und Bauen
Anne Luise Müller, Leiterin des Stadtplanungsamts

Fördermittelgeber
Bundesministerium für Verkehr, Bau und Stadtentwicklung, vertreten durch das Ministerium für Wirtschaft, Energie, Bauen, Wohnen und Verkehr des Landes Nordrhein-Westfalen

Kurator
Philipp Meuser

Symposium und Workshop
Regina Stottrop

Projektassistenz
Annabelle Eicker

Grafische Gestaltung
Yuko Stier

Ausstellungsgestaltung
Meuser Architekten GmbH

Ausstellungsbau
Werbeagentur *form art* Berlin

Gefördert durch:

Gefördert mit Mitteln der Städtebauförderung durch:

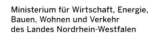

aufgrund eines Beschlusses des Deutschen Bundestags

aufgrund eines Beschlusses des Landtags Nordrhein-Westfalen

Die Deutsche Nationalbibliothek verzeichnet diese Publikation in der Deutschen Nationalbibliografie; detaillierte bibliografische Daten sind im Internet über http://dnb.d-nb.de abrufbar.

ISBN 978-3-86922-101-4

© 2011 by DOM publishers, Berlin
www.dom-publishers.com

Dieses Werk ist urheberrechtlich geschützt. Jede Verwendung außerhalb der Grenzen des Urheberrechtsgesetzes ist ohne Zustimmung des Verlags unzulässig und strafbar. Dies gilt insbesondere für Vervielfältigungen, Übersetzungen, Mikroverfilmungen sowie die Einspeicherung und Verarbeitung in elektronischen Systemen. Die Nennung der Quellen und Urheber erfolgt nach bestem Wissen und Gewissen.

Redaktion
Philipp Meuser

Lektorat
Uta Keil, Mandy Kasek

Redaktionelle Mitarbeit
Annabelle Eicker

Grafische Gestaltung
Yuko Stier

Reinzeichnung
Nicole Wolf

Druck
AB Spauda, Vilnius / Litauen
www.spauda.com

Hinweis
Die beiliegende CD-ROM enthält die Dokumentationen vorheriger Workshops sowie hochauflösende Luftbilder der Planungsgebiete (Aufnahmedatum: 8. Juli 2010). Auf der beiliegenden DVD befindet sich der Film *Schäl Sick im Blick* von Lisa Glahn über engagierte Bürger und Akteure im rechtsrheinischen Köln (Produktion 2010).

Architekturführer
Parallel zur Ausstellung und zu diesem Katalog erscheint der *Architekturführer Rechtsrheinisches Köln*.

Abbildungsnachweis
Akademie der Künste, Berlin (Sammlung Peter Friedrich, PFried-5-Pl. 2): 34 o; Archiv Sünner-Brauerei: 115 or; Berec, Bela: 87 (Modellbau); beyer.co.at: 84; bpk Bildarchiv Preußischer Kulturbesitz/Erich Andres: 74; Bodo Rasch/SL-Rasch GmbH: 47; Bundesarchiv, Koblenz: 63, 100/101; Buschmann, Walter: 110 u, 111 ol, 112 u, 113 u; Claus en Kaan Architecten: 149, 154, Rückentitel; club L 94 Landschaftarchitekten: 26 r; Design Post/Maurice Cox: 106 u, 109; GAG Immobilen AG: 116, 117; Graft Gesellschaft von Architekten mbH: 49; HAStK Plankammer: 104 (2/687), 105/o, (3/367), 105 u (Auswärtiges 216, fol. 404); Herzog & de Meuron/MDP/Desvigne Conseil / Jean Philippe Restoy: 95, 96; IBA Hamburg GmbH: 73 (Falcon Crest Air), 75 (Landesbetrieb Geoinformation und Vermessung, Genehmigung LGV 41-07-173), 76 (Johannes Arlt), 77 (Martin Kunze); iStockphoto: 39 (Marco Richter), 46 (Björn Kindler), 61, 82 (Alfons P. Levrier), 83 (Markus Schieder), 85 (Sharif El-Hamalavi), 86 (Carmen Kronspieß); Kister Scheithauer Gross Architekten und Stadtplaner: 15 u; Leiska, Heiner: 21; Luftbildservice Heinz Redl, Graz: 68; Magistrat der Stadt Wien: 79 (media wien), 82 l (MA 18/Christianell); Meuser, Florian: 62; Meuser, Philipp: 6/7, 13, 15 o, 17, 19 o, 20, 22 r, 25, 29 l, 38 or, 42, 59, 70/71, 115 ol, 137, 140, 150–153, 155–161, 176, 192, 204, 238; Overmeyer, Klaus: 51–58 (Grafiken entnommen aus der Studie *Kreative Milieus und offene Räume in Hamburg*, Studio UC/Klaus Overmeyer mit Dr. Bastian Lange im Auftrag der Behörde für Stadtentwicklung und Umwelt, Hamburg 2010); Rheinisch-Westfälisches Wirtschaftsarchiv (RWWA): 113 o (107-L8 153-5), 114 o (Bestand F & G 24.2.10-3 und B 3e Nr. 1-3); Rheinisches Bildarchiv: 19 u; Römisch Germanisches Museum, Köln: 103 u; Senatsverwaltung für Stadtentwicklung, Berlin: 48 u; SPLA Lyon Confluence: 89 (Depaule/PAD/Asylum), 90 (Asylum), 92 (Jacques Damez/Galerie Le Reverbere), 93 (J. Boucherat), 94 (Desvigne Conseil/Jean Philippe Restoy), 98, 99 (Eric Saillet); Stadt Köln: 30/31, 129 (Amt für Stadtentwicklung), 111 or und 112 o (Stadtkonservator), Stadt Köln/ Grafik: Regina Stottrop – Büro für Stadtplanung: 24, 142–147, 163, 177, 193, 205; Sühwold-Verlag: 38 ol; Tokarski, Franziska: 26 l; Vitra Design Museum: 37 ol. *Nicht gesondert aufgeführte Abbildungen stammen aus den Archiven der jeweiligen Autoren sowie von den genannten Architekten, Planern und Akteuren.*

Seiten 6/7: Luftbild des Planungsgebiets (8. Juli 2010)
Seiten 30/31: Satellitenbild der Stadt Köln (2007)
Seiten 70/71: Mülheimer Hafenbrücke (8. Juli 2010)
Seiten 100/101: Rheinbefliegung der Alliierten (13. August 1953)